21世纪高职高专教材·财经管理系列

经济学基础

（第2版）

主　编　牛国良
副主编　刘雅丽　杨萌萌

清华大学出版社
北京交通大学出版社
·北京·

内 容 简 介

本书按任务驱动式编写，全书共分 9 个单元，内容包括：走入经济学、市场怎样决定价格、消费者的决策、厂商的决策、"一只看不见的手"有何局限性、解读 GDP、经济中的失业与通货膨胀、经济能平稳增长吗、"一只看得见的手"如何调控宏观经济。每单元均编排了知识目标、能力目标、案例导入、项目、任务、同步检测、案例分析训练、训练题。本书实用、简明、有趣，可以"在教中练""在练中学"。

本书可作为高职经济管理类经济学教材，也可作为高职各专业经济学基础课程的教材。

版权所有，侵权必究。

图书在版编目（CIP）数据

经济学基础／牛国良主编．—2 版．— 北京：北京交通大学出版社：清华大学出版社，2021.8

21 世纪高职高专教材·财经管理系列

ISBN 978 - 7 - 5121 - 4546 - 7

Ⅰ.①经… Ⅱ.①牛… Ⅲ.①经济学 - 高等职业教育 - 教材 Ⅳ.①F0

中国版本图书馆 CIP 数据核字（2021）第 155568 号

经济学基础

JINGJIXUE JICHU

责任编辑：吴嫦娥

出版发行：清华大学出版社　邮编：100084　电话：010 - 62776969　http://www.tup.com.cn
　　　　　北京交通大学出版社　邮编：100044　电话：010 - 51686414　http://www.bjtup.com.cn

印　刷　者：北京时代华都印刷有限公司

经　　销：全国新华书店

开　　本：185 mm×260 mm　印张：15.5　字数：397 千字

版 印 次：2013 年 8 月第 1 版　2021 年 8 月第 2 版　2021 年 8 月第 1 次印刷

定　　价：45.00 元

本书如有质量问题，请向北京交通大学出版社质监组反映。对您的意见和批评，我们表示欢迎和感谢。

投诉电话：010 - 51686043，51686008；传真：010 - 62225406；E-mail：press@bjtu.edu.cn

第 2 版前言

第 2 版是在 2013 年第 1 版的基础上修订而成的，保持了第 1 版的基本体例：知识目标、能力目标、案例导入、同步检测、案例分析训练、训练题（含实训设计）。我们广泛征求了第 1 版使用教师、学生的建议和意见，对收集到的建议和意见进行了整理分析和讨论，形成修改共识并落实到第 2 版的编写中。修改内容主要体现在以下几个方面。

1. 调整内容。第 1 版的十个单元改为第 2 版的九个单元。考虑到基础理论"精练够用"原则，删除了第 1 版第九单元经济全球化背景下的国际收支，也避免了与国际金融和国际汇兑实务课程的交叉和重复。

2. 补充新的材料和内容。第 2 版特别注意用当下、鲜活的经济事件替代第 1 版中较为陈旧、过时的事例，这在宏观经济部分表现得更加明显。比如"灵活就业"这个概念：在过去经济学中没有，但是在现实政策文件与国民经济统计中，已经被采用。还比如"克强指数"：在经济增长及增长速度的判定上很多人在使用"克强指数"。本着与时俱进的原则，把这些新的概念以及经济生活中的鲜活事件分析融入第 2 版。

3. 更新每单元后的案例分析训练。案例教学不是一种新的教学方法，它早已被中外高等教育专业人才培养的实践证明是有效的。编者认为它尤其适用于经济学教学，适合于财经类专业的人才培养。经济社会很难创造出类似物理、化学学科那样的实验室环境进行实验教学，锻炼学生分析和解决经济问题能力的重要方法就是精选、精编教学案例。随着时间的推移，第 1 版中的很多案例已让 00 后学生感到遥远和不理解，第 2 版已精选和更新了绝大多数案例分析实训。

4. 调整训练题。本教材的训练题分为两类。一类是同步检测，即对每个学习任务的学习效果的及时检验，这也符合学生的记忆和学习规律。第 2 版中增加了学习任务中的同步检测题目的数量，合理覆盖了学习任务中的重点和要点。另一类是单元后的训练题，第 2 版在这一类题目中增加了概念匹配题。没有概念就没有理论，没有理论分析经济问题就没有工具和方法。我们不主张死记硬背，但是概念又是需要明确并掌握的。概念匹配题是一种识别性记忆，在识别中掌握概念，这种训练对学生很有必要。除此之外，对于单元后训练题中的判断题、单项选择题、多项选择题、计算题等每个题型都增加了新的题目，同时淘汰了陈旧的题目。知易行难，要克服学习经济学基础过程中"老师一讲都懂，学生一做不会"的现象，必须加大题目训练力度，这是我们进一步落实"做中学""练中学"的具体体现。

  第 2 版编写人员组成及分工是：牛国良负责确定第 2 版的框架及修改原则（删除第 1 版中的第九单元），与出版社沟通各项事宜，指导修改并完成提交出版社前的审稿，同时承担修改第一、二、三单元；王雅蔷负责修改第四单元；苗诗景负责修改第五单元；刘雅丽负责修改第六、七、八单元；杨萌萌负责修改第 1 版第十单元即第 2 版第九单元，同时负责教材修改小组的联络工作。

编　者
2021 年 5 月

第1版前言

本书是高职金融专业任务驱动式系列教材中的第一部，主编为北京市教学名师，其他编写者均为有多年一线教学经验的教师。本书贯彻"以培养能力为导向，调动学生内驱力"的编写理念，体现教师与学生的互动，引导学生自主学习、合作学习和教师针对性教学的要求，概括和凝聚了当前最新的教改成果，试图简洁、生动、严谨地介绍经济学的基本原理和在经济中的具体运用。经济学基础为学生提供了一个知识平台和基础，要学好其他课程，先要学好经济学基础。很多经济管理类的专业课就是对作为专业基础课的经济学基础的延伸与应用。比如，证券投资分析作为一门专业课，其宏观分析是对经济学宏观经济政策理论的运用，其行业分析是对厂商市场结构理论的具体运用；市场营销作为一门专业课，是对经济学中市场供求理论的具体化和延伸应用；生产管理作为一门专业课，是对经济学中生产行为理论的具体化和延伸应用；等等。

本书具有以下特点。

1. 每单元开始设计了"案例导入"内容，单元结尾设计了"案例分析训练"。多年的教学实践告诉我们"带着问题来学"更有动力，为此，在每一单元开始设计的案例导入，有利于促使学生带着问题来学，目的是更好地激发学生对现实经济的兴趣，让学生感到经济学与我们的生活密切相关。这种设计也能突出对重要问题的解释和说明，使学生能够更容易地掌握经济学基础的理论知识和分析判断技能，为其进一步学习和深造专业课程奠定了基础，增加其学习乐趣，带着问题学习更有利于教学的进行。单元最后的"案例分析训练"是留给学生的，在单元学习之后，可以利用所学所练来独立完成这一案例分析任务。

2. 及时检测学生知识和技能的掌握程度。在完成每一个学习任务后，专门设计了同步检测，可以及时检测学生学习任务的完成程度。

3. 强化训练。在以往的教学中，我们发现大量做习题是学好经济学基础的关键，大量的习题可以加深学生对课程内容的理解和消化。为此，在每单元后设计了不同类型的训练题，主要是判断题、单项选择题、多项选择题、计算题，书后附有训练题答案，便于教师和学生使用。这种设计主要是锻炼学生对重要问题的理解、辨识能力，更有利于巩固其对重要知识点的吸收。

4. 体例上的新尝试。按照内容模块的内在联系，教材分为10个单元，每个单元写作要素是知识目标、能力目标、案例导入、项目、任务、同步检测、案例分析训练、训练题。有些单元还设计了拓展思路补充信息的栏目如"资料链接""想一想""做一做""查一查"，以引导学生主动参与、促进学生自主学习。

本书编写分工如下：第一～五单元和第十单元由牛国良负责，第六、第七单元由刘雅丽负责,第八、第九单元由程燕负责,全书由牛国良提出写作思路和框架,组织编写并审阅定稿。

尽管编者付出了很大努力,但书中仍有不足甚至错误之处,恳请同行和读者批评指正。

编　者
2013 年 8 月

目 录

第一单元 走入经济学 ... 1
项目一 经济学从哪里起步 ... 2
  - 任务一 了解经济学的基本前提 ... 2
  - 任务二 了解经济学的基本假设 ... 3
  - 任务三 认识选择的成本和产出的最大边界 ... 4
  - 任务四 了解资源配置和资源利用并概括出经济学的定义 ... 7
项目二 经济学的基本内容 ... 8
  - 任务一 对微观经济学进行描述 ... 8
  - 任务二 对宏观经济学进行描述 ... 9
  - 任务三 认识微观经济学与宏观经济学的关系 ... 10
项目三 经济学研究经济问题的方法 ... 11
  - 任务一 了解两种研究经济问题的基本方法 ... 11
  - 任务二 掌握实证分析的具体方法 ... 12

第二单元 市场怎样决定价格 ... 20
项目一 认识需求 ... 21
  - 任务一 了解需求及影响需求的因素 ... 21
  - 任务二 根据需求表画出需求曲线,并理解需求定理 ... 22
  - 任务三 会区分需求量的变动与需求的变动 ... 24
项目二 认识供给 ... 25
  - 任务一 了解供给及其影响因素 ... 25
  - 任务二 掌握供给表和供给曲线 ... 26
  - 任务三 会区分供给量的变动和供给的变动 ... 27
项目三 均衡价格 ... 28
  - 任务一 掌握均衡价格及其形成 ... 28
  - 任务二 掌握均衡价格的变动规律 ... 30
  - 任务三 了解均衡价格理论的具体运用方式 ... 32
项目四 弹性计算及其应用 ... 33
  - 任务一 理解需求的价格弹性并会计算 ... 33
  - 任务二 计算需求的收入弹性系数和交叉弹性系数 ... 37
  - 任务三 了解供给弹性 ... 38

第三单元 消费者的决策 … 46
项目一 边际效用原理 … 47
　　任务一　掌握效用、总效用、边际效用 … 47
　　任务二　认识边际效用递减规律 … 49
　　任务三　了解消费者的目标——效用最大化 … 51
项目二 基数效用论 … 52
　　任务一　掌握消费一种商品的效用最大化条件 … 52
　　任务二　认识同时消费多种商品时的效用原则 … 53
　　任务三　了解什么是消费者剩余 … 56
项目三 序数效用论 … 57
　　任务一　掌握无差异曲线的分析方法 … 57
　　任务二　了解经济学对消费约束的表达方法——预算线 … 59
　　任务三　掌握消费者均衡 … 61

第四单元 厂商的决策 … 70
项目一 厂商生产及其目标 … 71
　　任务一　了解厂商有哪些组织形式 … 71
　　任务二　洞悉生产要素的投入与产出有何规律 … 74
　　任务三　掌握企业怎样实现要素的最佳组合 … 80
项目二 成本与利润 … 85
　　任务一　了解成本、分类、成本函数和成本分析方法 … 86
　　任务二　掌握短期成本分析方法 … 88
　　任务三　掌握长期成本分析原理 … 91
　　任务四　知道企业要实现收益与利润最大化应遵循的原则 … 94
项目三 市场结构与企业决策 … 95
　　任务一　了解企业面临的市场结构有哪些类型 … 95
　　任务二　认识不同市场结构下企业决策有何特点 … 96

第五单元 "一只看不见的手"有何局限性 … 116
项目一 市场失灵 … 117
　　任务一　了解市场失灵及其原因 … 117
　　任务二　知道面对市场失灵政府该做什么 … 118
项目二 公共物品 … 118
　　任务一　掌握公共物品的特征及分类 … 118
　　任务二　了解公共物品的供给方式 … 120
项目三 垄断 … 122
　　任务一　了解垄断会造成什么损失 … 122

任务二　了解有哪些反垄断措施 ·· 124
　项目四　外部性 ··· 126
　　任务一　了解经济生活中的外部性 ·· 126
　　任务二　知道政府解决外部性的有关措施 ································· 127
　　任务三　掌握科斯定理 ··· 128
　项目五　社会分配结果的评价 ··· 129
　　任务一　了解洛伦兹曲线和基尼系数的评价方法 ························· 129
　　任务二　了解洛伦兹曲线与基尼系数的运用 ······························ 131

第六单元　解读GDP ··· 137
　项目一　GDP及相关指标 ··· 137
　　任务一　理解GDP的含义及其核算方法 ··································· 138
　　任务二　认识GDP相关指标 ··· 143
　项目二　GDP与消费、储蓄与投资的关系 ··································· 148
　　任务一　掌握总需求的组成部分 ·· 148
　　任务二　学会分析国民收入的决定及变动 ································· 153
　　任务三　认识乘数原理 ··· 157

第七单元　经济中的失业与通货膨胀 ·· 167
　项目一　失业 ··· 168
　　任务一　掌握失业的界定与衡量 ·· 168
　　任务二　了解失业的种类及原因 ·· 169
　　任务三　分析失业的影响并掌握治理思路与对策 ························· 172
　项目二　通货膨胀 ··· 174
　　任务一　了解通货膨胀的界定 ·· 174
　　任务二　分析通货膨胀的原因 ·· 179
　　任务三　分析通货膨胀的影响并掌握治理对策 ··························· 182
　　任务四　认识失业与通货膨胀的关系 ····································· 185

第八单元　经济能平稳增长吗 ·· 195
　项目一　经济周期 ··· 196
　　任务一　掌握经济周期的含义及阶段 ····································· 196
　　任务二　了解经济周期的类型 ·· 198
　　任务三　认识经济周期的成因 ·· 200
　项目二　经济增长 ··· 205
　　任务一　掌握经济增长的含义与特征 ····································· 205
　　任务二　了解经济增长的决定因素 ······································· 208

  任务三 认识经济增长理论 ·· 211

第九单元 "一只看得见的手"如何调控宏观经济 ············· 219
 项目一 宏观经济政策目标 ·· 220
  任务一 了解"一只看得见的手"要达到怎样的调节目标 ········ 220
  任务二 认识"一只看得见的手"所使用的政策工具 ············· 221
 项目二 如何使用财政政策 ·· 221
  任务一 认识财政政策的内容和运用原理 ···························· 222
  任务二 了解财政政策为什么具有内在稳定器的作用 ············· 223
  任务三 了解财政政策有何局限性 ·· 224
 项目三 货币政策及其运用 ·· 225
  任务一 认识货币与金融制度 ·· 225
  任务二 掌握货币政策的内容和运用原理 ································ 227
  任务三 了解货币政策有何局限性 ·· 228
 项目四 两种政策的搭配使用 ·· 229
  任务一 财政政策与货币政策的不同特点 ································ 229
  任务二 财政政策与货币政策如何配合使用 ···························· 230

参考文献 ·· 236

第一单元

走入经济学

▶ 知识目标

- 经济学的切入点——资源的稀缺性；
- 生产可能线的含义；
- 选择的成本即机会成本；
- 经济学的两个基本假设；
- 研究经济问题的方法。

▶ 能力目标

- 根据所给数据绘出生产可能线；
- 会用生产可能线说明机会成本、资源配置、资源利用；
- 理解并能运用机会成本解决实际问题；
- 能够描绘出研究经济现象的方法和程序。

▶ 案例导入

大炮与黄油的矛盾

经济学家们常谈论"大炮与黄油的矛盾"，这是指一个社会为了保卫本国的安全或侵略他国，大炮是必需的；为了提高本国人民的生活水平，黄油也是必需的。在各个国家都要解决"大炮与黄油"的问题。第二次世界大战时，希特勒叫嚣"要大炮不要黄油"，实行国民经济军事化。第二次世界大战后，苏联为了与美国对抗，把有限的资源用于"大炮"（军事装备与火箭）的生产上，使人民生活水平下降，长期缺乏"黄油"（匈牙利经济学家科尔奈称之为"短缺经济"）。第二次世界大战中，美国为向反法西斯国家提供武器，也把相当多的资源用于生产"大炮"。"大炮"增加，"黄油"减少，因此，美国战时对许多生活用品实行管制。无论出于什么目的，只要更多地生产"大炮"，都要求经济的集中决策，如希特勒的法西斯独裁、苏联的计划经济及美国的战时经济管制。这些体制都可以集中资源不计成本地去达到某种目的，但代价是"黄油"减少，人民生活水平下降。在正常的经济中，政府与市场共同决定"大炮"与"黄油"的生产，以使社会福利达到最大。

项目一 经济学从哪里起步

任务一 了解经济学的基本前提

经济学研究的基本前提是人类欲望的无限性和资源的有限性，这是人类经济活动都要面对的共性问题，而经济学就是要找到最大限度缓解两者矛盾的方法。

人类欲望的无限性，是说明人的欲望或需要是无穷的。欲望是指人们缺乏的感觉与求得满足的愿望，是人们的一种心理感觉。根据西方心理学家马斯洛的解释，人的欲望或需要可以分成五个层次。它们由低到高分别是：基本的生理需要；安全和保障需要；社会需要（如爱情、归属感等）；尊重感的需要；自我实现的需要。从欲望或需要的层次来考察，较低层次的欲望或需要一旦全部或部分地得到满足，人们就会产生高一个层次的欲望或需要。所以，人的欲望或需要是无穷的。

资源的有限性，是说明针对人类的欲望而言，用来生产物品满足人类欲望的资源是有限的。用来满足人类欲望的物品可分为自由取用物品（free goods）和经济物品（economic goods）两种。前者的供给是无限的，取用时不需要花费任何成本，如空气、阳光等，但它们只能满足人类最基本的需要；后者的供给是有限的，经济物品供给的多少取决于生产技术和生产成本。相对于人类的欲望而言，绝大多数物品都属于经济物品，生产这些物品所需的资源总是不足的，这种不足就是稀缺性。

稀缺性（scarcity），不仅是指物品的有限性，而且还包括劳务和时间的有限性。在某一特定时期内人们能提供的商品或劳务是有限的。不管是穷人还是富人，人们都面临着稀缺性。一个孩子想要一瓶 2 元的可乐和一包 1.5 元的口香糖，但他口袋里只有 2 元钱，他遇到了稀缺性；一个学生想在周六晚上参加一个聚会，但又想在这个晚上补上未完成的作业，他遇到了稀缺性；一个千万富翁想用周末去打高尔夫球，同时还要出席一个企业订货会，但二者不可兼得，这个富人同样遇到了稀缺性。

人类欲望是无穷的，而满足人类欲望的各类资源是有限的、稀缺的，这就产生了经济活动中的选择问题。同一物品或资源有多种用途，人类的欲望也有多种多样。所谓"选择"，就是指任何利用现有资源去生产经济物品，以更好地满足人类的欲望。对于选择我们并不陌生，实际上我们每个人随时面临各种选择：从你每天早上醒来到你晚上睡下，你的生活充满了选择。你首先选择什么时候起床，在闹钟闹响时，你是马上开始一天的活动，还是再躺几分钟听听收音机？今天穿什么衣服？你要核实一下天气预报，然后作出决策。之后是你早饭吃什么，在家旁边的饭馆还是赶到学校食堂？等等。你时常面临这种日常决策，也就是日常选择。但有时面临的是可以改变你整个生活方向的决策。你将学习什么专业？考取哪个学校学习这个专业？将来在哪个领域求得职业发展？我们每个人都要作出选择，而且别人的选择会对你的选择产生影响。在资源稀缺的条件下，社会更要作出选择：怎样配置稀缺资源？怎样利用好稀缺资源？

具体地说，经济学认为社会面临的选择问题，大体上可归纳为：① 生产什么产品或劳务；② 怎样生产产品或劳务以及何时生产这些产品或劳务；③ 为谁生产这些产品或劳务。经济学认为，这几种选择是一切经济制度所共有的问题，但不同的经济制度却以不同的方式来解决这些问题。比如，在市场经济制度下，这些问题是由市场主体根据市场状态自主决策的，也就是靠分散决策来解决这些问题；而在计划经济制度下，这些问题是通过最具权威的政府来安排和决定的，表现为政府让企业生产什么，企业就生产什么，企业生产什么消费者就消费什么，没有企业的自主决策也没有消费者主权。这是一种靠集中决策来解决以上三个基本问题的体制。

对经济学一种比较流行的解释是：经济学是研究稀缺资源在各种可选择的用途中进行配置的科学。通俗地讲，经济学是一门研究如何节约的学问。如果资源不稀缺，也就不需要节约。所以可以毫不夸张地说：没有稀缺性，就没有经济学存在的必要性，更不会有依此而谋生的经济学家。

◇ **同步检测（单项选择题）**

1. 经济物品是指（   ）。
A. 有用的物品　　B. 稀缺的物品　　C. 免费的物品　　D. 有用且稀缺的物品
2. 现有资源不能充分满足人的欲望这一事实被称为（   ）。
A. 机会成本　　B. 稀缺性　　C. 生产什么问题　　D. 实证经济学
3. 稀缺性问题（   ）。
A. 只存在于依靠市场机制的经济中　　B. 只存在于依靠命令机制的经济中
C. 存在于所有经济中　　D. 意味着抢购和黑市交易

任务二　了解经济学的基本假设

经济学在进行经济分析时，有两个基本假设：经济人或理性人假设和完全信息假设。

一、经济人或理性人假设

经济人或理性人是经济学关于人类经济行为的一个基本假定。这一假设是指作为经济决策的主体都是充满理智的，既不会感情用事，也不会轻信盲从，而是精于判断和计算，其行为是理性的。在经济活动中，主体所追求的唯一目标是自身经济利益的最优化。例如，消费者所追求的是最大限度的自身满足；生产者所追求的是最大限度的自身利润；生产要素所有者所追求的是最大限度的自身报酬。这就是说，经济人主观上既不考虑社会利益，也不考虑自身的非经济利益。个人所有的经济行为是有意识的和理性的，不存在经验型和随机型的决策。因此，经济人又被称为理性人。

二、完全信息假设

这一假设条件的含义是指每一个从事经济活动的个体都对有关的经济情况具有完全信息。经济人有充分的经济信息，每个人都清楚地了解其所有经济活动的条件与后果。因此，经济中不存在任何不确定性。同时，获取信息不需支付任何成本。比如，每一个消费者都能充分地了解每一种商品的性能和特点，准确地判断一定的商品会给自己带来的满足程度，掌握商品价格在不同时期的变化等，从而能够确定最佳的商品购买量；生产者能够及时地了解供求信息、价格信息，能够准确地把握市场需求，并在此基础上合理地组织各种生产要素，做出生产者的最佳决策。

这两个假设条件是经济学的基本假设条件。当然，在现实经济生活中，人们在做出某项决策时，并不总是深思熟虑。人们在许多场合，往往是按习惯办事，非理性行为或受骗上当也是难免的。另外，人们在进行经济决策时，除了经济利益以外，还受到社会的、政治的以及道德等方面的影响和制约。

经济学家承认，上述两个假定条件未必完全符合事实。但是我们必须根据所研究的对象和问题的特点，从我们所考虑的角度出发，撇开问题中个别的、非本质的因素，抽出主要的、本质的因素加以考察研究，并把一类经济事物共同的、本质的属性联合起来，从而建立起一个轮廓清晰、主题突出、易于研究的新形象、新过程或者形成新的概念。这样，我们就能够在此基础上考虑其他因素的影响，经过修正，得出逼近于真实情况的结论。在此基础上，可以提出一些重要的结论，并据此对人们的有关行为做出预测，提供行动的方案或政策决策的理论基础。

◇ 同步检测（判断题）

1. 经济人就是在经济活动中从利己心出发，总是企图以最小的代价换取最大利益的人。
（ ）
2. 在现实经济活动中，有关当事人不可能信息完全，因此，这种假设没有意义。
（ ）
3. 在经济研究中，做出假设条件是为了更易于深入认识经济现象间的本质联系。
（ ）

任务三　认识选择的成本和产出的最大边界

经济学的任务是从经济资源稀缺性的事实出发，研究社会经济生活的三个基本问题。归纳起来，实际上是要处理好两个问题的相互关系：一是各种欲望的轻重缓急程度；二是为了满足各种欲望所付出的代价。例如，甲种欲望的重要程度大于乙种欲望，但是满足甲种欲望的物品所需的投入大于满足乙种欲望物品所需的投入，即满足甲种欲望所需的花费大于乙种欲望所需的花费。在这种情况下，是用有限的经济资源满足甲种欲望，还是满足乙种欲望？这必须把上述两个问题联系起来考虑，即必须把既定的目标与达到目标所需的代价联系起来权衡比较，做出选择。而选择就必然涉及选择的成本和选择的可能性，所以，我们需要掌握微观经济学中两个重要的概念：机会成本和生产可能线。它们不仅是解决上述问题有效的工具，而且能说明许多常见的但却是基本的经济过程。

一、机会成本

机会成本（opportunity cost）就是把一定经济资源用于生产某种产品时所放弃的另一些产品的最大价值。也就是人们在做出一种选择时所必须放弃的另一种选择的收益。经济资源的稀缺性决定了整个社会的经济物品是个定量，这就意味着，为了从事这种产品的生产必须放弃别种产品的生产。例如，若某人拥有一块土地，投入一定的人工和资金可生产 10 000 千克谷物，价值 12 000 元，他用同样的投入可生产棉花 2 000 千克，价值 10 000 元，那么他生产 10 000 千克谷物的机会成本是 2 000 千克棉花，即 10 000 元，而他生产 2 000 千克棉花的机会成本是 10 000 千克谷物，即 12 000 元。在面临多方案选择时，被舍弃选项中的最高价值是此次决策的机会成本。

实际上，可以把机会成本理解为会计成本以外的成本。举例来说，一个高中毕业生既可以上大学又可以就业，如果他选择上大学，那么要产生会计成本即支付的学费、书费及其他杂费，但除此之外，还有一个成本就是假如就业所获得的收入，因为他要上学就不能就业，就必须放弃就业所能得到的收入。既然人们上学既支付了会计成本又支付了机会成本，为什么更多的人还是选择上学而不是工作呢？因为上学可以使自己更有竞争力，有获得高薪职位的可能，也就是说未来收益更高。所以，选择早工作是以放弃未来的高收益作代价，机会成本是很高的。在有可能的情况下人们倾向于做出机会成本最小的选择。

举两个例子来说明机会成本对于决策的重要性，也可以说是对于算好账的重要性：第一个例子是关于自有资金的投资使用问题。如果你有 1 000 万元，准备办一家小企业。如果你未来稳定的利润是每年 20 万元，你是否投这个企业？有利润，当然要做了。这似乎是每个商人应该具备的嗅觉。但经济学原理告诉你，你不一定选择办企业。你要比较，与你办这家企业的机会成本比较：如果你把 1 000 万元放在银行里都可以赚取超过 20 万元的利息，你何必操心费力地去办企业呢？所以，经济学原理告诉我们：有时候有利润，你不一定要行动。第二个例子是关于自有劳动力的使用问题。如果有两个工作机会供你选择：一个选择是在企业里当一个白领，月收入 10 000 元；另一个选择是自主创业。如果可以肯定地告诉你自主创业，你每月的会计利润为 8 000 元，你会选择自主创业吗？经济学家告诉你，自主创业的机会成本是 10 000 元，太高了；你回去当白领的机会成本只有 8 000 元，你应该继续做你的白领工作。可能有人会说，不对啊，自己当老板有成就感，自由可贵，那就请你把这些价值折合成货币的形式加入创业的收益中再来做出决策吧。

因此，在投资新项目的可行性研究中，在新产品开发中，乃至人们选择工作中，都存在机会成本问题。要求人们面对各种可能的方案做出正确合理的选择。实现机会成本最小，是经济活动行为方式的基本准则之一。在社会经济活动中，当从整个社会角度来考虑问题时，必须有一个既定目标，这一准则，在一定条件下可能会与既定目标相矛盾，因此经济学实际上就是协调机会成本与既定目标之间关系的科学。

二、生产可能线

生产可能线（production possibility curve）是指在一定技术水平下把既定资源用于生产两种产品的最大产量组合点的曲线。生产可能线是与机会成本概念密切相关的一个概念。一个经济社会，具有一定数量的人口，一定水平的生产技术，一定数量的工厂和工具，一定数量的土地、水利和其他自然资源。具有一定数量的经济资源和一定水平的生产技术，当它为解决三个基本问题而进行选择时，实际上就是解决这些相对稀缺的经济资源如何被分配到千千万万种可能生产的不同产品和劳务的生产中的问题。为简化起见，假设这个社会用既定的经济资源和生产技术只生产两种商品——轿车和食品，多生产轿车就得少生产食品，反之亦然，如表 1-1 所示。

表 1-1　社会生产的组合方式

可能性	轿车	食品
A	0	15
B	1	14
C	2	12
D	3	9
E	4	5
F	5	0

假如全部资源用来生产轿车，可生产 5 个数量单位（F 点的生产组合），全部用来生产食品，可生产 15 个数量单位（A 点的生产组合）。在这两个极端的可能性之间还存在各种可能的轿车与食品的组合，即 B、C、D、E 的组合点。把这六种可能的组合点描绘到坐标图中，见图 1-1，用横轴表示轿车，纵轴表示食品，把六个组合点连接起来就形成一条曲线，这一曲线就是生产可能线。从生产可能线我们能够发现以下四个问题。

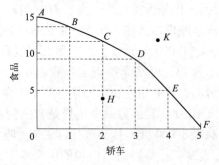

图 1-1　生产可能线

（1）不同生产方案的机会成本。由 B 点到 D 点，要多生产 2 个数量单位的轿车，就必须放弃 5 个数量单位的食品，也就是说，增产两个数量单位轿车的机会成本是 5 个单位食品；反之，增加 5 个单位食品的机会成本是 2 个单位轿车。

（2）处于生产可能线上的任何一个组合点都是现有资源可以支撑的产量组合。A、B、C、D、E、F 都是既定资源可以支撑的产量组合，而且达到了既定资源的充分利用。

（3）处于生产可能线内的任何一点都表示出现了资源闲置。如 H 点，虽然既定资源能够生产这一组合产量，但未达到资源最充分的利用，社会会有设备、资本、劳动等资源的闲置。可能的原因一般有三个：经济萧条（经济周期）、经济体制缺乏效率、社会动荡（如战争、动乱等）。对于不同国家、不同时期要分析主要是其中的哪一种原因：如果是经济萧条就要采取宏观经济政策刺激经济复苏，使闲置资源逐渐被利用；如果是社会动荡，则要用政治或军事手段来使社会稳定下来，资源才有可能被利用；如果是体制缺乏效率，则要通过体制的改革或重新设计来促使资源的充分利用。总之，要把 H 点从可能线内推到可能线上。

（4）生产可能线外的任何一点的产量组合都是既定资源无法支撑的。比如 K 点，它位于生产可能线之外，虽然产量组合水平很高，但现有资源无法支撑。如果一定要达到这一产量，就需要引进外部资源才行，如引进外资、劳务或技术等。

◇ **同步检测（判断题）**
1. 有选择就有成本，这种成本就是会计成本。　　　　　　　　　　　　　（　）
2. 社会生产位于生产可能线之内是正常的，而位于生产可能线之上是不正常的。
　　　　　　　　　　　　　　　　　　　　　　　　　　　　　　　　（　）
3. 在经济萧条和社会动荡的情况下，资源很难充分利用。　　　　　　　（　）
4. 在国内资源既定的情况下，即使引入国外资源也难以提高整体产出水平。（　）

任务四　了解资源配置和资源利用并概括出经济学的定义

一、资源配置

资源配置（allocation of resources）用生产可能线来解释就是应在生产可能线上的哪一点来进行生产。如前所述，A、B、C、D、E、F 的生产组合点都是可以的，那么到底是在哪一点来组织生产？这就是资源配置问题，也就是把经济资源分别组合到哪些部门、企业中去，来生产不同的产品。具体来说，资源配置包括三个方面的问题，即生产什么、生产多少？如何生产？为谁生产？

1. 生产什么、生产多少（what to produce and how much to produce）

就是要解决资源用于哪些方面，不同方面的用量是多少。在市场经济条件下，这要取决于市场需求，市场需求就是购买者的货币选票；在计划经济中，这取决于政府，取决于权威政府计划部门的计划安排。

2. 如何生产（how to produce）

就是如何具体地进行要素组织问题。它包括以下三个方面的问题：第一，用什么资源生产；第二，用什么技术生产；第三，用什么样的组织形式生产。比如已经决定要发电和发多少千瓦的电，那么随之而来的问题是用什么具体资源发电，是用火力还是水力？还是两者都用？假如用火力是用柴油还是煤炭；还有要用怎样技术水平的设备，是倾向于用高技术水平的设备还是低技术水平的设备；另外，是以国有企业的形式来生产电，还是以私有企业或股份制企业的形式来生产。

3. 为谁生产（for whom to produce）

为谁生产是指谁来享有生产出来的商品的问题。这些生产出来的商品如何在社会成员中进行分配，也就是分配问题。按照微观经济学的理论，微观层面分配的基本原则是按要素分配，也就是按照生产要素的市场供求状态和其在生产中的贡献来给予要素的提供者报酬的方式。

二、资源利用

资源利用（utilization of resources）用生产可能线来解释，就是把生产可能线内的生产组合点推到生产可能线之上。如前所述，生产可能线内的组合点表明资源未得到充分利用，当把这一点推到了生产可能线上时，表明资源得到了充分利用。如果说前面资源配置是微观领域的问题，那么资源利用就是宏观领域中的问题。具体来说，资源利用要研究以下三个问题。

（1）一国资源是否得到了充分利用？一国的各种生产要素如果出现闲置和浪费，主要原因是什么？是经济萧条、体制低效还是社会动荡？针对不同原因采取不同措施使轿车和食品达到最大产量组合点。

（2）货币或储蓄的购买力是否发生了变化？物价的正常形成和基本稳定影响到国民财富的生产，影响到资源的利用程度。不管是出现了严重的通货膨胀还是出现了严重的通货紧缩，都会造成价格信号的紊乱从而导致资源误配置和资源的浪费。

（3）一个国家生产物品的能力是否在持续增长？也就是说资源的充分利用不仅是一个时点要求，还是一个时期的要求。但在现实中生产并不能总保持在生产可能线上，产量会时高时低，资源的充分利用就是使生产尽量保持在生产可能线之上，也就是经济持续增长，避免经济出现大起大落。

经济学（economics）是一门研究人和社会如何做出最终选择，在使用或不使用货币的情况下，来使用稀缺的生产性资源在现在或将来生产各种商品，以求人类无限欲望的最大满足的社会科学。从经济学的定义可以看出，其逻辑起点是资源的稀缺，而其逻辑的终点是欲望的最大满足，也就是人的福利最大化。整个逻辑是围绕资源配置和资源利用的效率展开的，体现其价值趋向是效率，通过提高资源配置和资源利用的效率来最大限度地解决资源稀缺性与无限欲望的矛盾。

◇ **同步检测（单项选择题）**

1. 以下属于资源利用问题的是（　　）。
   A. 生产什么　　　　B. 如何生产　　　　C. 为谁生产　　　　D. 经济增长率的高低
2. 经济学可定义为（　　）。
   A. 研究政府如何对市场机制进行干预的科学
   B. 消费者如何获得收入并进行消费的学说
   C. 研究如何合理地配置稀缺资源于诸多竞争性用途的科学
   D. 生产者怎样取得利润
3. 生产什么、生产多少，在市场经济条件下取决于（　　）。
   A. 政府　　　　B. 政策　　　　C. 市场需求　　　　D. 投资者偏好

项目二　经济学的基本内容

经济学从总体上可以分为微观经济学和宏观经济学两大部分内容。微观经济学主要是研究资源配置问题，宏观经济学主要是研究资源利用问题。

任务一　对微观经济学进行描述

微观经济学（microeconomics）是以单个经济单位作为考察对象，研究个量经济单位的经济行为，以及相应经济变量的单项数值如何决定。

这里的单个经济单位主要是指居民户、厂商。居民户的经济行为表现为：如何支配收入，怎样以有限的收入获得最大的效用和满足；厂商的行为表现为以一定的投资，通过合理组织生产要素来获得最大利润。单个经济变量是指诸如单个商品的产量、成本、利润、要素的数量、单个商品的效用、供给量、需求量、价格等。微观经济学通过对这些单个经济行为和单个经济变量的分析，找到它们之间的内在联系，从而确定和实现最优的经济目标。

简而言之，微观经济学实际上要解决两个问题：一是居民户（消费者）对各种产品的需求与厂商对产品的供给怎样决定着每一产品的产销量和价格；二是居民户作为生产要素的供给者与厂商作为生产要素的需求者，供求双方决定着生产要素的使用量及价格（生产要素的价格表现为工资、利息、地租、利润）。也就是说，微观经济学要研究产品和要素的数量和价格决定问题，实际上就是市场经济中的价格形成机制和价格运行机制。因此，微观经济学又被称为市场均衡理论或价格理论。

微观经济学的主要内容包括：供求和均衡价格理论、消费者行为理论、生产者行为理论、市场结构理论、分配理论、市场失灵与微观规制理论。这些理论将在第二单元到第五单元中分别加以介绍。

◇ **同步检测（判断题）**

1. 微观经济学是以单个经济单位作为考察对象，研究个量经济单位的经济行为，以及相应的经济变量的单项数值如何决定。（   ）
2. 单个经济单位主要是指居民户、厂商。（   ）
3. 居民与厂商的经济联系在于：居民需要厂商的产品，厂商需要居民的要素。（   ）

任务二　对宏观经济学进行描述

宏观经济学（macroeconomics）是以整个国民经济活动作为考察对象，研究社会总体问题以及相应的经济变量的总量如何决定及其相互关系。国民经济总体问题包括经济周期、经济增长、就业、通货膨胀、财政收支、国际贸易和国际收支等。经济总量如总需求、总供给、总的就业水平、总的物价水平等。它可以分成两类：一类是个量的总和，比如国民收入是组成整个经济的各个单位的收入总和，总投资是各个厂商的投资之和；另一类是平均量，比如价格水平是各种商品和劳务的平均价格。总量分析就是研究这些总量的决定、变动及其相互关系。

宏观经济学通过对这些经济总量的研究来解决国民经济中以下三个根本问题：一是已经配置到各个生产部门和企业的经济资源总量的使用情况如何决定国民收入或就业量；二是商品市场、货币市场和劳动市场的总供求如何决定着一国的国民收入水平和一般物价水平；三是国民收入水平和一般物价水平的变动与经济周期及经济增长的关系。其中国民收入的决定和变动是宏观经济学的核心，因此，宏观经济学又被称为国民收入决定论或国民收入分析。它实际上是研究一国经济资源的利用现状怎样影响国民经济总体，使用什么手段来改善经济资源的利用，实现潜在的国民收入和经济的稳定增长。因此，可以说宏观经济学是研究资源利用的经济学。

宏观经济学的主要内容包括：国民收入核算理论、国民收入决定理论、通货膨胀理论、失业理论、经济周期与经济增长理论和宏观经济政策。

◇ **同步检测（判断题）**

1. 宏观经济学是以整个国民经济活动作为考察对象，研究社会总体问题以及相应的经

济变量的总量如何决定及其相互关系。（　　）
2. 国民收入水平和一般物价水平是重要的总量指标。（　　）
3. 消费品物价牵动着千家万户，因此消费品物价及其变动是宏观经济学研究的核心。（　　）

任务三　认识微观经济学与宏观经济学的关系

微观经济学和宏观经济学是经济学中既相互区别又互为前提、彼此补充的两个分支学科。可以用表1-2来归纳它们的区别。

表1-2　微观经济学与宏观经济学的区别

项目	微观经济学	宏观经济学
理论依据	新古典经济学	凯恩斯经济学
基本假设	资源稀缺，充分就业	需求不足，存在失业
分析方法	个量分析法	总量分析法
分析对象	以家庭、厂商等经济个体为主（资源配置）	以整个国民经济总体为主（资源利用）
主要目标	个体利益最大	全社会福利最大

虽然微观经济学与宏观经济学有以上所归纳的多方面区别，但它们又是相互联系的。一个经济社会，不仅有个量还有总量，不仅有资源配置问题还有资源利用问题，只有把两个方面的问题都解决了，才能解决整个社会的经济问题。它们之间的联系可以归纳为以下四个方面。

1. 微观经济学与宏观经济学的区分是相对的

在经济分析中经常会发生这样的情况——对某种经济现象的分析从一个角度看属于宏观经济分析，从另一个角度看却属于微观经济研究的范畴。可见，微观经济学与宏观经济学的划分并没有一个绝对的标准。

2. 微观经济学与宏观经济学各有分工，又相互补充

微观经济学研究的是资源配置如何达到最优，在研究中通常假设各类资源都可得到充分利用；宏观经济学则研究现有资源如何能得到最充分的利用，在研究中一般认为资源的最优配置已实现。可见，微观经济学与宏观经济学对社会经济问题的研究角度有明显区别，二者又相互补充，只有资源的配置与利用同时达到最佳状态，社会经济福利才会最大，对稀缺性问题解决得最好。

3. 微观经济学是宏观经济学的基础

微观经济学研究的是经济个量，宏观经济学研究的是经济总量，由于总量是个量之和，所以微观经济学一般被认为是宏观经济学的基础。

4. 宏观经济活动不能简单归结为微观经济活动之和

虽然经济总量是无数经济个量相加的结果，但总体经济活动的结论不能通过经济个体活动的结论简单相加得到。正如萨缪尔森所指出的那样，由于存在"复合的错误"，许多在微观经济分析中是正确的结论，在宏观经济分析中却完全错误。从这个意义上看，宏观经济学远没有一些人所认为的那样简单，其理论的内容复杂又丰富。

◇ 同步检测（判断题）

1. 微观经济学的理论基础是凯恩斯经济学。（　）
2. 宏观经济学是微观经济学的基础。（　）
3. 如果每个厂商都按照自身利益最大化来行事，一定会导致社会整体福利最大。
（　）

项目三　经济学研究经济问题的方法

任务一　了解两种研究经济问题的基本方法

经济学的研究方法包括实证方法与规范方法两种，这两种方法有不同特点。当以实证方法对经济问题进行分析时，经济学称为实证经济学；在经济分析中采用了规范方法时，经济学称为规范经济学。

实证经济学（positive economics）不涉及任何价值判断，只研究客观经济规律，考察经济变量之间的因果关系，根据这些规律或关系对经济行为结果进行分析、预测。具体来讲，实证经济学着重说明经济现象是什么，有哪些可选择的方案，这些方案实施的结果是什么等问题，在整个分析过程中具有明显的客观性特点。

规范经济学（normative economics）以一定的价值判断为基础，提出相应的行为标准，研究经济理论或经济政策如何才能符合这些标准。更详细地说，规范经济学研究的是经济行为应该是什么，经济问题应如何解决等问题，具有强烈的主观色彩。

在经济学的分析方法上，实证方法与规范方法并存，它们并不是绝对互相排斥。规范经济学要以实证经济学为基础，而实证经济学也离不开规范经济学的指导。一般来说，越是较为具体的经济问题，越需要更多的实证；越是高层次的问题，越需要更多的规范性。但总的来说，实证经济学越来越成为主流，实证方法的运用极为普遍。

◇ 同步检测（单项选择题）

1. 下列属于实证表述的是（　　）。
A. 合理组织要素对厂商有利
B. 合理组织要素对厂商不利
C. 只有合理组织要素才能使利润最大化
D. 合理组织要素比市场营销更重要
2. 下列属于规范表述的是（　　）。
A. 由于收入水平低，大部分中国人还买不起小轿车
B. 随着收入水平的提高，拥有小轿车的人会越来越多
C. 鼓励私人购买小轿车有利于促进我国汽车工业的发展
D. 提倡轿车文明是盲目向西方学习，不适于我国国情
3. 实证方法与规范方法的关系是（　　）。

A. 泾渭分明，相互排斥
B. 各有特点，但最后都是一回事
C. 各有特点，又有联系
D. 实证方法科学，规范方法不科学

任务二　掌握实证分析的具体方法

在经济实证分析时最常使用的分析方法有以下几种。

一、均衡分析

均衡分析是物理学概念，现在经常用于经济分析中。从含义上讲，均衡包括静态与动态两种。静态均衡实际上是一种稳定的状态，即经济系统中各种不断变化、彼此对立的力量恰好可互相抵消，使整个系统处于一个相对静止的平衡状况。动态均衡强调市场经济自身具有自动的调节能力，当原有的均衡状态由于种种原因被打破之后，经济系统会自行产生一种恢复到均衡状态的力量。均衡分析所要说明的是各经济变量之间的关系，分析均衡实现的条件及发生变化的原因。在进行均衡分析时，又包括局部均衡分析和总体均衡分析（也称一般均衡分析）。

局部均衡分析是对一个或几个市场所作的经济均衡分析。总体均衡分析是对一个市场经济中所有市场所作的经济均衡分析。

局部均衡分析是由英国经济学家马歇尔提出来的。这种分析方法是考察经济系统中的一个（或数个）消费者、一个（或数个）生产者、一个（或数个）企业或行业、一个（或数个）商品市场或要素市场的均衡状态。在这种特定对象的均衡分析中，必须假定这个特定对象以外的其他因素既定或不变才行。比如要对轿车这一商品市场作出均衡分析，必须排除这一市场以外的其他经济变量的变动对该市场所产生的影响。

总体均衡分析是由法国的经济学家瓦尔拉斯提出来的。这种分析方法是分析一个经济系统中所有的市场如何同时达到均衡。因为在一个经济系统中，各个市场相互依存、相互影响，某一市场的变动会影响到其他市场的变化，所以还需要总体均衡分析。

二、静态分析与比较静态分析

这是与动态分析相对应的分析方法，共同特点是不考虑时间变化。静态分析只研究在特定条件下经济变量实现均衡的条件，不关心经济变量实现均衡的过程及所需的时间。比较静态分析则稍稍前进了一步，主要说明当原有的条件发生变动后，均衡会相应发生什么样的变化。它不涉及实现新的均衡所需的时间和所经过的具体过程，只对新、旧均衡进行比较。比如本教材第二单元中分析需求的变动对均衡点的影响是产生了新的均衡点，如果需求增加则均衡价格和均衡数量都会上升；反之，如果需求减少，二者都会下降。这就是典型的比较静态分析。

三、动态分析

这种研究方法考虑了时间因素，对均衡的实现过程进行分析，说明原有条件如何一步步地影响经济变量随之发生变化，实质上它描述的是经济系统在出现不均衡问题后的具体调整过程。

四、边际分析

所谓边际分析，就是增量分析。新古典学派的集大成者马歇尔运用他的数学知识，系统运用和发展了边际分析方法，使之成为微观经济学的基本方法。边际分析方法就是通过对增量变化的分析，来确定资源配置的合理边界或当事人行为的合理边界，确立实现均衡所要求的数量或几何条件。

边际分析有利于反映经济活动的变动情况。无论是投入变动还是产出变动，或两者同时变动并相互影响，都意味着出现了变动量，这种变动量就是增量。边际分析可准确反映这种增量变动，并考察这种变动所带来的后果。

边际分析有助于明确资源配置的合理边界或当事人行为的合理边界。例如，生产者行为的合理性，一个重要的方面是合理搭配各种生产要素，形成合理的要素组合比例。这需要确定每一种生产要素的合理投入量。当需要调整各要素的投入量以求达到合理比例时，必然会导致对各种要素的增增减减，增要增加多少，减要减掉多少，这就必须进行增量分析，即边际分析。通过边际分析，确定各种要素投入量的合理边界，也就确定了要素组合的合理比例。

五、经济模型

经济模型更多的是用代数方程式和几何图形形式来表达经济理论并分析经济问题，也可以用文字说明。这一分析经济现象的研究方法实际是定量分析的一种情况，它通过研究各种经济变量之间的关系来寻找经济活动的内在规律，同时说明影响经济活动的各经济变量之间的关系。这种方法以数学工具的运用为显著特征，更能适合实际经济决策的需要。

经济模型一般是在一些假定前提下建立的，目的是先舍弃掉若干次要因素或变量，把复杂现象简化和抽象为数量不多的主要变量，然后按照一定的函数关系把这些变量变成单一方程或者联立方程组，构成经济模型。由于在建立模型中，选取变量的不同以及假定条件的不同，对同一个经济问题的研究，可以建立多个模型。通过这些模型可以把有关经济现象全面概括地描述出来。借助这些模型，人们可以预测不同经济行为的不同后果，并选择可行的方案。

经济模型通常包括四个部分：定义、假设、假说、预测。

定义是指对经济模型所包括的各种变量给出明确的界定。经济变量一般包括以下四类。一是内生变量和外生变量。内生变量是由模型本身决定并要加以说明的变量，由经济体系内在因素决定的未知变量。外生变量是由经济体系外或模型之外因素决定的已知变量。二是存量与流量。按决定变量的时间维度差异来划分，变量可分为存量和流量，存量是指某一时点所测定变量的值，流量是指一定时期内所测定变量的值。三是自变量和因变量。自变量是由模型外的力量决定、自己可以变化的量；因变量是由模型决定的经济变量，或被决定的变量。四是常数与参数。常数是一个不变的量，与变量相连的常数叫系数；参数是可以变化的常数。

假设是建立经济模型的前提条件，或者指某一种理论成立或运用的条件。任何一种理论都是相对的、有条件的。因此，假设在理论分析中非常重要，甚至可以说不存在没有假设的理论和规律。例如，需求规律就是在假定消费者的收入、偏好，其他商品价格不变的前提条件下，来研究商品需求量与商品价格之间的相互关系的，如果没有或离开这些假设条件，需求量与商品价格成反比这一需求规律便不能成立。

假说是根据一定的事实和理论对未知对象所作的推测性的带假定意义的理论解释。或者说，假说是在一定假设条件下，运用定义去说明变量之间的关系，提出未被证明的理论。假说在理论形成中有着重要的作用：一是可以使研究目标明确；二是为建立科学的理论铺路架桥；三是把研究引向深入并开拓新领域。假说不是空想，而是源于实际，假说是构建经济模型的关键与核心部分。

预测是根据假说提出的对经济现象和经济事物未来发展趋势的看法，是根据假说做出的推论。预测在经济模型建立中的作用和意义，一是应用，经济模型的应用是通过预测而实现的；二是检验，观察预测与实际情况的符合程度，验证经济模型的正误。

◇ **同步检测**（判断题）
1. 边际分析可准确反映这种增量变动，并考察这种变动所带来的后果。（　　）
2. 检验经济模型的方法是比较模型的预期与事实。（　　）
3. 局部均衡分析和一般均衡分析是一回事，都是由马歇尔提出来的。（　　）
4. 边际分析有助于明确经济活动当事人行为的合理边界。（　　）
5. 建立经济模型的重要作用是帮助人们预测经济的变化趋势和结果。（　　）

▶ **案例分析训练**

案例：比尔·盖茨的选择与成长

比尔·盖茨是全球个人计算机软件的领先供应商——微软公司的创始人、前任首席执行官。比尔·盖茨的资产净值达 564 亿美元。

比尔·盖茨出生于 1955 年 10 月 28 日，他和两个姐妹一起在西雅图长大。其父亲是西雅图的一名律师，其母亲曾任中学教师、华盛顿大学的校务委员。

比尔·盖茨曾就读于西雅图的公立小学和私立湖滨中学。在那里，他开始了自己个人计算机软件设计，13 岁就开始编写计算机程序。

1973 年比尔·盖茨进入哈佛大学一年级，在那里他与 Steve Ballmer 住在同一楼层，后者目前是微软公司总裁。在哈佛期间，比尔·盖茨为第一台微型计算机——MITSAltair 开发了 BASIC 编程语言。BASIC 语言是 John Kemeny 和 Thomas Kurtz 于 20 世纪 60 年代中期在 Dartmouth 学院开发的一种计算机语言。

三年级时比尔·盖茨从哈佛退学，全身心投入其与童年伙伴 Paul Allen 一起于 1975 年组建的微软公司。他们深信个人计算机将是每一部办公桌面系统以及每一家庭的非常有价值的工具，并为这一信念所指引，开始为个人计算机开发软件。

比尔·盖茨有关个人计算机的远见和洞察力一直是微软公司和软件业界成功的关键。比尔·盖茨积极地参与微软公司的关键管理和战略性决策，并在新产品的技术开发中发挥着重要作用。他的相当一部分时间用于会见客户和通过电子邮件与微软公司的全球雇员保持接触。

1995 年，比尔·盖茨编写了《未来之路》一书，在书中，他认为信息技术将带动社会的进步。该书在《纽约时报》的最畅销书排名中连续7周位列第一，并在榜上停留了18周之久。

《未来之路》在20多个国家出版，仅在中国就售出40多万册。1996年，为充分利用Internet所带来的新的商机，比尔·盖茨对微软进行了战略调整，同时，他又全面修订了《未来之路》，在新版本中，他认为交互式网络是人类通信历史上一个主要里程碑。再版平装本同样荣登最畅销排行榜。比尔·盖茨将其稿费收入捐给了一个非营利基金，用于支持全世界将计算机与教学相结合的教师。

除计算机情结之外，比尔·盖茨对生物技术也很感兴趣。他是ICOS公司的董事会成员以及英国Chiroscience集团及其位于华盛顿州的全资子公司（ChiroscienceR&D公司，前身是DarwinMolecular）的股东。他还创立了Corbis公司，该公司正在开发全球最大的可视化信息资源之一，提供全球公共与私人收藏的艺术和摄影作品的综合性数字文档。比尔·盖茨还与蜂窝电话的先驱者CraigMcCaw共同投资了Teledesic公司，该公司雄心勃勃地计划发射数百个近地轨道卫星，为全世界提供双向宽带电信服务。

在微软公司上市的12年时间里，比尔·盖茨已向慈善机构捐献8亿多美元，包括向其图书馆基金会捐赠2亿美元，以帮助北美的各大图书馆更好地利用信息时代带来的各种新技术。1994年，比尔·盖茨创立了William H. Gates基金会，该基金会赞助了一系列比尔·盖茨本人及其家庭感兴趣的活动。比尔·盖茨捐献的四个重点领域是：教育、世界公共卫生和人口问题、非营利的公众艺术机构。

问题与讨论：

比尔·盖茨的大学退学经历受到关注，很大程度上是因为他的身份——巨富、精英，自然会受到尚未发财的、正在苦苦求学的无数大学生们的关注。请用经济学机会成本的理论分析：

① 比尔·盖茨退学是否理性？
② 你现在就向他学习马上退学是否明智？
③ 一位父亲对声称要学比尔·盖茨中途退学的儿子说"不读完大学并不难，难的是不读完大学之后能成为比尔·盖茨"。你赞成这位父亲的说法吗？为什么？

▶ 训练题

一、概念匹配题

1. 机会成本（　　）
2. 市场经济（　　）
3. 微观经济学（　　）
4. 宏观经济学（　　）
5. 实证分析（　　）
6. 规范分析（　　）
7. 动态均衡（　　）
8. 边际分析（　　）

A. 探讨经济世界应该是什么，或者不应该是什么的一种分析方法
B. 由市场调节作为资源配置主要手段或工具的一种经济

C. 是为了最后的选择所失去的收益来度量的代价
D. 研究在市场经济中个体决策单位如消费者、投资者、厂商的经济行为的一门学问
E. 考察经济变量之间的因果关系，对经济行为结果进行分析、预测、验证来研究经济的方法
F. 研究社会经济变量的总量如何决定及其相互关系的一门学科
G. 通过对增量变化的分析来确定行为的合理边界以及实现均衡所需要的条件
H. 在时点均衡的基础上加上了时间因素的均衡

二、判断题

1. 如果各种经济资源都很充裕即不存在稀缺问题，那么就不需要经济学。（ ）
2. 社会生产位于生产可能线之内是正常的，而位于生产可能线之上是不正常的。
（ ）
3. 用来满足人类需要的物品可分为自由取用物品和经济物品。（ ）
4. 有选择就有成本，这种成本就是会计成本。（ ）
5. 经济学就是研究社会如何利用稀缺资源生产人类需要的产品和劳务。（ ）
6. 微观经济学是以单个经济单位作为考察对象，研究个量经济单位的经济行为，以及相应的经济变量的单项数值如何决定。（ ）
7. 宏观经济学是以整个国民经济活动作为考察对象，研究社会总体问题以及相应的经济变量的总量如何决定及其相互关系。（ ）
8. 实证经济学主要强调"应该怎么样"。（ ）
9. 规范经济学研究的是经济行为应该是什么，经济问题应如何解决等问题。（ ）
10. 经济模型通常包括四部分：定义、假设、假说、预测。（ ）
11. 流量是指某一时点所测定变量的数值；存量是指某一时期所测定变量的数值。
（ ）
12. 假说是对经济变量之间关系的一种论证，但未被验证。（ ）

三、单项选择题

1. 以下属于经济物品的是（ ）。
   A. 空气　　　　B. 阳光　　　　C. 自然风　　　　D. 面粉
2. 经济学中的经济人被假定为（ ）。
   A. 感情用事的　　　　　　　　B. 轻信盲从的
   C. 行为理性的　　　　　　　　D. 冲动感性的
3. 经济学把人类进行选择的成本定义为（ ）。
   A. 会计成本　　B. 边际成本　　C. 选择成本　　D. 机会成本
4. 在市场经济体制下，生产什么、生产多少，取决于（ ）。
   A. 政府偏好　　B. 政府政策　　C. 个人偏好　　D. 市场需求
5. 经济学研究的基本问题包括（ ）。
   A. 生产什么、生产多少　　　　B. 如何生产
   C. 为谁生产　　　　　　　　　D. 以上问题都包括
6. 资源是稀缺的是指（ ）。
   A. 世界上大多数人生活在贫困中

B. 相对于资源的需求而言，资源总是不足的
C. 资源必须保留给下一代
D. 世界上的资源最终将由于更多的生产而消耗光

7. 实证分析的特征是（　　）。
   A. 首先确定价值判断　　　　　　　B. 要回答应该不应该
   C. 考察变量之间的因果关系　　　　D. 是一种定性研究

8. 规范分析的特征是（　　）。
   A. 考察变量之间的因果关系　　　　B. 建立经济模型并进行验证
   C. 确定价值判断标准　　　　　　　D. 是一种定量研究

9. 检验经济模型的方法是（　　）。
   A. 检验它的假设是否现实　　　　　B. 比较它的预期与事实
   C. 由权威的领导人或经济专家作出结论　　D. 以上各项都是

10. 当经济学家说人们是理性的，这是指（　　）。
    A. 人们不会作出错误的判断　　　　B. 人们总会从自己的角度作出最好的决策
    C. 人们根据完全的信息行事　　　　D. 人们不会为自己所作出的任何决策而后悔

11. 研究个别居民与厂商决策的经济学称为（　　）。
    A. 宏观经济学　　　　　　　　　　B. 微观经济学
    C. 实证经济学　　　　　　　　　　D. 规范经济学

12. 在经济学中，下列情况中不具有均衡的含义的是（　　）。
    A. 实际买的量等于实际卖的量　　　B. 稳定的状态
    C. 愿意买的量等于愿意卖的量　　　D. 长期过剩或短缺

13. 老李是一名木工，每小时挣25元，某天他患病，必须花两个小时的工作时间去医院输液，而输液的药费为60元，那么老李输液的机会成本是（　　）。
    A. 30元　　　　B. 25元　　　　C. 110元　　　　D. 50元

14. 在市场经济中解决生产什么、如何生产和为谁生产等这类问题的是（　　）。
    A. 政府　　　　B. 价格机制　　　　C. 中央银行　　　　D. 以上都是

15. 如果由市场来配置资源，那么（　　）。
    A. 政府决定每个人得到多少物品
    B. 每个人都能得到他想要的任何东西
    C. 所有人必须要排队来得到所需的物品
    D. 稀缺的物品将会卖给出价最高的人

16. 下列选项中，不属于宏观经济的内容有（　　）。
    A. 国内生产总值　　　　　　　　　B. 就业与失业
    C. 某个企业盈利或亏损　　　　　　D. 国际收支

17. 经济学家使用假设的目的，是（　　）。
    A. 被构建的模型，更准确地反映现实的世界
    B. 使模型更加复杂
    C. 使现实的世界更加容易理解
    D. 使对现实世界的分析更加高深

18. 经济模型（   ）。
   A. 只包括被认为是非常重要的因素   B. 只包括规范表述
   C. 包括有关现实中的所有已知因素   D. 不能假设有些因素不变
19. 下列属于规范陈述的是（   ）。
   A. 从去年开始，猪肉价格在持续增长
   B. 个人所得税的起征点低不利于公平原则
   C. 2010 年中央银行连续加息，以防止经济增长过快
   D. 随着收入的提高，越来越多的人拥有了自己的汽车

四、多项选择题

1. 以下属于经济物品的有（   ）。
   A. 阳光   B. 空气   C. 自来水   D. 汽车
2. 稀缺性（   ）。
   A. 只存在于人类社会的某一阶段
   B. 存在于人类社会的任何阶段
   C. 指生产物品的资源数量很少
   D. 指相对于人类的需要，资源及利用资源生产的物品总是不足的
3. 研究某一时点某物品需求与供给的均衡价格时，所进行的分析有（   ）。
   A. 静态均衡分析   B. 比较静态分析
   C. 规范分析   D. 实证分析
4. 以下属于规范分析命题的有（   ）。
   A. 某年某国国内生产总值比上年增长 9.7%
   B. 某年某商品零售价格上涨 6.1%
   C. 应当继续实施适度从紧的货币政策
   D. 在市场经济的汪洋大海中，企业的规模越大越好

五、计算题

1. 当李明上网游戏的时间如图 1-2 所示那样增加时，用图形计算他上网一小时的机会成本。
   ① 每周 4 小时增加到 6 小时。② 每周 6 小时增加到 8 小时。

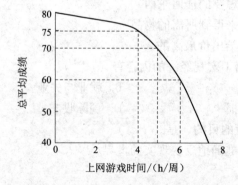

图 1-2　上网游戏时间与总平均成绩关系

2. 某岛国有如表 1-3 所示的生产可能线组合。

表 1-3 生产可能线组合

可能的组合	食物/（吨/月）	汽车清洗剂/（吨/月）
A	300	0
B	200	50
C	100	100
D	0	150

① 画出该岛国的生产可能线。
② 当汽车清洗剂从 50 吨增加至 100 吨时，每吨汽车清洗剂的机会成本是多少？

第二单元

市场怎样决定价格

▶ **知识目标**
- 需求的影响因素和需求法则；
- 供给的影响因素和供给法则；
- 均衡价格的形成机理及其变动规律；
- 均衡价格理论的实际应用；
- 弹性与收益的关系。

▶ **能力目标**
- 能够用均衡价格理论解释价格变动的原因；
- 能够用均衡价格理论判断价格的变动方向；
- 能够说明政府对市场干预的原则；
- 能够用弹性理论说明收益的变化特点。

▶ **案例导入**

2011年新闻中经常会报道两类新闻。新闻一就是某天猪肉价格又上涨了。记者在菜市场中采访猪肉档主的时候，最常见的现象就是档主在抱怨，肉价涨了，买肉的人少了，以往一天能卖两头猪的，现在只能卖一头。而采访买菜的居民的时候，居民们都说，猪肉涨了，那就少吃点猪肉了，多吃点鸡蛋什么的。为什么会这样呢？为什么猪肉价格涨了，人们就买得少了呢？类似的报道是，某天国内食用油集体调价了，结果人们一方面怨声载道，另一方面又赶快买点屯在家里，预防后面再涨。记者采访的时候，居民的反映就是，涨价都没办法了，也要买的了。这又是为什么呢？为什么食用油价格涨了，人们却没有减少购买呢？其实，这两个现象反映的是经济学中一个最基本的规律：价格变化所引起的需求变化，取决于需求的价格弹性。一旦真正了解了需求和供给，你就会以新的眼光来看现实经济世界。你将能解释价格如何决定，并做出有关价格下降、上升和上下波动的预测；你将了解交易量对价格（或其他因素）变化的反应程度可以概括为弹性，进而判断弹性与收益的关系，你将能回答什么类型的商品"薄利"可以"多销"，什么类型的商品"薄利"也不能"多销"。

项目一 认识需求

任务一 了解需求及影响需求的因素

一、需求的含义

需求（demand）是指消费者在某一特定时期内，在每一价格水平下愿意而且能够购买的商品和劳务的数量。从需求这一定义可以看出，需求应该具备两个条件：一是消费者要具有购买欲望；二是消费者要具有购买能力。二者缺一不可。

需求有个人需求和市场需求之分。个人需求（individual demand）是指单个消费者对应于某商品每一可能的价格愿意并能购买的数量。市场需求（market demand）是对市场上某一商品所有的个人需求的加总。说得具体一些，是把市场上与每一可能的价格相对应的每个人的需求加总的结果。

二、影响需求的因素

一种商品的需求通常是由多种因素决定的。

（1）商品自身的价格。商品本身价格高，需求量小，价格低，需求量大。

（2）相关商品的价格。各种商品之间，常常有这种或那种不同的关系，这样，其他商品价格变动会影响某种商品的需求。商品之间的相关关系有两种情况：一是互补关系，或称互补商品（complement）；二是替代关系，或称替代商品（substitute）。互补商品是指两种商品用来共同满足某一种欲望，两者之间是互补的，缺少任何一种商品，都难以达到消费或使用的目的。比如，汽车和汽油、照相机和胶卷、录像机和录像带等都互为互补品。替代关系指两种商品都能满足某一种欲望，它们之间是可替代的。比如，作为不同的交通工具都是要实现不同地点间的位移，航空、铁路、公路、海运之间互为替代品。两种互补商品之间价格与需求量呈反方向变动；两种替代商品之间价格与需求量呈同方向变动。

（3）消费者的收入水平以及社会收入分配的平等程度。消费者收入增加时，对商品的需求一般会增加；收入减少时，需求量减少，不过，并不是任何商品的需求量都和消费者收入同方向变动，对低档商品的需求量和消费者收入可能发生反方向变动。社会收入分配平等程度对需求也会发生影响。

（4）消费者的偏好。偏好（preference）是消费者基于不同的文化背景、不同的价值观念而产生的不同的口味和嗜好，一般来说，偏好的商品需求量大，反之需求量小。

（5）消费者对未来价格的预期。如果预期未来商品价格水平上升，会增加现在的需求量；反之，会减少现在的需求量。

以上五种因素是影响商品需求的主要因素，商品的需求随着这些因素的变化而变化，这些因素的共同作用决定需求。

三、需求函数

如果把影响需求量的因素作为自变量，把需求量作为因变量，则可用函数关系来表示影响需求量的因素与需求量之间的关系，这就是需求函数（demand function）。以 Q_d 代表需求量，P 代表商品自身价格，P_r 代表其他商品价格，F 代表消费者偏好，M 代表消费者的货币收入，P_e 代表预期价格，f 代表函数对应关系。需求函数可以表示为：

$$Q_d = f(P, P_r, F, M, P_e, \cdots)$$

如果不考虑其他自变量的影响，只考虑商品价格本身对需求量的影响，需求函数可以表示为：$Q_d = f(P)$，也可称之为需求的价格函数。

如果需求函数是线性的，则可把函数写成：$Q_d = a - bP$（$a, b > 0$），式中 a 为一常数，是与价格 P 无关的自发性需求；b 为一正数，$-b$ 则表明需求量与价格成反比例的关系。

如果假定其他自变量不变动，只考虑收入的影响，就可得到需求的收入函数，可表述为：

$$Q_d = f(M)$$

在该式中，Q_d 表示需求量，f 表示函数关系，M 表示收入是决定需求量的自变量。

若假定其他自变量不变动，只考虑另外一个相关商品的价格对该商品需求量的影响，就会形成需求的交叉函数，可表述为：

$$Q_d = f(P_r)$$

在该式中 Q_d 表示需求量，f 表示函数关系，P_r 表示相关商品的价格。

◇ **同步检测（判断题）**

1. 市场需求是把一个商品在每一可能的市场价格相对应的每个人的需求加总的结果。

（　　）

2. 汽车和汽油、照相机和胶卷、录像机和录像带等互为替代品。（　　）

3. $Q_d = f(M)$ 表示的是需求的价格函数。（　　）

4. 偏好对商品的需求没有多大影响。（　　）

5. 只要有欲望就会有市场需求。（　　）

任务二　根据需求表画出需求曲线，并理解需求定理

如前所述，影响人们对某种商品需求量有很多因素，但最重要的因素莫过于商品自身的价格，因为价格决定了消费者在购买某种商品时所支付货币量的大小。需求量与价格的关系除用需求的价格函数加以抽象地表述外，还可用需求表和需求曲线加以具体、形象地刻画。

一、需求表

需求表（demand schedule）就是表明价格与需求量之间关系的表格。以表格的形式来说明价格与需求的关系会更加具体、明确。表 2–1 为某商品的需求表，在该表中既可看到不同价格下 A、B、C 等不同个人对该产品的需求量，又可看到不同价格下整个市场对该产品的需求量。

表 2-1　某商品的需求表

价格	个人需求量				市场需求量
	A 消费者	B 消费者	C 消费者	其他消费者	
6 元	20	12	8	160	200
5 元	25	18	16	191	250
4 元	35	22	22	221	300
3 元	52	28	26	264	370
2 元	58	32	29	341	460
1 元	60	36	31	473	600

二、需求曲线

需求曲线（demand curve）是表明商品价格与需求量之间关系的一条曲线。当我们把某一商品需求表中的数据在坐标图中描述出来时，就得到该商品的需求曲线。需求曲线也可分为个人需求曲线和市场需求曲线。个人需求曲线是表明某一个消费者的需求量与价格之间关系的曲线。把表 2-1 第一列中的价格作为自变量，把所对应的 A、B、C 的个人需求量作为因变量，可以画出三条不同的个人需求曲线。市场需求曲线是表明市场需求与价格之间关系的曲线。同理，把表 2-1 第一列中的价格作为自变量，把最后一列的市场需求量作为因变量，可以画出一条市场需求曲线。图 2-1 为市场需求曲线。

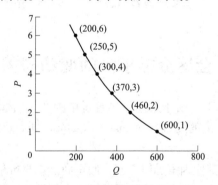

图 2-1　市场需求曲线

在该需求曲线的坐标图中，纵轴表示的是商品的价格，横轴表示商品的数量（即商品的需求量），曲线上任何一点都代表其价格与需求量的对应关系。

在此应注意以下两点。① 微观经济学与数学在表示上的区别。在数学中因变量一般用纵轴来表示，但在微观经济学中要用横轴来表示；而自变量本应在横轴，但要放在纵轴。这样做的主要原因是一种传统的沿袭，英国经济学家马歇尔是最早把数学分析方法引入经济学分析的经济学家之一，他作了这样一种安排，后来人们沿袭了这一安排；次要原因是这种安排会带来行文上的方便，比如在表述"在相同价格上，需求量增加或减少"就是要观察在同一价格水平上需求量的变化，把价格放在纵轴更形象。② 需求曲线是一条从左上方向右下方倾斜的曲线。当需求曲线被简化为一条直线时，向右下方倾斜意味其斜率为负；当需求曲线是一条曲线时，向右下方倾斜则意味该曲线不同点的切线的斜率为负。它是需求量与价格反比关系的几何表示。

三、需求定理

需求定理（law of demand）也称为需求法则，是指在其他条件不变的情况下，商品的需求量与价格成反比，即商品价格低则需求量大，商品价格高则需求量小。商品的需求量与价格成反比的原因主要有两点：① 商品降价后，会吸引新的消费者，从而使需求量增加；② 原有的消费者会因为商品价格下降而增加了同量收入的购买力，即实际收入增加，因而也会增加购买，这就是收入效应；同时，该商品价格下降使其他商品显得相对更贵了，消费者会增加该商品的购买以替代其他商品，这就是替代效应。

需求定理就绝大多数商品而言是成立的，但在现实生活中也有一些例外。这种例外可以概括为吉芬商品（Giffen goods）和炫耀性商品两类。① 吉芬商品。英国统计学家吉芬在研究爱尔兰土豆销售状况时发现，当土豆价格下降时，消费者购买的较少；当土豆价格上升时，需求量反而上升。因为是吉芬最先发现这种现象，所以具有这种性质的商品被称为吉芬商品或吉芬品。② 炫耀性商品。社会心理因素也会导致需求定理例外，即导致某些商品的需求量与价格的变化方向出现"反常"。比如有些消费者为了显示其地位和富有，愿意购买价格昂贵的名画、名车、古董等，而当这些商品价格下跌到不足以显示其身份时，就会减少购买。具备这种炫耀性消费特征的商品被著名经济学家凡伯伦称为炫耀性商品。

◇ **同步检测**

根据表2-1（某商品的需求表）画出A、B、C三个消费者的个人需求曲线并概括需求量与价格变动之间的规律。

任务三　会区分需求量的变动与需求的变动

在其他条件不变的情况下，由于某商品自身价格的变化引起消费者在某一时刻对该商品的需求量的变化，称为需求量的变动（change in quantity demanded）。需求量的变动表现为在同一条需求曲线上的移动。

现在再把影响需求量的其他因素加以考察。假定商品本身价格不变，影响需求量的其他诸因素中的一个或多个发生变化，这会导致消费者对该商品需求量的增加或减少。这种需求量的增加或减少，表现在需求曲线上是需求曲线的平行移动。需求量和需求的变动如图2-2所示。

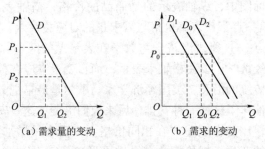

图2-2　需求量和需求的变动

图2-2（a）说明的是需求量的变动，在同一条需求曲线上，因价格不同引发的需求量的变化，即价格由P_1变为P_2时，需求量由Q_1变为Q_2，这就是需求量的变动。图2-2

(b) 说明的是需求的变动（change in demand），在同一价格 P_0 下，由于需求曲线 D_0 左移为 D_1 使需求量由 Q_0 变为 Q_1；由于需求曲线 D_0 右移为 D_2 使需求量由 Q_0 变为 Q_2，这就是需求的变动，需求曲线的右移表示需求的增加，需求曲线的左移表示需求的减少。

◇ 同步检测（判断题）

1. 需求量的变动表现为在同一条需求曲线上的移动。（　　）
2. 需求变动表现为需求曲线的左右移动。（　　）
3. 需求量的变动是价格之外的因素引发的需求数量的变动。（　　）
4. 需求变动是因商品本身价格变动而引发市场对该商品需求数量的变动。（　　）

项目二　认识供给

任务一　了解供给及其影响因素

一、供给的含义

供给（supply）是指生产者在某一特定时期内，在某一价格水平上愿意而且能够提供的某种商品的数量。作为供给要具备两个条件：① 有出售愿望；② 有供应能力。二者缺一不可。

供给也有个别供给和市场供给之分。个别供给是指单个厂商对应于某个商品的每一可能的售价愿意并有能力提供的数量；市场供给是该商品市场所有的厂商在一定价格条件下个别供给的总和。

二、影响供给的因素

同需求量的决定一样，供给也受到多种因素的影响。

（1）商品本身的价格。一般来说，一种商品的价格越高，厂商提供的产量就越大；反之，商品的价格越低，厂商提供的产量就越小。

（2）生产要素的价格。生产要素价格的高低影响到厂商的成本，生产要素价格上升，会使成本上升；反之，则成本下降。在商品卖价既定的条件下，成本上升，厂商利润减少，甚至会发生亏损，厂商会减少该产品的产量甚至会转产；反之，利润增加，厂商会增加对该产品的供给数量。

（3）相关商品的价格。在一种商品的价格不变，而其他相关商品的价格发生变化时，该商品的供给量会发生变化。比如，小麦价格不变而棉花价格提高，生产者将增加棉花的生产，减少小麦的种植面积，小麦的供给量会减少。

（4）生产技术水平。在一般情况下，生产技术水平的提高能够降低生产成本，增加厂商利润，厂商会提供更多的产量。

（5）厂商对未来的预期。对自己所处行业的预期如果是乐观的，将会增加供给；相反，预期如果是悲观的，厂商会减少供给。

三、供给函数

当把影响供给的因素作为自变量,把供给量作为因变量所形成的函数关系就是供给函数(supply function)。其表达形式为:

$$Q_s = f(a_1, a_2, a_3, \cdots, a_n)$$

在该函数式中,Q_s 代表供给量,f 表示函数关系,a_1、a_2、a_3、$\cdots$、a_n 分别代表商品本身的价格、生产要素的价格、相关商品的价格、生产技术水平、厂商对未来的预期等。如果只考虑商品本身价格而不考虑其他自变量的影响,那么供给函数可以表示为:

$$Q_s = f(P)$$

其中,Q_s 代表市场供给量,P 代表所供给商品的价格,f 为函数关系。如果供给函数是线性的,则可写为:

$$Q_s = -c + dP \ (c, d > 0)$$

◇ 同步检测(单项选择题)

1. 在得出某棉花种植户的供给曲线时,下列除(　　)因素以外其余保持为常数。
   A. 土壤的肥沃程度　　　　　　　　B. 技术水平
   C. 棉花的种植面积　　　　　　　　D. 棉花的价格
2. 生产要素价格对供给的影响,主要是因为(　　)。
   A. 生产要素价格影响产品的市场价格
   B. 生产要素价格影响产品成本
   C. 生产要素价格影响产品利润
   D. 生产要素价格通过影响产品成本最终影响产品利润

任务二　掌握供给表和供给曲线

如上所述,影响供给的因素很多,但最主要的因素是所供给商品自身的价格。与用需求表和需求曲线来表示价格与需求量的关系相类似,也可以用供给表和供给曲线来表示价格与供给量之间的关系。

一、供　给　表

供给表(supply schedule)是关于商品的价格与其供给量关系的一种表格反映形式。现假定,通过对个别供给在不同价格水平上供给量的加总,可以得出某商品的市场供给表。表2-2为某商品的市场供给表。

表2-2　某商品的市场供给表

价格/ (元/kg)	A厂商的个别 供给/kg	B厂商的个别 供给/kg	其他厂商的 供给/kg	整个市场的 供给/kg
6.0	80	100	208	388
5.0	70	90	188	348
4.0	60	80	168	308
3.0	50	70	148	268
2.0	40	60	128	228
1.0	30	50	108	188

从供给表的商品价格和供给商品数量的数字,可以明显地看出该产品的市场供给量与其价格之间成正比关系,表现为从上往下看价格由高到低,供给量也由高到低;从下往上看价格由低到高,供给量也由低到高。这反映了市场供给者——厂商的利润导向。

二、供给曲线

供给曲线(supply curve)是用来表示商品的供给量与价格关系的曲线。可以根据表2-2绘制出一条供给曲线,如图2-3所示。

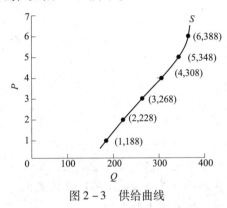

图2-3 供给曲线

与需求曲线的坐标图相同,在表示供给曲线的坐标图中,也是用纵轴表示价格(P),用横轴表示数量(Q)。供给曲线是一条从左下方向右上方倾斜的曲线。当供给曲线是一条直线时,向右上方倾斜意味着供给曲线的斜率为正;当供给曲线是一条曲线时,向右上方倾斜意味着供给曲线任何一点切线的斜率为正。它是市场供给量与价格成正比的几何表示。

三、供给定理

供给定理(law of supply)也被称为供给法则,是指在其他条件不变的情况下,商品的供给量与其价格成正比,即商品价格低供给量小;反之,则供给量大。商品的市场供给量与价格成正比的原因总体看有两个:① 在商品价格上升后,原有生产该商品的厂商会在利润的驱使下,扩大规模增加产量;② 价格上升后,生产该商品的行业利润空间扩大,会吸引新的厂商进入该行业进行生产,从而增加该商品的供给量。

同需求定理有例外一样,供给定理也有一些例外情况。最为典型的例外是劳动的供给,当工资增加时,一般会有劳动供给量增加的结果;但是,当工资增加到一定限度后,劳动的供给量反而会下降。

◇ 同步检测

根据表2-2(某商品的市场供给表)画出A、B两个厂商的供给曲线并概括供给量与价格变动之间的规律。

任务三 会区分供给量的变动和供给的变动

当影响供给的其他因素不变时,商品本身价格的变化所引起的供给量的变化称为供给量的变动(change in quantity supplied)。这种变动是在同一供给曲线上的移动,参见图2-4。

如把影响供给量的其他因素引进来加以考察，在商品本身价格不变的情况下，其他因素中的一个或几个发生变化，会导致供给的增加或减少，反映在供给曲线上表现为供给曲线的平行移动。供给曲线向右下方移动，表示供给增加；供给曲线向左上方移动，表示供给减少，即供给的变动（change in supply），如图2-5所示。

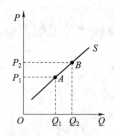

图2-4 供给量的变动

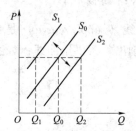

图2-5 供给的变动

◇ **同步检测（判断题）**

1. 供给量的变动是指在同一价格下供给曲线的平行移动。（   ）
2. 供给变动表现为行业产能不变，但供给数量发生了变动。（   ）
3. 供给量的变动表现为在同一条供给曲线上不同点的变化。（   ）
4. 供给变动是由商品价格以外的因素引发的。（   ）

项目三 均衡价格

任务一 掌握均衡价格及其形成

一、均衡价格

在市场上，需求和供给两种力量同时存在，任何价格要能成为一种使供求双方成交的价格，就必须是为需求和供给双方同时接受的价格。需求价格是需求一方所愿意接受的价格；供给价格是供给一方所愿意接受的价格。需求曲线所反映的是在不同价格水平下，需求方对应的需求数量；供给曲线则是反映生产者或卖者面对不同价格水平，所愿意提供的商品数量。他们都没有说明，供求双方都愿意接受的价格是什么，能达成需求量与供给量相等的市场交易数量是多少。在市场中，价格的形成或确定，是需求和供给两种基本力量共同作用的结果。因此，要说明一种商品价格的决定，必须把需求和供给两个方面结合起来进行分析。在微观经济学中，价格的决定问题，也就是均衡价格的确定或形成问题。均衡价格（equilibrium price）是一种商品的需求价格与供给价格相一致的价格。

二、均衡价格的形成

均衡价格是经过市场上需求和供给的相互作用及价格波动形成的。这可从两个方面来理解。一是价格过高的情况。价格过高，会刺激生产者增加商品的供给量，但会减少消费者的需求量，这样会导致该商品的需求量少于供给量，造成供过于求。供过于求会形成一种迫使市场价格下降的压力,促使生产者减少该商品的生产或供给,而趋向于均衡点。二是价格过低的情形。当一种商品的价格过低时,对该商品的需求量会增加,供给量会减少,需求数量多于供给数量,造成供不应求。这样会形成提高价格的推力,抑制需求刺激供给,使供求趋向于均衡点。

让我们看一个具体的例子,某一地区西红柿的市场供需表如表2-3所示。

表2-3 某一地区西红柿的市场供需表

价格/ (元/kg)	市场需求量/ (kg/月)	市场供给量/ (kg/月)	供求状态	价格的变动趋势
6.0	0	388	剩余	下降
5.0	88	348	剩余	下降
4.0	178	308	剩余	下降
3.0	268	268	供求相等	不变
2.0	358	228	短缺	上升
1.0	448	188	短缺	上升

可以看到当市场价格为4.0元/kg、5.0元/kg或6.0元/kg时,供给量超过需求量,出现了过度供给,此时市场处于非均衡状态,存在着降价压力。这种降价压力来自生产者,因为有些生产者愿意在更低一些的价格上生产,而更低一些的价格又会促使消费者购买更多的数量从而克服过度供给的状态。当价格为2.0元/kg、1.0元/kg时,需求量超过供给量,出现了过度需求,此时市场也是不均衡的,存在着涨价压力。这种涨价压力来自购买者,因为有一部分购买者愿意支付更高的价格来购买商品,而这一更高的价格又将促使生产者生产更多的产量,从而逐渐克服过度需求的现象。

再让我们从需求曲线和供给曲线的角度看一下均衡价格的形成过程,请看图2-6。

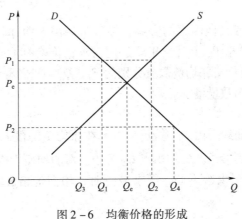

图2-6 均衡价格的形成

假设市场价格为P_1时,市场需求量为Q_1,而供给量为Q_2,供给量大于需求量,此时,出现过度供给,存在着价格下跌的趋势,所以P_1不是一个能待得住的价格即不是均衡价格;当市场价格为P_2时,市场供给量为Q_3,市场需求量为Q_4,需求量大于供给量,此时出现过度需求，价格必然存在上升趋势，因此，P_2 也不是能待得住的价格即也不是均衡价格；只有当市场价格为 P_e 时，市场的供给量和需求量正好相等，它们均为 Q_e，此时，既没有供过于求，也没有供不应求，市场出现了均衡。此时的商品价格为均衡价格，商品数量为均衡数量（equilibrium quantity）。

总而言之，需求和供给的相互作用以及价格的波动，最终会使一种商品的价格确定在需求量等于供给量的水平上，在这个水平上，既没有供过于求，也没有供不应求，市场正好"出清"。因此，所谓的均衡价格，就是能使一种商品的需求量与供给量保持平衡的价格，或者说，这种价格能促使需求和供给趋向平衡，形成稳定的市场。

◇ **同步检测**

根据表 2-3 西红柿的市场供需表画出供求曲线并分析均衡价格形成的过程。

判断正误：

1. 只要供不应求，价格一定会上涨。　　　　　　　　　　　　　　（　　）
2. 只要供过于求，价格一定会下降。　　　　　　　　　　　　　　（　　）
3. 均衡价格就是供求相等时的价格。　　　　　　　　　　　　　　（　　）

任务二　掌握均衡价格的变动规律

前面在分析均衡价格的形成时，实际上是在假定其他条件不变，只有商品自身价格变化的条件下来进行分析的。现在要考虑以前被忽略的"其他条件"，在其他条件变化的情况下，来考察原有的均衡如何被打破，新的均衡如何形成。均衡价格与均衡数量是由需求和供给两股力量共同决定的。所以原有均衡的打破和新的均衡的建立都离不开需求与供给，需求和供给的任何变动都会引起均衡价格和均衡产量的变动。

一、需求变动对均衡的影响

1. 需求增加

由于人们收入的增加或其他因素的影响，导致市场需求增加。那么，需求曲线就会从 D_0 平移到 D_1。在原均衡价格 P_0 上就会出现过度需求，价格有上升的趋势，直至形成新的均衡点 E_1 为止。新的均衡价格和均衡数量分别为 P_1，Q_1。我们看到，当供给不变时，需求增加使均衡价格上升，均衡数量增加。

2. 需求减少

当需求减少时，需求曲线会由 D_0 移动到 D_2。在原均衡价格 P_0 的水平上，会出现供过于求，产生降价压力，直到形成新的均衡点 E_2 为止。新的均衡价格和均衡数量分别为 P_2 和 Q_2。在此我们能够看到，当供给不变，需求减少时，均衡价格和均衡数量都出现了下降。具体参见图 2-7。

二、供给变动对均衡的影响

当需求不变时，供给的变动也会对均衡产生影响，这种影响也分为两种情况即供给的增加和减少。具体参见图 2-8。

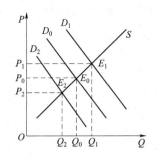

图 2-7 需求变动对均衡的影响

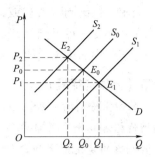

图 2-8 供给变动对均衡的影响

1. 供给增加

当供给增加时,供给曲线会从 S_0 向右移动到 S_1。在原有均衡价格 P_0 的水平上,会出现供过于求的市场供求状态,必然有降价的趋势,直到形成新的均衡点 E_1 为止,有了新的均衡价格 P_1 和均衡数量 Q_1。此时能够观察到,需求不变,供给增加使得均衡价格下降,均衡数量增加。

2. 供给减少

当供给减少时,供给曲线从 S_0 向左移动到 S_2。在原有均衡价格 P_0 的水平上,会出现供不应求的市场供求状态,市场有涨价的压力,直到形成新的均衡点 E_2 为止,有了新的均衡价格 P_2 和均衡数量 Q_2。此时能够观察到,需求不变,供给减少,使得均衡价格上升,均衡数量下降。

三、需求与供给同时变动对均衡的影响

1. 供给、需求同向变动

供给需求同向变动分为两种情况:同时增加或同时减少。

(1) 供需同时增加。供给增加导致均衡价格下降,均衡产量增加;需求增加使得均衡价格上升,均衡产量增加。所以,供需同时增加肯定使均衡产量增加,均衡价格的变动方向不能确定,它取决于两种情况下哪一个价格上升或下降的幅度大些。

(2) 供需同时减少。供需同时减少会使均衡产量减少,均衡价格不确定。

2. 供给需求反向变动

供求反向变动可分为两种情况。

(1) 供给增加,需求减少。由于供给增加使得均衡价格下降,均衡产量上升,需求减少使均衡价格下降,均衡产量减少,所以此时新的均衡价格肯定下降,但均衡产量变动方向则不一定,它取决于两种情况下哪一个数量上升或下降的幅度更大些。

(2) 供给减少,需求增加。此时均衡价格上升,均衡产量变动不确定。

综上所述,可以得到以下结论。

第一,均衡价格和均衡产量与需求按同方向变动。需求增加,均衡价格提高,均衡产量增加;需求减少,均衡价格降低,均衡产量减少。

第二,均衡价格与供给呈反方向变动,均衡产量与供给呈同方向变动。供给增加,均衡价格降低,均衡产量增加;供给减少,均衡价格提高,均衡产量减少。

第三,需求与供给同时增加或减少会引起均衡产量同方向变动,这时均衡价格却有提高、降低或保持不变三种可能。

这就是经济学中的供求规律。

◇ **同步检测(单项选择题)**

1. 在需求和供给同时增加的情况下,( )。
   A. 均衡价格和均衡交易量都将上升
   B. 均衡价格的变化无法确定,均衡交易量将增加
   C. 均衡价格和均衡交易量都将下降
   D. 均衡价格和均衡数量都无法确定
2. 在需求和供给同时减少的情况下,( )。
   A. 均衡价格和均衡交易量都将下降
   B. 均衡价格将下降,均衡交易量的变化无法确定
   C. 均衡价格的变化无法确定,均衡交易量将减少
   D. 均衡价格和均衡数量都无法确定

任务三 了解均衡价格理论的具体运用方式

支持价格(price floor),是政府为了扶持某一行业的生产而对该行业产品规定高于市场均衡价格的最低价格。例如,为了扶持农业,或为了农场主的利益,对农产品实行支持价格,即规定农产品的最低价格,使这种价格高于由市场需求和市场供给决定的均衡价格,并收购农产品。为了维持这种支持价格,政府必须收购过剩的部分产品,或用于储备,或用于出口或援外。如图 2-9 所示,假定农产品的市场均衡价格为 P_0,但政府为了扶持农业以防其出现大起大落,规定其产品价格为 P_1,P_1 高于 P_0,那么需求者对 P_1 这一价格的反应是需求减少,其需求量为 Q_1;而供给者的反应是多供给,供给量为 Q_2。这样就出现供过于求,Q_2-Q_1 就是供过于求的部分,按照均衡价格理论此价格是维持不住的,要维持住此价格就需要政府收购 Q_2-Q_1 这一市场过剩部分。

限制价格(price ceiling),是政府为了限制某些生活必需品的价格上涨而规定的最高限价。限价也称冻结物价,一般都低于均衡价格。实行限价后,供给将会减少,出现短缺或剩余需求。这样,会产生以下几种情况:①排队购买;②实行配给;③抢购和黑市贸易。如图 2-10 所示,假定某一生活必需品的市场均衡价格应为 P_0,但政府为了把其价格控制在比较低的水平,规定其最高价格为 P_1,P_1 低于 P_0,那么需求者对这一低价位的反应是多需求,需求量为 Q_1;而供给者的反应是少供给,供给量为 Q_2。这样就出现了供不应求,Q_1-Q_2 就是供不应求的部分;同理,这一价格也是维持不住的,政府要通过票证的方式来强制压缩超过供给部分的需求。

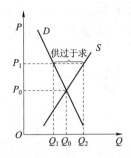
图 2-9 支持价格政策

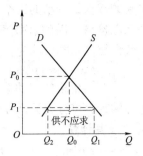
图 2-10 限制价格政策

限制价格政策只适用于短期的特殊情况，保持的时间过长会挫伤投资的积极性，使短缺变得更加严重，迫使政府放弃价格限制，最后价格上涨将更加严重。

◇ **同步检测**（单项选择题）

1. 政府把价格限制在均衡水平以下，可能导致（　　）。
   A. 黑市交易　　　　　　　　　B. 大量积压
   C. 买者买到了希望购买的商品　　D. 买者能买到更多的商品
2. 政府为了扶持农业，对农产品规定高于均衡价格的支持价格。政府要维持支持价格，应该采取的相应措施是（　　）。
   A. 增加对农产品的税收　　　　B. 实行对农产品配给制
   C. 收购过剩的农产品　　　　　D. 减少对农产品的税收

项目四　弹性计算及其应用

需求定理和供给定理只是定性地说明了当价格发生变化时需求和供给的变化方向，而没有说明其变化数量。它们只是定性地说明需求和供给对价格变动的反应，而没有定量说明。比如，西红柿和小轿车的价格都上涨了 20%，消费者对两种商品需求量的变化幅度肯定是不同的。前者的需求量不会有太大的变化，而后者的需求量会变化很大。如果小轿车的价格上涨，也许很多消费者就暂时不买了。弹性理论对此要作出定量说明。一般来说，弹性（elasticity）是因变量对自变量的变动反应的强度。它可以用于分析任何一个函数关系中，因变量对自变量变动的反应强度。在需求函数和供给函数中，价格是自变量，需求量和供给量是因变量。价格的变动会引起需求量和供给量的变动，但需求量和供给量对价格变动的反应程度是各不相同的。弹性理论是说明价格变动与需求量、供给量变动之间数量关系的理论。弹性分为需求弹性和供给弹性。需求弹性又分为需求的价格弹性、需求的收入弹性和需求的交叉价格弹性三种类型。

任务一　理解需求的价格弹性并会计算

一、概念和计算公式

需求的价格弹性（price elasticity of demand）又称需求弹性，它是指一种商品价格变动的比率所引起的需求量变动的比率,即需求量变动对价格变动的反应程度。通常用需求量变动的百分率除以价格变动的百分率来表示。这两个变动的百分率比值,称为需求的弹性系数。弹性系数计算的基本公式为:

$$E_d = \frac{需求量的变动率}{价格的变动率} = \frac{需求量变动的百分比}{价格变动的百分比} = \frac{\Delta Q/Q}{\Delta P/P} = \frac{\Delta Q}{\Delta P} \cdot \frac{P}{Q}$$

需求弹性的计算可分为弧弹性和点弹性。

1. 弧弹性及其计算

所谓弧弹性(arc elasticity),是指需求曲线上两点之间的平均弹性。其计算公式是基于上面介绍的基本公式。注意这里:$\Delta Q = Q_2 - Q_1$,$\Delta P = P_2 - P_1$,$Q = (Q_1 + Q_2)/2$,$P = (P_1 + P_2)/2$。现举一例来加以计算说明。

[例1] 某商场销售的八宝粥在价格为5元/听时,每天能够销售出200听,后价格调整为4.5元/听,每天销售240听,计算这两个调整点之间的弧弹性。

把 $Q_1 = 200$,$Q_2 = 240$,$P_1 = 5$,$P_2 = 4.5$ 代入下式:

$$E_d = \frac{\Delta Q}{\Delta P} \times \frac{P}{Q} = \frac{240 - 200}{4.5 - 5} \times \frac{(5 + 4.5)/2}{(200 + 240)/2} \approx -1.7$$

由于需求量与价格是反方向变化,在通常情况下,需求曲线从左上方向右下方倾斜,斜率为负,ΔQ 与 ΔP 必有一个为负数,因此,弹性系数 E_d 为负值。由于对弹性的考察只注重量的变化,所以,一般都取 E_d 的绝对值。

2. 点弹性及其计算

点弹性是与弧弹性相对应的概念,点弹性(point elasticity)实际就是需求曲线上某一点的弹性。依据数学推理,可根据弹性系数计算的基本公式,令 ΔP 趋于零,于是 $\Delta Q/\Delta P$ 就趋于一个极限值,即 Q 对 P 的导数。根据基本公式 $E_d = (\Delta Q/\Delta P) \cdot (P/Q)$ 可得出点弹性系数的计算公式为:

$$E_d = \lim_{\Delta P \to 0} \frac{\Delta Q}{\Delta P} \cdot \frac{P}{Q} = \frac{dQ}{dP} \cdot \frac{P}{Q}$$

在该公式中,$\frac{dQ}{dP}$ 即为需求曲线的斜率,P 是给定点的价格,Q 是给定点的需求数量。

[例2] 已知一需求函数的代数式为 $Q = 12 - 2P$,求价格为3时的需求价格弹性系数。

将 $P = 3$ 代入需求函数式,得出 $Q = 6$,又知 dQ/dP 为 -2,把以上三个数字代入点弹性公式:$E_d = \frac{dQ}{dP} \cdot \frac{P}{Q} = -2 \times \frac{3}{6} = -1$ 取绝对值后 $E_d = 1$。

二、需求弹性的类别

根据弹性系数数值的大小可以将商品的需求弹性分为五类。

1. 需求完全弹性

当 $E_d \to \infty$ 时,需求对价格是具有完全弹性的,表现为需求曲线是一条平行于横轴的直线,其价格为常数,需求量可以任意变化,见图2-11(a)。这种需求变化是由价格以外的因素引发的,比如战争年代政府在给定的价格下对军火的需求是无限的。

2. 需求无弹性

当 $E_d = 0$ 时,需求对价格是完全无弹性的,也就是说需求量对价格变动没有任何反应,价格下降，需求一点也不增加；价格上升，需求量一点也不减少。其需求曲线为一条垂直于横轴的直线，见图 2-11（b）。此类商品在现实生活中比较少见，较为接近的例子是丧葬用品，一般来说，这类用品不会因降价而增加需求，也不会因提价而减少需求。

3. 单位需求弹性

当 $E_d = 1$ 时，需求对价格为单位弹性，即价格的变动率与需求量的变动率相等，其需求曲线可用与横轴夹角45°的直线来表示，见图 2-11（c）。价格上升1%，需求量就减少1%；价格下降1%，需求量就增加1%。单位弹性是一种理论状态，在现实生活中很难找到弹性系数恰好等于1的商品。

4. 需求缺乏弹性

当 $0 < E_d < 1$ 时，需求对价格缺乏弹性，也就是需求量对价格的变动反应较为迟钝，价格有一个较大的变动，需求量有一个较小的变动。其需求曲线与横轴的夹角大于45°，见图 2-11（d）。

5. 需求富有弹性

当 $1 < E_d < \infty$ 时，需求对价格富有弹性，也就是需求量对价格的变动反应是灵敏的，价格有一个较小的变动，需求量有一个较大的变动。其需求曲线与横轴的夹角小于45°，见图 2-11（e）。

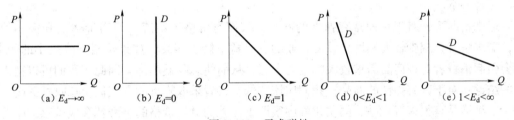

图 2-11　需求弹性

三、影响需求价格弹性的因素

一种商品需求价格弹性的大小受以下五个因素的影响。

（1）消费者对商品的需求强度。一般来说，消费者对生活必需品的需求强度大且比较稳定，因此，生活必需品的需求弹性小；对高档消费品、奢侈品的需求强度小且稳定，因此，这些商品的需求弹性大。

（2）购买某种商品的开支在整个家庭开支中所占的比重。如果所占的比重小，价格变动对需求的影响就小，其需求弹性也小，如食盐、火柴、肥皂等商品。如果所占的比重大，价格变动对需求的影响就大，其需求弹性也大，如电视机、电冰箱等商品。

（3）商品的替代品数目和可替代的程度。一种商品如果有许多替代品，该商品的需求弹性就大；反之，需求弹性就小。一种商品被另一种商品替代的程度越高，需求弹性越大；反之，需求弹性越小。

（4）商品用途的广泛性。一种商品的用途越多，其需求弹性就越大；反之，需求弹性越小。

（5）商品使用时间的长短。使用寿命长的耐用消费品，需求弹性大，使用寿命短的非耐用消费品，需求弹性小。

四、需求价格弹性与总收益的关系

在价格变动时，一种商品需求弹性的大小与出售该商品所能得到的总收益是密切相关的。总收益等于价格与销售量的乘积，也就是说总收益受价格和销售量（对购买者来说就是需求量）两个自变量的影响。价格这一自变量的变动会影响到总收益，同时，按照需求法则，价格这一自变量的变动还会影响到另一个自变量——销售量。因此，最后总收益如何变化要看两个自变量的变动方向和变动幅度。不同商品的需求弹性不同，价格变化引起的销售量的变动不同，总收益的变动也不同。

如果某种商品是富有弹性的，那么，当该商品的价格下降时，需求量增加的幅度必大于价格下降的幅度，总收益会增加；反之，价格上升时，总收益会下降。

比如某商品的需求价格弹性 $E_d = 1.5$，当价格 $P_1 = 400$ 元/件时，其销售量 $Q_1 = 100$ 件，那么此时的总收益 $TR_1 = P_1 \times Q_1 = 400 \times 100 = 40\,000$（元）。后价格下调10%，则 $P_2 = 400 - 400 \times 10\% = 360$（元/件），按照 $E_d = 1.5$，销售量应增加15%，所以 $Q_2 = 100 + 100 \times 15\% = 115$（件），$TR_2 = P_2 \times Q_2 = 360 \times 115 = 41\,400$（元）。很显然 $TR_2 > TR_1$，富有弹性的商品降价可以增加收益。此例如果价格不是下调而是上调10%，那结果将如何？请学习者自己计算一下。

通常情况下，对于一种富有弹性的商品，人们对价格很敏感，即当价格上升很小的幅度，需求量就会减少较大幅度，致使企业的总收益下降。相反，如果价格下降很小的幅度，都会引起消费者对该商品需求较大幅度的上涨，从而使总收益增加。因此，我们可以得出这样的结论：对于富有弹性的商品，我们应该定低价或者采取降价的方式促使总收益提高。例如，一种商品有很多替代品，同质化程度很严重，人们对其价格的上涨就会很敏感。企业一旦有任何提价行为，都会导致消费者的大量流失。也就是这样的商品只能降价促销，或不可避免地陷入价格战的旋涡中。所以，不难得出一个结论：如果一个企业想避免价格战，实现差异化、与众不同是避免低价竞争的可行方法。

如果某商品的需求是缺乏弹性的，那么，当该商品价格下降时，因为需求量增加的幅度小于价格下降的幅度，所以总收益会减少。相反，价格上升，总收益也上升。假定某商品的需求价格弹性 $E_d = 0.5$，当价格 $P_1 = 400$ 元/件时，其销售量 $Q_1 = 100$ 件，价格分别上涨或下降20%，学习者计算一下其总收益变化的结果，看能否验证前面所给的结论。

需求价格弹性与总收益的关系如表2-4所示。

表2-4　需求价格弹性与总收益的关系

价格的变动方向	$E_d > 1$	$E_d = 1$	$E_d < 1$
价格上升	总收益下降	总收益不变	总收益上升
价格下降	总收益上升	总收益不变	总收益下降

◇ **同步检测（判断题）**

1. 药品需求的价格弹性系数一般要大于小轿车。　　　　　　　　　　　　　（　　）

2. 某种商品越容易被替代，它的需求也就越有弹性。（　　）
3. 垂直的需求曲线是具有完全弹性的。（　　）
4. 需求的价格弹性为零意味着需求曲线是一条水平线。（　　）
5. 对于任何商品薄利都能多销。（　　）
6. 商品降价后，总收益减少，则该商品为缺乏弹性的商品。（　　）
7. 卖者提高价格肯定能增加总收益。（　　）
8. 卖者提高价格可能增加总收益。（　　）
9. 卖者降低价格肯定会减少每单位商品的收益。（　　）
10. 农产品的需求一般来说缺乏价格弹性，这意味着当农产品价格上升时，农场主的总收益将增加。（　　）

任务二　计算需求的收入弹性系数和交叉弹性系数

需求的收入弹性（income elasticity of demand）是指一种商品的需求量对消费者收入的反应程度。收入弹性系数是需求量变动率与收入变动率之比。用公式表示为：

$$E_m = \frac{\Delta Q/Q}{\Delta M/M} = \frac{\Delta Q}{\Delta M} \cdot \frac{M}{Q}$$

在此式中，$\Delta Q = Q_2 - Q_1$，$\Delta M = M_2 - M_1$，$Q = (Q_1 + Q_2)/2$，$M = (M_1 + M_2)/2$。

[例3] 当某人的月薪由1 000元增加到1 500元时，猪肉的需求量从每月6千克增加到8千克。求需求的收入弹性。

此例中 $Q_1 = 6$，$Q_2 = 8$，$M_1 = 1\,000$，$M_2 = 1\,500$ 将这些数字代入下式：

$$E_m = \frac{\Delta Q}{\Delta M} \cdot \frac{M}{Q} = \frac{8-6}{1\,500-1\,000} \times \frac{(1\,000+1\,500)/2}{(6+8)/2} \approx 0.72$$

在影响需求的其他因素不变的条件下，由于需求量与消费者的收入一般是同方向变化的：收入越高，需求量越大；反之，则越小。因此，需求的收入弹性系数一般应为正值。西方经济学家借助需求收入弹性系数对商品进行分类：

当 $E_m > 0$ 时，该商品为正常品；

当 $E_m = 0$ 时，该商品为收入中性品；

当 $E_m < 0$ 时，该商品为劣等品。

正常品又可分为奢侈品和必需品，奢侈品的 $E_m > 1$，必需品的 $E_m > 0$ 且 $E_m < 1$。

需求的交叉弹性（cross elasticity of demand）是对需求的交叉价格弹性的简称。一种商品的需求量往往要受其他商品价格变动的影响。这样，这一商品价格的变动会与另一商品需求量的变动产生交叉影响。所以，需求的交叉弹性是指一种商品的需求量对另一种商品价格变动的反应程度，其弹性系数等于一种商品需求量变动的百分率与另一种商品价格变动的百分率之比。用公式表示为：

$$E_{XY} = \frac{X\,商品需求量的变动率}{Y\,商品的价格变动率} = \frac{\Delta Q_X/Q_X}{\Delta P_Y/P_Y} = \frac{\Delta Q_X}{\Delta P_Y} \times \frac{P_Y}{Q_X}$$

在此式中，$\Delta Q_X = Q_{X2} - Q_{X1}$，$\Delta P_Y = P_{Y2} - P_{Y1}$，$Q_X = (Q_{X1} + Q_{X2})/2$，$P_Y = (P_{Y1} + P_{Y2})/2$。

需求交叉弹性系数可以是正，也可以是负。它取决于两种商品的相关性质。一般来说，替代品交叉弹性是正值，即 $E_{XY}>0$，因为在这个场合，一种商品的需求量与另一种商品的价格是同方向变动的。比如猪肉与牛肉互为替代品，如果猪肉价格上升，而牛肉的价格不变，使牛肉的相对价格下降，人们更多地购买牛肉而减少猪肉的购买，其结果是猪肉价格上升，牛肉需求量增加，交叉弹性系数为正。而互补品交叉弹性系数则是负值，即 $E_{XY}<0$，因为在这个场合，一种商品的需求量与另一种商品的价格是反方向变动的。比如西服与领带互为互补品，它们往往一起消费。当西服价格上涨后，人们对西服的需求量减少，自然也就减少对领带的需求，其结果是西服价格上升，领带需求减少，交叉弹性为负。$E_{XY}=0$ 则表明 X 商品与 Y 商品既不是替代品也不是互补品，而是不存在交叉关系的独立品。

任务三　了解供给弹性

一、供给弹性及其计算

供给弹性（elasticity of supply）有供给价格弹性和供给的价格交叉弹性两种类型，但由于供给的价格弹性是供给弹性最主要的一种类型，因此，通常讲的供给弹性指的是供给的价格弹性。

供给的价格弹性，简称供给弹性，是指一种商品的供给量对价格变动反应的灵敏程度，其弹性系数等于供给量变动率与价格变动率之比。其计算公式为：

$$E_s = \frac{供给量的变动率}{价格的变动率} = \frac{\Delta Q/Q}{\Delta P/P} = \frac{\Delta Q}{\Delta P} \times \frac{P}{Q}$$

在该公式中，E_s 代表供给弹性系数，ΔQ 代表供给量的变化量，ΔP 代表价格的变化量，$\Delta Q = Q_2 - Q_1$，$\Delta P = P_2 - P_1$，$Q = (Q_1 + Q_2)/2$，$P = (P_1 + P_2)/2$。

由于商品的供给量与其价格呈同方向变化，所以供给弹性系数 E_s 一般为正值。

二、供给弹性的分类

同需求的弹性系数一样，供给弹性系数也可分为五类：

当 $E_s = 0$ 时，称为供给完全无弹性；

当 $E_s \to \infty$ 时，称为供给有无限弹性；

当 $E_s = 1$ 时，称为供给单位弹性；

当 $E_s > 1$ 时，称为供给富有弹性；

当 $E_s < 1$ 时，称为供给缺乏弹性。

三、影响供给弹性大小的因素

供给弹性的大小主要受以下五个方面的影响。

（1）生产的难易程度。在一定时期内，容易生产的产品，当价格变动时其产量的变动速度快，供给弹性大；反之，供给弹性小。

（2）生产规模和规模变化的难易程度。生产规模大的资本密集型企业，因受设计能力和专业设备的制约，其生产规模较难变动，调整的周期较长，因而其产品的供给弹性小；反之,其产品的供给弹性大。

(3) 生产成本的变化。如果一种产品产量的增加,只引起单位成本的稍稍提高,那么,供给弹性就较大;反之,如果产量的增加促使成本的大幅度增加,供给弹性就较小。

(4) 时间的长短。商品价格变化后,要改变供给量需要有一段调整生产的时间,即价格变动后供给量的反应有一个"时滞"。时间越短,供给弹性越小;时间越长,供给弹性越大。

(5) 对价格的预期。当产品价格上涨时,厂商是否立即增加生产以及增加幅度的大小,取决于厂商预期这种上涨的价格能不能持久;同样,当产品价格下跌时,厂商对这种下跌的价格的预期,也会影响厂商是否减产及减产多少。

◇ 同步检测(判断题)

1. 一种商品生产规模越难变动,则商品的供给弹性越大。　　　　　　(　)
2. 就短时期看,重工业产品比轻工业产品供给弹性大。　　　　　　　(　)
3. 因供给量与价格同方向变动,供给弹性一般为正值。　　　　　　　(　)
4. 有的商品供给在短时间弹性很小,但在一个长时间则会弹性较大。　(　)

▶ 案例分析训练

案例1　汽油价格与小型汽车的需求

如果市场对某几种产品的需求相互影响,纠缠不清,可能出现什么情况呢?其中一种情形就是,导致一种产品的价格发生变化的因素,将同时影响对另一种产品的需求。举例而言,在20世纪70年代,美国的汽油价格上升,这一变化马上对小型汽车的需求产生了影响。

回顾20世纪70年代,美国市场的汽油价格两次上升:第一次发生在1973年,当时石油输出国组织切断了对美国的石油运出;第二次是在1979年,由于伊朗国王被推翻而导致该国石油供应瘫痪。经过这两次事件,美国的石油价格从1973年的每加仑(1美制加仑=3.79升)0.27美元猛增至1981年的每加仑1.40美元。作为"轮子上的国家",石油价格急剧上升当然不是一件小事,美国人面临一个严峻的节省汽油的问题。

既然公司和住宅的距离不可能缩短,人们只好继续奔波于两地之间。美国司机找到的解决办法之一是当他们需要放弃自己的旧车、购置新车的时候,选择较小型的汽车,这样每加仑汽油就可以多跑一段距离。

分析家们根据汽车的大小来分类确定其销售额。就在第一次汽油价格上升之后,每年大约出售250万辆大型汽车、280万辆中型汽车以及230万辆小型汽车。到了1985年,这三种汽车的销售比例出现明显变化,当年售出150万辆大型汽车、220万辆中型汽车以及370万辆小型汽车。由此可见,大型汽车的销售自20世纪70年代以来迅速下降;反过来,小型汽车的销售却持续攀升,只有中型汽车勉强算是保持了原有水平。

对于任何产品的需求曲线均假设其互补产品的价格保持恒定。以汽车为例,它的互补之一是汽油。汽油价格上升导致小型汽车的需求曲线向右移动,与此同时大型汽车的需求曲线向左移动。

造成这种变化的理由是显而易见的。假设你每年需驾车行驶15 000英里(1英里=

1.61千米），每加仑汽油可提供一辆大型汽车行驶15英里，如果是一辆小型汽车就可行驶30英里。这就是说如果你坚持选择大型汽车，每年你必须购买1 000加仑汽油，如果你可满足于小型汽车，那你只需购买一半的汽油。当汽油价格处于1981年的最高点，即每加仑1.4美元时，选择小型汽车意味着每年你可节约700美元。即便你曾是大型汽车的拥护者，在这种情况下，在每年700美元的数字面前，难道你就不觉得有必要重新考虑一下小型汽车的好处吗？

问题与讨论：
1. 从此案例中分析互补品价格对需求量的影响。
2. 汽油价格上升各种类型汽车的需求量都下降的结论正确吗？

案例2　"没电盼电，有电怕电"

中央电视台焦点访谈栏目曾报道以下内容——"没电盼电，有电怕电"。报道的是北方某地农村由于电网老化、有人偷电等种种原因，每度电的价格高达七八元钱，结果吓得农户不敢用电：电视机、电冰箱等家用电器不敢开；有的人家甚至照明用蜡烛来替代电灯；有的农户看电价这么高，本想购买家用电器的也不想买了。据记者追踪采访报道，现在当地农村电网改造后，电价过高问题得到解决，每度电价降到七角四分，这样多年不开的电视机开起来了，电灯亮起来了，几百瓦的电饭锅也用起来了，过去买得起家电因付不起电费而打消购买念头的现在也买起来了、用起来了。结果一方面使电的需求量增加了，另一方面又启动了家电耐用消费品的需求。

问题与讨论：
1. 案例所反映的需求定理。
2. 替代品、互补品的价格与需求之间的关系。

案例3　北京市水价上涨导致的变化

从2014年5月1日起，北京市居民水价、非居民水价和特殊行业水价同时进行调整。居民实施阶梯水价，三档水价分别为5元/m^3、7元/m^3和9元/m^3，最低档居民水价上调1元/m^3。调价后，北京市发展改革委等部门密切关注价格变动对低收入居民生活的实际影响，采取针对性措施。

居民阶梯水价调整前进行了听证会。北京市发展改革委称，综合考虑听证会参加人及社会各方面意见，本市居民水价调整政策按照提交听证会的方案二执行，即：第一阶梯户年用水量不超过180 m^3，水价为5元/m^3。同时，按照"多用水多负担"的原则，第二阶梯户年用水量在181～260 m^3之间，水价为7元/m^3；第三阶梯户年用水量为260 m^3以上，水价为9元/m^3。这个方案一档阶梯覆盖了90%的居民用户，操作性比较强，更能体现"保基本、建机制、促节约"的原则。北京市社情民意调查网围绕水价调整、市民日常生活用水习惯、节水意识等问题对18个区县的2 022位市民进行了电话调查。调查结果显示，居民生活用水价格调整后，居民家庭月均用水量6.6吨（明显处于第一档），与水价调整之前相比，降低了0.5吨。市民节水意识提高，市民采用"一水多用"的比例增加了3.6个百分点。

市民采用节水措施的比例逐步提高。调查显示，市民家中使用节水马桶的比例占

44.2%，比上期调查时的使用率高出5个百分点。调查还表明，此次水价调整对高收入人群的变化并不明显。因此，水价调整配以加大对居民节约用水、科学用水的宣传力度，才能达到提高全民节水意识的目的。

问题与讨论：
1. 请用上述有关数据计算此次水价调整的居民家庭需求价格弹性（点弹性）系数。
2. 这个弹性是大还是小？是否能说明水是哪一类消费品？
3. 为什么此次水价调整对高收入人群的变化并不明显？

▶ **训练题**

一、概念匹配题

1. 需求（　　）
2. 需求曲线（　　）
3. 供给量（　　）
4. 供给定理（　　）
5. 市场均衡（　　）
6. 弹性（　　）
7. 需求价格弹性（　　）
8. 边际收入（　　）
9. 需求收入弹性（　　）
10. 交叉价格弹性（　　）
11. 正常品（　　）
12. 劣等品（　　）
13. 供给价格弹性（　　）

A. 计算需求量的变化率对商品自身价格的变化率的反应程度
B. 如果收入上升，某消费者对某产品的购买量有所增加的商品
C. 增加一单位的销售量所引起的总收入的增量
D. 度量某一商品供给量的变化率对自身价格的变化率的反应程度
E. 测量因变量的变化率对自变量的变化率的反应程度
F. 衡量某种产品需求变化率对另一种相关商品价格变化率的反应程度
G. 需求量变化率对收入变化率的反应程度
H. 如果收入上升，消费者对某产品的购买量有所减少的商品
I. 表明商品自身价格与需求量之间关系的一条曲线
J. 在一定时期内，在某一特定价格下，消费者所愿意而且能够购买某种商品的数量
K. 在其他条件不变的情况下，商品供给量与价格成正比
L. 某一商品的市场需求量恰好等于市场供给量时的一种状态，也称作市场出清
M. 在一定时期内某一特定价格下厂商愿意生产和出售的某种商品的数量

二、判断题
1. 如果苹果的价格上升，消费者会用梨、橘子等相关商品来替代苹果。（　　）

2. 市场中的过度供给将导致这种商品的价格上升。（   ）
3. 由于吉芬商品和炫耀性商品的存在，因而需求定理是错误的。（   ）
4. 奢侈品的需求弹性系数一般要大于生活必需品。（   ）
5. 一种商品的替代品越多，则它的需求越有弹性。（   ）
6. 垂直的需求曲线意味着需求的价格弹性为零。（   ）
7. 商品提价后，总收益增加，则该商品富有弹性。（   ）
8. 需求的价格弹性无穷大意味着其需求曲线是一条平行于横轴的水平线。（   ）
9. 厂商的生产规模越容易调整，则其供给弹性越小。（   ）
10. 对于厂商而言，时间越短，其供给弹性越小；时间越长，其供给弹性越大。（   ）
11. 作为副食品，鸡蛋和猪肉互为替代品。（   ）
12. 食盐的需求一般来说是缺乏弹性的，这意味着当食盐提价后，食盐生产厂商的收益将增加。（   ）
13. 如果供给的价格弹性等于零，则供给曲线是一条垂直线。（   ）
14. 对于任何商品薄利都能多销。（   ）

三、单项选择题

1. 如果 X 商品价格上升引起 Y 商品需求曲线向右移动，则（   ）。
   A. X 与 Y 是替代品   B. X 与 Y 是互补品
   C. X 与 Y 是独立品

2. 假如生产某种商品所需原料的价格上升了，这种商品的（   ）。
   A. 需求曲线将向左方移动   B. 供给曲线向左方移动
   C. 供给曲线向右方移动

3. 在画出一个家庭对苹果的需求曲线时，除（   ）外，其他因素都是既定的。
   A. 消费水果的偏好   B. 苹果的价格
   C. 该家庭收入水平   D. 香蕉的价格

4. 限制价格政策必然伴随着（   ），以压缩低价格下超出供给能力的需求。
   A. 产品过剩   B. 供需平衡
   C. 票证供给制   D. 供过于求

5. 采取支持价格政策的行业，一般是（   ）行业。
   A. 供给富有弹性的   B. 年度内供给弹性很小的
   C. 工业加工制造   D. 现代服务

6. 假如价格从 30 元降到 20 元，需求量将从 100 单位增加到 110 单位，卖者的总收益将（   ）。
   A. 保持不变   B. 增加
   C. 减少

7. 经济学中"薄利多销"中"多销"的准确含义是（   ）。
   A. 销售数量的增加   B. 销售数量的减少
   C. 销售额的增加   D. 销售利润的增加

8. 一个行业的供给不变，但对其产品的需求增加，必然导致其行业产品（　　）。
   A. 均衡价格提高，均衡数量减少
   B. 均衡价格下降，均衡数量增加
   C. 均衡价格提高，均衡数量增加
   D. 均衡价格下降，均衡数量减少

9. 劣等品的收入弹性应为（　　）。
   A. >1　　　　B. <1　　　　C. 负值　　　　D. 正值

10. 如果牙科医生的服务价格下降10%时，牙医服务的需求增加10%，牙医服务的需求是（　　）。
    A. 缺乏弹性　　B. 富有弹性　　C. 单位弹性　　D. 完全弹性

11. 某一商品的替代品价格上升，则该产品需求量（　　）。
    A. 增加　　　　B. 减少　　　　C. 不变　　　　D. 不确定

12. 假如市场需求减少大于市场供给减少，则市场价格（　　）。
    A. 上升　　　　B. 下降　　　　C. 不变　　　　D. 不确定

13. 商品需求曲线右移的原因可能是（　　）。
    A. 该商品价格上涨　　　　B. 该商品价格下跌
    C. 消费者收入水平下降　　D. 消费者收入水平提高

14. 政府为了扶持农业，对农产品规定了高于其均衡价格的支持价格，政府为了维持支持价格应采取的相应措施是（　　）。
    A. 收购过剩的农产品　　　B. 对农民实行补贴
    C. 增加对农产品的税收　　D. 实行农产品的配给制

15. 政府把价格限制在均衡价格水平之下，将导致（　　）。
    A. 商品大量积压
    B. 黑市交易
    C. 买者以低价买到了希望购买的商品数量
    D. 以上都不对

16. 如果某商品价格变化引起厂商销售收入同方向变化，则该商品是（　　）。
    A. 富有弹性　　B. 缺乏弹性　　C. 完全弹性　　D. 完全无弹性

17. 下列商品中需求价格弹性最小的商品是（　　）。
    A. 小汽车　　　B. 食盐　　　　C. 服装　　　　D. 化妆品

18. 已知某商品的收入弹性等于0.6，则这种商品是（　　）。
    A. 低档商品　　B. 正常商品　　C. 奢侈品　　　D. 吉芬商品

19. 某一新能源轿车的需求量增加了5%，如果其需求价格弹性是1.25，则该车的价格会（　　）。
    A. 降低4%　　B. 降低5%　　C. 降低6.25%　　D. 降低1.25%

20. 已知两种商品的交叉弹性等于-0.8，则这两种商品是（　　）。
    A. 独立品　　　B. 替代品　　　C. 互补品　　　D. 完全替代品

21. 把一种商品的价格改变了3%，供给量改变了2%，则该商品的供给（　　）。

A. 缺乏弹性　　　　B. 富有弹性　　　　C. 单位弹性　　　　D. 完全无弹性

22. 假定某商品价格从4元降到3元，其市场需求数量增加40%，则该商品卖方的收益将（　　）。

A. 增加　　　　　　B. 减少　　　　　　C. 保持不变　　　　D. 无法确定

四、多项选择题

1. 下列哪些因素变化会引起需求曲线的移动？（　　）

A. 消费者收入水平的提高　　　　　B. 消费者对商品的偏好增强
C. 相关商品的价格发生了变化　　　D. 商品自身价格的下降

2. 若市场存在商品的短缺，则（　　）。

A. 市场价格低于均衡价格
B. 市场价格高于均衡价格
C. 生产者愿意按照现行价格出售的商品数量小于消费者在此价格上的需求量
D. 按照现行价格的实际销售量由需求一方决定

3. 政府限制价格的实施，将会导致（　　）。

A. 消费者按照限制价格买不到所需要的商品
B. 黑市交易猖獗
C. 产品大量积压
D. 商品供不应求

4. 如果政府对某种产品实行支持价格，将会导致（　　）。

A. 政府增加财政支出　　　　　　　B. 商品供不应求
C. 商品供过于求　　　　　　　　　D. 消费者必须支付更高的价格

五、计算题

1. 某需求函数为 $Q_d = 500 - 50P$，供给函数为 $Q_s = -25 + 25P$，求市场均衡价格及均衡数量。

2. 某需求函数为 $Q_d = 500 - 100P$，求：① 价格在1～3元之间的需求的价格弧弹性。② 根据给出的需求函数，求 $P=2$ 元时的需求价格点弹性。

3. 2005年张宁的收入从2万元增加到2.4万元。他对音乐会门票的需求增加了30%，而对乘公共汽车的需求减少了5%。计算张宁：① 对音乐会门票需求的收入弹性；② 对乘公共汽车需求的收入弹性。

4. 2019年5月某航空公司的飞机票价下降5%，使另一家航空公司的乘客数量从2018年同期的10 000人下降到8 000人。试问交叉弹性为多少？

5. 某杂志原定价为8元/册，年销售量为40 000 册；后提价到10 元/册，销售量减少到35 000 册。计算：① 该价格变动中杂志的价格需求弹性系数是多少？② 提价后该杂志的总收益是增加了还是减少了？说明其原因。

6. 口香糖的需求与供给关系如表2-5所示。

表 2-5　口香糖的需求与供给关系

价格/（元/包）	需求量/（百万包/周）	供给量/（百万包/周）
1.1	180	60
1.2	160	80
1.3	140	100
1.4	120	120
1.5	100	140
1.6	80	160
1.7	60	180

① 口香糖的均衡价格和均衡数量各是多少？

② 如果每包口香糖是1.6元，描述口香糖市场的情况，并解释口香糖的价格会发生什么变动。

第三单元

消费者的决策

▶ 知识目标

- 准确把握效用的概念；
- 基数效用论与序数效用论的差异；
- 效用函数、总效用、边际效用；
- 边际效用递减原理；
- 消费者效用最大化的实现；
- 无差异曲线的定义和特征；
- 边际替代率及其变化特点；
- 预算线及其变化；
- 消费者均衡。

▶ 能力目标

- 能够根据无差异表准确画出无差异曲线；
- 会计算边际替代率；
- 能够准确画出家庭预算线；
- 能够把消费者效用最大化原理应用于学习和生活决策中。

▶ 案例导入

一只兔子和一只猫争论，世界上什么东西最好吃。兔子说："世界上当然萝卜最好吃。萝卜又甜又脆又解渴，我一想起萝卜就要流口水。"猫不同意，说："世界上最好吃的东西当然是老鼠。老鼠的肉非常嫩，嚼起来又酥又松，味道简直美味极了！"兔子和猫争论不休、相持不下，跑去请猴子评理。猴子听了，不由得大笑起来："瞧你们这两个傻瓜蛋，连这点儿常识都不懂！世界上最好吃的东西是什么？是桃子！桃子不但美味可口，而且长得漂亮。我每天做梦都梦见吃桃子。"兔子和猫听了，全都直摇头。那么，世界上什么东西最好吃？

从以上兔子、老鼠和猴子的对话可以看出：效用完全是个人的心理感觉；消费者不同的偏好决定了对同一种商品效用大小的不同评价。

学习本单元后你不仅能理解上面的案例，还能理解为什么有人花几千元买一件衣服，却不愿花几十元买一本书，有人愿意花几百元买一支口红，对于吃的却不在意，凑合一下就可以；买了一件商品后，别人和自己总要议论这件商品买得"值不值"，却经常是仁者见仁、智者见智，难有一致结论。经济学怎样解释这些经常发生在我们身边的经济现象？你需要静下心来，了解诸如偏好、效用、消费者剩余、消费者均衡等经济学术语和原理。

项目一　边际效用原理

消费者消费商品是为了满足自己的欲望，而能否得到满足，取决于商品的效用。因此，研究消费者行为就必须要先认识效用和边际效用。

任务一　掌握效用、总效用、边际效用

一、效用

效用（utility）就是指一个人从消费某种物品中得到的满足。如饮料可以止渴，衣服可以御寒和装饰，食品可以充饥等。消费者从中得到的满足越大，这种物品的效用就越大，反之则越小。效用具有两个特点。

第一，效用存在于物品自身的物质属性中，并由于其物质属性不同而不同。如食品和衣服，由于它们的客观物质属性不同，因此可以满足人们不同的需要，从而带来不同的效用。物品种类越多，给人们带来的满足就越大。

第二，效用依存于消费者的主观感受。即物品有没有效用，效用大小，取决于消费者对这种物品的主观感受与评价。不同的消费者，主观感受不同，对同一个物品的效用评价就不同，如香烟，对吸烟者有效用，而对不吸烟者就没有效用，甚至可以说是负效用。负效用是说明从此商品的消费中得到的"难受"和不愉快。不仅如此，即使对同一个人来讲，效用也会因时因地而异。我们在炎炎的酷暑中，吃根冰棍是为了解暑，此时冰棍给我们带来的效用很大；但如果在冰天雪地的隆冬季节，让你吃一根冰棍，那么，你的感受又如何呢？效用与使用价值也是不同的。一个物品的使用价值是客观存在的，而效用是主观评价。如香烟，不管你是否吸烟，它的使用价值都存在，而香烟的效用，只对吸烟者存在，对不吸烟者则没有效用，对于讨厌烟味的人是负效用。认识效用的主观心理性对理解消费者行为是非常重要的。

由此可见，效用可以说明消费者行为的动力，即从消费者的动机和追求出发，说明他为什么消费或为什么不消费。此外，效用还可以用来衡量消费者的偏好。

从衡量的角度来看，效用是一个抽象概念且它的单位可以任意设定。这好比是温度，温度是一个抽象概念，而且温度的单位是任意的。你知道自己什么时候感觉到热，什么时候感觉到冷，但是你无法观察到温度。如果天气十分热，你可以观察到水变为蒸汽，如果天气十分冷，你可以观察到水变为冰。而且人们可以造出一个称为温度计的工具，帮助人们预测什么时候会发生这种变化。温度计上的标度是我们称为温度的东西。但我们衡量温度的单位是任意的。比如，我们可以设定水变为冰时为摄氏零度，也可以设定为华氏32度。

效用的概念有助于我们做出有关消费选择的预测，这类似于温度的概念有助于我们做出有关现象的预测。效用概念的提出，意在从需求的角度对价格的形成做出解释。效用论观点认为，商品价值大小，取决于它给消费者带来的效用的大小，这种从效用出发来解释商品价值或价格形成的观点，就是效用价值论。效用价值论是微观经济学的一个理论基础。

二、总效用

为了说明消费者从一种商品的连续消费或不同种类商品的总消费中获得的效用,以及分析消费者效用的变化情况,提出了总效用和边际效用的概念。

总效用(total utility)指消费者在一定时间内,消费一定量商品和劳务所获得的效用总和。其效用函数为:

$$TU = f(Q)$$

其中 TU 表示总效用,Q 表示消费商品或劳务的数量,f 表示对应关系。在这一函数关系中,Q 为自变量,TU 为因变量。

三、边际效用

边际效用(marginal utility,MU)指消费者在一定时间内每增加一个单位商品或劳务的消费所得到的新增加的效用。边际效用等于总效用的变动量与商品消费量的变动量之比。即:

$$边际效用 = \frac{总效用的变动量}{商品消费量的变动量}$$

$$MU = \frac{\Delta TU}{\Delta Q}$$

上式中,MU 表示边际效用、ΔTU 表示总效用的变动量、ΔQ 表示商品消费量的变动量,$\Delta TU = TU_2 - TU_1$,$\Delta Q = Q_2 - Q_1$。

总效用和边际效用是两个含义不同的概念。总效用是指连续消费某一类商品得到的全部效用总和;而边际效用是指连续消费某一类商品时,最后增加的那个单位的消费所带来的效用,或者说增加一个单位消费所带来的总效用的增量。我们用表 3-1 来说明总效用和边际效用的关系。

表 3-1 总效用和边际效用的关系

某种商品的消费量	总效用	边际效用
0	0	0
1	8	8
2	14	6
3	18	4
4	20	2
5	20	0
6	18	-2

在表 3-1 中,某种商品的消费数量从 0 增加到 1,消费者获得的效用为 8 个单位,这时总效用由 0 增加到 8,总效用的增量即边际效用为 8;消费量从 1 增加到 2,总效用增加到 14,总效用的增量即边际效用为 6,以此类推。当消费量达到 4 时,总效用达到最大,消费者的消费达到饱和。此后再增加消费,总效用不再增加,边际效用为 0,如果还要增加消费,就要产生负效用了。

从表 3-1 可以看到,总效用和边际效用之间存在着这样的关系:当边际效用为正时,总效用增加；当边际效用为负时，总效用减少；当边际效用为 0 时，总效用达到最大。

◇ 同步检测（判断题）

1. 同样商品的效用因人、因地、因时的不同而不同。 （ ）
2. 对于同一个消费者来说，同样数量的商品不管在什么情况下，都提供同样数量的效用。 （ ）
3. 假定其他条件不变，消费者从每单位商品中得到的效用随着这种商品数量的增加而增加。 （ ）
4. 只要商品的数量在增加，消费者得到的总效用就一定增加。 （ ）
5. 只要总效用是正数，边际效用就不可能是负数。 （ ）
6. 效用和使用价值一样，都是消费者的主观感受。 （ ）

任务二　认识边际效用递减规律

从表 3-1 可以看到，随着商品消费量的增加，边际效用是递减的。这种情况普遍存在于一切物品的消费中，因此被称为边际效用递减规律（law of diminishing marginal utility）。

一、边际效用递减规律的含义

这一规律可以表述为：在其他条件不变的情况下，随着所消费的商品数量的增加，消费者从每一新增商品中得到的满足是下降的。如以喝水为例，当一个人感到非常口渴时，迫不及待地喝下了第一杯水，这杯水给他带来了极大的满足，效用极大；当他喝第二杯时就不如第一杯那么迫切了，而第三杯水则勉强地喝下。这说明随着喝水的数量增加，每杯水给他带来的满足是下降的；在这种情况下，如果让这个人继续喝水，那么，水给他带来的就不是满足，而是痛苦了。

边际效用递减的情形具有普遍性。英国经济学家马歇尔把这一规律称为"人类本性的这种平凡而基本的倾向"。在实际生活中我们都知道，如果你有 1 000 元钱要去买三件上衣，你会买三件不同的衣服，而不是三件相同的衣服。因为前者带来的总效用要大于后者。人们不愿意一味地增加某一种商品的消费，不愿意把增加的消费局限在一种商品的消费上。这就是边际效用递减规律作用的结果。

边际效用递减的趋向，反映了人们多样化消费的倾向，也促使人们为获得最大程度的满足而追求多样化的消费。

二、边际效用递减规律存在的原因

边际效用递减规律存在的原因可以从两个方面来解释。

第一，来自人的欲望本身。在 19 世纪时，德国经济学家戈森提出了关于欲望的两条规律：一是欲望强度递减规律，即在一定时期内，一个人对某种物品的欲望强度随着物品数量增加而减少；二是享受递减规律，即随着欲望的满足，人们得到的满足是递减的。这说明消费一种物品的数量越多，即某种刺激的反复，人们获得的满足程度在减少。如我们连续喝水时就有这种感觉。

第二，物品本身用途的多样性。一种物品具有多种用途，当它数量有限时，消费者会先把它用于最重要的用途，而后用于次要的用途，这样前者的边际效用就大于后者。如对于沙漠中的旅行者来说，在只有一单位水时，他必然会用它作为饮料，以维持生命，这时水的总效用极大，边际效用也大；如果再增加一单位水时，饮用已不成为问题，就可以用于洗脸、漱口，但其重要性已经降低。由于水的增加而获得的总效用是增加的，但边际效用却在减少。所以如果物品有几种不同的用途，其重要性有大有小，也会使物品的边际效用递减。由此来看，这一规律是符合实际情况的。

三、边际效用递减规律发生作用的条件限制

任何规律的存在必有一定的条件，否则就成了"万能公式"。我们要准确地把握和应用边际效用递减规律，就必须把握其条件。

第一，一定时间内的连续消费，并且消费的是同一种物品或服务。以吃包子为例，极端一点，每天吃一个，或每月吃一个，甚至每年吃一个，我们还会觉得边际效用是递减的吗？显然不会。所以，边际效用递减规律成立的条件之一是一定时间内的连续消费。至于如何才能称得上连续，时间间隔具体为多少，难以给出一个统一的标准，只能是根据现实中人们消费不同物品的实际情况来说，但明确这一点是重要的。另外，消费的也必须是同一种物品，否则问题的分析便失去了意义。有人以收藏爱好者为例质疑边际效用递减。以集邮为例，某爱好者为集齐一套邮票，越到最后，一张邮票所带来的效用越大，甚至为了最后一张而不惜血本，这难道不是边际效用递增吗？我们要明白的是，他收集的是一套邮票，而不是一"种"。就其中一张邮票而言，如果数量一直增加，递增的邮票增量给集邮者带来的效用显然是递减的。至于在何种程度上才称得上是一种，怕又难有统一标准。在当今新产品极大丰富的条件下，可乐和红茶算一种物品吗？百事可乐和可口可乐呢？这应该引起我们更深的思考。

那么，是否存在边际效用递减的反例，即边际效用递增现象呢？一些人认为成瘾性物品（如香烟、酒类）在消费的过程中会带来递增的边际效用。把"成瘾"性行为简单地等同于边际效用递增是没有深入分析所得出的结论。严格地分析，我们将发现现象背后的本质与真相。从香烟吸食者经验及科学研究结论来看，刚开始吸食时并不觉得舒服，但烟瘾形成以后，每次吸食将越来越得到满足，需求越来越强烈，瘾也就越来越大。得出成瘾性物品消费过程边际效用递增结论的原因在于忽视边际效用递减规律发挥作用的一个前提条件：同一时间内的连续消费。我们相信，即便对于一个烟瘾再大的人，如果他在同一时间内连续消费，递增的香烟消费所带来的效用终会是递减的。

成瘾性物品的特殊性在于以下三个方面。① 越往后，每一次吸食的初始阶段效用更高，即从一个更高的值开始递减。② 如果单位足够小，较少的消费对一个成瘾者来说可能难以达到满足，有可能在初始阶段出现一段边际效用递增的过程。③ 越往后，吸食时的吸食量越大，经过更长的时间才开始出现边际效用递减，同样要经过更多单位的消费、更长的时间才会递减至零和负。即便是毒品，也有类似的结论，只是强度不同而已。有人或许会问，如果成瘾性物品的边际效用必然递减，那么，是不是就意味着对这种成瘾行为应该放纵以任其自由发展呢？答案恰恰相反！虽然同一时间段内连续的消费必然会递减，但是，由于在下一

次消费时需要更多的消费量才能满足需求，从而对身体和精神造成更大的伤害。正由于容易"成瘾"，并且身不由己，不是自己的理性所能够完全控制，所以更应加以限制。

第二，其他物品消费数量不变，否则，有可能出现中和现象。在现实中，也的确存在效用相反的物品或服务。当我们考察一种物品消费时，如果没有限制条件而另一种起"中和"作用的物品同时在消费，则会出现与规律相"违背"的现象。

四、边际效用递减规律与需求法则的关系

也正是边际效用递减规律决定了商品价格与需求量呈反方向变化。微观经济学家认为，消费者购买物品是为了得到效用，消费者对某种物品愿意付出的价格，是以这个物品给他带来的边际效用为标准的。物品的效用越大，愿意付出的价格就越高，效用越小，愿意付出的价格就越低。随着这种物品数量的增加，效用是递减的，所以消费者愿意付出的价格就降低，商品的需求量与价格就呈反方向变化（见图3-1）。对生产供应者来说，物品边际效用递减会迫使他通过降价以吸引消费者去多买这种物品，从而达到促销的目的。

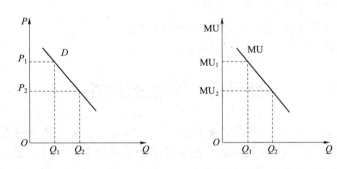

图3-1 边际效用递减与需求法则的关系

◇ **同步检测**（单项选择题）

1. 当总效用增加时，边际效用应该（　　）。
   A. 为正值，且不断增加　　　　　　B. 为正值，但不断减少
   C. 为负值，且不断减少　　　　　　D. 为零，且不再变化
2. 当某消费者对商品X的消费达到饱和点时，则边际效用MU_X为（　　）。
   A. 正值　　　　　　　　　　　　　B. 负值
   C. 零　　　　　　　　　　　　　　D. 不确定，需视具体情况而定
3. 正常物品价格上升导致需求量减少的原因在于（　　）。
   A. 替代效应使需求量增加，收入效应使需求量减少
   B. 替代效应使需求量增加，收入效应使需求量增加
   C. 替代效应使需求量减少，收入效应使需求量减少
   D. 替代效应使需求量减少，收入效应使需求量增加

任务三　了解消费者的目标——效用最大化

消费者在消费中所面临的基本问题是，消费者追求效用最大化（utility maximization）的

欲望是无限的，但满足欲望的手段即消费者收入是有限的，同时消费者也不能无偿获得商品。从主观上讲，每个人都希望获得最大的满足；但客观上又是不可能的，他受到许多限制，最主要的是价格水平和收入水平的限制。如何把主观愿望和客观限制结合起来，把有限的货币收入与可买到的商品做合理分配，以求得最大效用，这个问题的解决被称为消费者均衡（consumer equilibrium）。

在研究消费者均衡时有几个假设条件：

第一，消费者收入是固定的，这样每一单位货币的效用是相同的；

第二，物品的价格不变，这样消费者的实际收入水平不变；

第三，消费者偏好固定，这样消费者对各种物品的效用和边际效用评价不变。

在以上假设条件下来研究消费者效用最大化问题。经济学家在研究这一问题时，采用了两种分析方法：边际效用分析法和无差异曲线分析法。由此也产生了两种效用理论：基数效用论和序数效用论。

◇ **同步检测（判断题）**

1. 消费者均衡即消费者实现了效用最大化。（   ）
2. 研究消费者效用最大化问题不需要做什么假定。（   ）
3. 研究消费者均衡的唯一方法是边际效用分析法。（   ）

项目二　基数效用论

在前面分析消费者行为时，提出了效用的概念。效用一方面表明消费者在消费商品和劳务时获得的满足程度，另一方面效用最大化又是消费者所追求的目标，那么怎样衡量消费者的满足程度，即如何测定效用呢？在西方经济学中，有两种效用理论：一种是基数效用论（cardinal utility theories），另一种是序数效用论（ordinal utility theories）。两种效用论的根本分歧就在于，效用能不能或者应该不应该用准确的数字加以衡量。基数效用论认为可以，而序数效用论认为不可以，甚至不应该。

基数效用论认为，效用如同长度、重量一样，是可以用基数来衡量的，即可以用1，2，3，4来表示效用的大小、多少，并且可以加总求和。消费者可以确切地知道每一种物品的效用大小，并能够计算出消费一系列物品给他带来的效用总和。如果消费者消费一杯牛奶的效用是10个单位，一个鸡蛋的效用是5个单位，一个面包的效用是8个单位，那么这三种物品给消费者带来的总效用就是23个单位。根据这种理论，可以用具体的数字来研究消费者效用最大化的问题。

基数效用论还认为，效用大小取决于商品消费量的多少，效用是商品消费量的函数，用效用函数来表示。

基数效用论在研究这一问题时采用的是边际的分析工具。他们分别分析了消费一种商品的效用最大化条件和消费多种商品的效用最大化条件。

任务一　掌握消费一种商品的效用最大化条件

如果一个人连续消费某一种商品，效用最大化的原则就必须是边际效用等于零，即消费的最后一个单位商品的效用为零时，消费者从中获得的总效用最大。

根据前面表 3-1，绘出图 3-2。

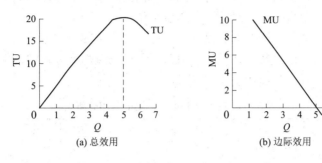

图 3-2　总效用与边际效用的关系

图 3-2（a）表示的是消费一种商品的总效用曲线。纵轴 TU 表示总效用，横轴 Q 表示所消费的商品量，TU 随着消费量的增加而增加，达到消费饱和点后，TU 不再增加，曲线呈现水平状态。

图 3-2（b）表示的是消费该种商品的边际效用曲线。纵轴 MU 表示边际效用，横轴 Q 表示所消费的商品量。边际效用曲线随着消费量的增加而递减。

从图 3-2（a）和图 3-2（b）的对照中可以看出边际效用对总效用的制约关系：当边际效用为正时，总效用增加，说明还有进一步扩大效用的可能，因此，可以继续增加商品的消费量；当边际效用为 0 时，总效用达到饱和状态，达到效用最大化，此后不会再增加，消费者应当停止继续消费。

这样，就可以看到连续消费一种商品时，消费者达到效用最大化的条件就是 MU＝0，在这时，总效用达到最大，消费者从消费该种商品中获得了最大满足，实现了效用最大化。

◇ 同步检测（判断题）

1. 基数效用论认为效用可以排序，序数效用论认为效用可以准确计量。　　　（　　）
2. 如果一个人连续消费某一种商品，判断效用最大化要看边际效用的数值。　　（　　）
3. 在效用函数中，商品的消费量是自变量，效用值是因变量。　　　　　　　（　　）

任务二　认识同时消费多种商品时的效用原则

在消费多种商品的情况下，消费者如何合理使用自己的收入，对各种消费品的消费数量做出恰当的组合，以实现效用最大化，成为消费者面临的基本问题。

基数效用论认为，如果消费者同时消费若干种商品，要想在一定收入条件下获得最大效用，就必须使各项开支中每单位货币购买的商品所具有的边际效用相等。如果这个条件不满足，消费者可以把钱从一个货币单位获得边际效用少的物品转移到边际效用多的物品上，一直到这个物品的一个货币单位所获得的边际效用同其他物品的一个货币单位所获得的边际效用相等时为止。用公式表示为：

$$\frac{MU_1}{P_1} = \frac{MU_2}{P_2} = \frac{MU_3}{P_3} = \cdots = \frac{MU_n}{P_n} = \lambda$$

这个均衡条件表示，消费者购买 n 种商品时，任何一种商品的边际效用与价格之比，都等于货币的边际效用。也可以说，最后一个单位货币，无论购买任何一种商品，其边际效用都相等，即同等的购买力带来同等的满足程度，并且都等于货币的边际效用。这就是基数效用论消费者均衡的条件，即消费者在既定约束条件下达到效用最大化的条件。

对于上述抽象的公式，可以用表3－2来说明。

表3－2　同时消费多种商品的效用分析

序号	Q_1	Q_2	Q_3	Q_4	Q_5	Q_6	Q_7	Q_8	Q_9	Q_{10}
1	10	9	8	7	6	5	4	3	2	1
2	9	8	7	6	5	4	3	2	1	
3	8	7	6	5	4	3	2	1		
4	7	6	5	4	3	2	1			
5	6	5	4	3	2	1				
6	5	4	3	2	1					
7	4	3	2	1						
8	3	2	1							
9	2	1								
10	1									

在表3－2中，横栏表示消费者所消费的商品品种，竖栏表示每种商品的消费量。表中的数字表示消费商品时所得到的效用。从纵向看，数字从大到小的递减表示边际效用递减，横向看数字从大到小的排列表示消费者对于不同商品的不同偏好的次序。

假设每一单位商品的价格都是一元，消费者要在不同收入条件下获得效用最大化，就必须按照下述方式使用自己的收入。

当收入为1元时，购买一个单位的 Q_1 商品，这时总效用为10。

当收入为3元时，购买2个单位的 Q_1 商品和1个单位的 Q_2 商品，这时总效用为28，即(10+9)+9=28，每种商品的单位货币的边际效用都是9。

当收入为21元时，消费者如果达到的每种商品消费的单位货币的边际效用都为5，他就能够达到总效用最大化。

上面的收入使用方式表明，如果消费者所消费的每一种商品的单位货币的边际效用都相等，则消费者在既定收入下的消费就可以达到效用最大化。

这里说的是，一定货币收入用于购买各种消费品时所获得效用最大化的原则。如果消费者不是用货币收入，而是以一定其他资源（如水或时间）用于各种场合时，其效用最大化原则也与此相似，即应使该资源或时间分配于各种场合所各自取得的单位资源的边际效用相等。

让我们分析一个实际案例：小丽每月花30元用于电影和软饮料。假设电影每场6元，软饮料每听3元，小丽消费组合与效用如表3－3所示。

表3-3 小丽消费组合与效用

消费组合	电影/（6元/场）		软饮料/（3元/听）		电影和软饮料的总效用
	场/月	总效用	听/月	总效用	
A	0	0	10	290	290
B	1	50	8	260	310
C	2	88	6	226	314
D	3	121	4	188	309
E	4	150	2	132	282
F	5	175	0	0	175

该表列出了符合预算约束的6种（A、B、C、D、E、F）消费组合，在表的左边列出了所看电影的次数及从中得到的总效用；表的中间是消费软饮料的数量及从中得到的总效用；最右边是从电影和饮料中得到的效用之和。A组合记录了小丽不看电影而买10听饮料时的情况，在这种情况下，小丽从电影中没有得到效用即效用为0，而从软饮料中得到290效用单位的效用，其总效用为0+290=290；F组合记录了小丽不买饮料只看5场电影时的情况，在这种情况下，小丽从软饮料中没有得到效用即效用为0，而从电影中得到175效用单位，其总效用为175+0=175。这两种情况下，都不可能达到效用最大化。

当小丽看2场电影并购买6听饮料时，她得到的总效用为88+226=314效用单位，这是她的偏好既定，她只有30元的支出以及电影和软饮料价格既定之下，她所能做的最好的结果。

我们看小丽在达到总效用最大时，是否符合"每一元钱支出的边际效用相等"这一消费者均衡条件？要计算出每种不同组合下每场电影和每听软饮料的边际效用，然后除以其价格，看表3-4的数据。

表3-4 小丽不同消费组合下的边际效用与每元钱的边际效用

消费组合	电影/（6元/场）			软饮料/（3元/听）		
	数量	边际效用	每元钱的边际效用	数量	边际效用	每元钱的边际效用
A	0	—	—	10	15	5.00
B	1	50	8.33	8	17	5.67
C	2	38	6.33	6	19	6.33
D	3	33	5.50	4	28	9.33
E	4	29	4.83	2	66	22.00
F	5	25	4.17	0	—	—

当小丽选择C组合时，在每场电影上每一元钱的边际效用正好等于在每听软饮料上每一元钱的边际效用。

电影的边际效用/电影的价格＝软饮料的边际效用/软饮料的价格

此时，小丽从电影和软饮料的消费中得到的总效用最大，实现了消费者均衡。

◇ **同步检测（判断题）**

1. 消费者要获得最大的效用，应该把某种商品平均地分配到不同的用途中去。（ ）
2. 如果消费者从每一种商品中得到的总效用与它们的价格之比分别相等，将获得最大效用。（ ）
3. 在均衡的条件下，消费者所购买的不同商品的边际效用是相等的。（ ）
4. 消费者要想获得效用最大化，就要把每一元钱花得一样值。（ ）

任务三　了解什么是消费者剩余

在现实中，当我们走在商店里看到琳琅满目的商品时，会不由自主地对中意的商品进行价格评价，有时你的评价高出价签的标价，而有时又低于市场的标价。消费者是按照自身对物品的效用评价来决定其愿意支付的价格，其愿意支付的价格就是其心理价位，但这一心理价位与市场上的实际交易价格往往是不同的。消费者剩余（consumer surplus）就是消费者愿意支付的价格与实际支付的价格之间的差额：

消费者剩余＝消费者愿意支付的价格－实际支付的价格

对消费者来说，由于他愿意付出的价格取决于他对该物品的效用评价，边际效用递减决定了他愿意付出的价格是递减的。从表3-5可以看到，随着物品数量增加，消费者愿意付出的价格下降。但市场价格是由整个市场对这个物品的供求状况决定的，不以某一个消费者的愿望为转移，它是消费者在购买物品时必须支付的价格。

表3-5　消费者剩余

愿意支付的价格	购买数量	市场价格	消费者剩余
5	1	1	4
4	2	1	3
3	3	1	2
2	4	1	1
1	5	1	0

从表3-5也可以看到，消费者购买商品数量越多，获得的消费者剩余就越少；反之，购买数量越少，获得的消费者剩余越多。所以消费者剩余与购买商品的数量呈反方向变化。

需要强调的是，消费者剩余并不是消费者实际收入的增加，只是一种心理感觉，因为边际效用纯粹是人们主观的心理作用。但这个概念对分析消费者行为则有着重要的实践意义。

◇ **同步检测（单项选择题）**

消费者剩余表明（　　）。
A. 消费者在消费商品中获得的实际货币所得
B. 消费者在消费商品中获得的主观心理满足
C. 消费者没有购买的部分商品
D. 消费者购买商品后剩余的货币

项目三　序数效用论

序数效用论（ordinal utility theories）认为，商品的效用是无法用具体的数值来衡量的，只能用次序或等级来表示，即消费者根据偏好程度排列出效用的等级第一、第二、第三……而无法衡量出有几个具体的效用单位。或者说，能够判断的只是某人对某种商品的偏好超过对另一种商品的偏好，而不能说某种商品的效用是另一种商品效用的若干倍。

序数效用论认为，效用反映消费者的个人偏好，不同的消费者会有不同的偏好。因此，同样一个商品，在不同的消费者那里会有不同的效用。所以不同的商品，其效用水平是不可比较的，也是没有意义的。穷人与富人的消费水平虽然有很大差距，但穷人在消费中得到的满足和愉快，即效用水平并不一定就比富人低，因为效用水平的高低完全取决于消费者自己的主观评价。

序数效用论认为，消费者对于效用，可以按照自己的偏好去主观认定或排列他所消费的各种商品的效用高低，却无法确切地知道每种商品究竟有多少效用单位。比如，一个人在选择食品时，喜欢按照菜、奶、肉的顺序来排列，因为他感到蔬菜给他带来的满足要大于其他商品，他按照自己感受到的效用大小，对食品进行依次排列。虽然他并不知道蔬菜的效用究竟比肉高出多少，但他清楚地知道自己的偏好并选择次序，从而实现效用最大化。

序数效用论者在阐述自己的观点时，采用的是无差异曲线的分析方法。

任务一　掌握无差异曲线的分析方法

一、无差异曲线的含义及特征

无差异曲线（indifference curve）是用来表示能够给消费者带来同等效用水平或满足程度的两种商品的不同数量的各种组合。

如一个消费者按既定的价格购买面包和饮料两种商品，如果三个单位的面包与两个单位的饮料或两个单位的面包与三个单位的饮料给他带来的满足程度不相上下，那么，这两种组合中的任何一种组合对消费者来说，满足程度是无差异的，区别只是在于两种商品的不同比例。

无差异曲线既可以反映不同消费者的不同偏好，又可以描述他们所能够追求的效用最大化。

在如表3-6所示的四种组合中，每一种组合给消费者带来的满足程度都相等。把各种不同组合的点连接起来，就形成了一条无差异曲线，如图3-3（a）所示。

表3-6　无差异的各种组合

组　合	ΔX	ΔY
A	1	7
B	3	4
C	5	2
D	7	1

在同一平面中可以有无数条无差异曲线，不同的无差异曲线反映不同的效用水平，其中离原点远的无差异曲线代表较高的效用水平或满足程度，离原点近的无差异曲线表示效用水平低，因此，$I_3 > I_2 > I_1$，见图3-3（b）。因为离原点远的曲线上的两种商品的组合在数量上要比它左边曲线上的商品数量多一些，从而带来的满足要大一些。从一条无差异曲线向另一条无差异曲线的移动，表示效用水平的增加或减少。

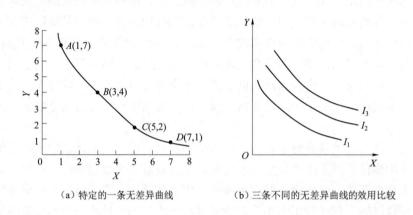

（a）特定的一条无差异曲线　　　　（b）三条不同的无差异曲线的效用比较

图3-3　无差异曲线

二、边际替代率

一条无差异曲线上的各点，表示提供同等满足的两种商品的不同组合。那么，从曲线上的任何一点开始，如果向右下方移动，就意味着Y商品的减少和X商品的增加；如果向左上方移动，就意味着Y商品的增加和X商品的减少。这就是说，为了维持同等水平的满足，两种商品必须一增一减，互相有一个替代的比率。所以，边际替代率（marginal rate of substitution）就是消费者在保持相同的效用时，减少的一种商品的消费量与增加的另一种商品的消费量之比。

以 ΔX 代表X商品的增加量，ΔY 代表Y商品的减少量，MRS_{XY}代表以X商品代替Y商品的边际替代率，则边际替代率的公式为：

$$MRS_{XY} = \frac{\Delta Y}{\Delta X}$$

例如，增加2单位X商品，减少1单位Y商品，以X商品代替Y商品的边际替代率为0.5。应该注意的是，在保持效用相同时，增加一种商品就要减少另外一种商品。因此边际替代率应该是负值。但为了分析方便，一般用其绝对值。

序数效用论者在分析消费者行为时提出了边际替代率递减规律的假定。

商品的边际替代率递减规律是指，在维持效用水平不变的前提下，随着一种商品消费数量的连续增加，消费者为得到每一单位的这种商品所需要放弃的另一种商品的消费量是递减的。根据表3-6的数据可以计算出表3-7的变动量和边际替代率。

表 3-7 变动量和边际替代率

变动情况	ΔX	ΔY	MRS_{XY}
A→B	2	3	1.5
B→C	2	2	1
C→D	2	1	0.5

从表 3-7 可以看出，MRS_{XY} 从 1.5 降到 0.5。这种情况存在于任何两种商品的替代中，因此称为边际替代率递减规律。

边际替代率递减的原因是，随着 X 商品的增加，它的边际效用在递减；随着 Y 商品的减少，它的边际效用在递增。这样增加一定数量 X 商品所能代替的 Y 商品的数量就越来越少，即 X 商品以同样数量增加时，所减少的 Y 商品越来越少，也就是说，商品的边际替代率是递减的。

◇ **同步检测**（单项选择题）

同一条无差异曲线上的不同点表示（　　）。
A. 效用水平不同，但所消费的两种商品的组合比例相同
B. 效用水平相同，但所消费的两种商品的组合比例不同
C. 效用水平不同，两种商品的组合比例也不同
D. 效用水平相同，两种商品的组合比例也相同

任务二　了解经济学对消费约束的表达方法——预算线

无差异曲线表明各种商品为消费者提供的各种满足水平。但在现实中，任何消费者在购买商品时总要受到一定收入水平和一定价格水平的限制。由此，序数效用论者在分析消费者行为时，又建立了消费者的预算线。

一、预算线的含义

预算线（budget line）就是用来表示消费者在一定收入和商品价格条件下，用其全部收入所能购买的两种商品的不同数量的组合。预算线又叫消费可能线或价格线。

例如，某消费者有一笔收入为 100 元，用来全部购买 X 商品和 Y 商品。假定商品 X 的价格为 10 元，商品 Y 的价格为 20 元。那么，这个消费者的全部收入都用来购买 X 商品，则最多可以买到 10 个单位，而 Y 商品的购买数量为 0；如果全部收入用来购买 Y 商品，则最多可以买到 5 个单位，而 X 商品的购买数量为 0。由此得出的预算线见图 3-4（图中用 X、Y 分别代表 X 商品、Y 商品的数量）。

在图 3-4 中，横轴表示 X 商品的数量，纵轴表示 Y 商品的数量，AB 线就是预算线。A 点表示消费者全部收入所能买到的 X 商品；B 点表示消费者全部收入所能买到的 Y 商品。在 AB 线上的任何一点都代表着相同的支出水平。

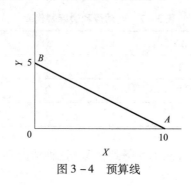

图 3-4 预算线

预算线的概念也说明，消费者只能在预算线上或预算线之内进行决策才具有实际意义，如果超过预算线范围，就意味着超出了消费者的承受能力，这在现实中是没有实际意义的。

二、预算线的变化

既然预算线表示的是消费者在一定收入和一定价格下的限制，那么，当消费者的收入发生变化或商品价格发生变化时，都会引起预算线发生变化。

第一，当商品价格不变，消费者收入发生变化时，会引起预算线平行上下移动。也就是，如果消费者收入增加，预算线平行向上移动，消费者的决策范围扩大；反之，如果消费者收入减少，预算线平行向下移动，消费者的决策范围减小。这种变化表明，消费者的全部收入用来购买其中任何一种商品的数量都因收入的变化而变化，如图 3-5 所示。

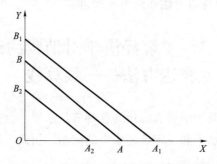

图 3-5 收入变动而引发的预算线变化

第二，当消费者收入不变，一种商品的价格不变，而另一种商品的价格发生变化时，也会引起预算线发生移动。如图 3-6（a）所示，X 商品的价格不变，Y 商品的价格变化，这时，预算线会以 A 点为轴心，顺时针或逆时针移动。如图 3-6（b）所示，Y 商品的价格不变，X 商品的价格变化，这时，预算线会以 B 点为轴心，顺时针或逆时针移动。

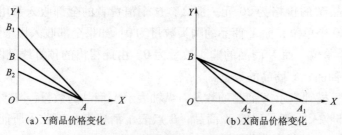

(a) Y 商品价格变化　　　　　　　　(b) X 商品价格变化

图 3-6 价格变化而引发的预算线变化

◇ 同步检测（判断题）
1. 预算线反映了消费者对两种商品组合的偏好。　　　　　　　　　　　　（　）
2. 在收入既定的前提下预算线不会发生变化。　　　　　　　　　　　　　（　）
3. 收入增加预算线会平行向远离原点方向移动。　　　　　　　　　　　　（　）
4. 只有一种商品价格变动，不会导致预算线变动。　　　　　　　　　　　（　）

任务三　掌握消费者均衡

一、消费者均衡的几何解释

通过前面的分析我们知道，无差异曲线反映了消费者主观上对两种商品效用水平的评价；而预算线是对消费者现实消费的客观约束。下面我们把两者结合在一起来说明消费者均衡，即消费者如何在既定约束下进行最优选择，以使自己获得最大满足。下面用图 3-7 来说明。

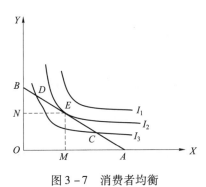

图 3-7　消费者均衡

在图 3-7 中有许多条无差异曲线，分别代表不同的效用水平，表示消费者可以做出各种水平的消费选择。但是，消费者的预算约束又限制着消费者选择的范围。只有那些与预算线相交的无差异曲线才在消费者现实选择的可能之内。问题在于，消费者选择哪一种消费组合，才能够使自己的预算实现效用的最大化，给自己带来最大的满足。

预算约束线与多条无差异曲线相交，但只会与一条无差异曲线相切。AB 预算线与无差异曲线 I_2 相切，其切点 E 所代表的商品组合，就是效用最大化的商品组合。因为 E 点是在预算线上，在消费者预算约束允许的范围内；E 点又是预算线所能够达到的最高的无差异曲线上的一种商品消费组合。因此，E 点代表了消费者预算所能达到的最高的效用水平。

按照序数效用论的分析，无差异曲线与预算线的切点，就是消费者实现效用最大化的满足点，而满足这个切点的要求，就是满足了消费者效用最大化的条件，也就是消费者均衡的条件。

二、收入效应和替代效应

当一种商品的价格发生变动时，会对消费者产生两种影响：一是使消费者实际收入水平发生变化；二是使商品的相对价格发生变化。这两种变化都会改变消费者对该种商品的需求量。

例如，消费者在购买商品 X 和商品 Y 两种商品时，当商品 X 的价格下降时，一方面，对消费者来说，虽然货币收入没有变化，但是现有货币收入购买力增加了，也就是说他的实际收入水平提高了。实际收入水平的提高，会使消费者改变对这两种商品的购买量，从而达到更高的效用水平，这就是收入效应（income effect）。另一方面，商品 X 的价格下降，会使 X 商品相对于价格不变的 Y 商品来说，比以前便宜了。商品相对价格的这种变化，会使消费者增加对 X 商品的购买而减少对 Y 商品的购买，这就是替代效应（substitution effect）。

由此可见，一种商品价格变动所引起的该商品需求量变动的总效应，可以被分解为替代效应和收入效应两部分，即总效应 = 替代效应 + 收入效应。其中，由商品价格变动所引起的实际收入水平变动，进而引起的商品需求量的变动，为收入效应；由商品价格变动所引起的商品相对价格的变动，进而所引起的两种商品购买比例的变动，为替代效应。收入效应能够改变消费者的效用水平，而替代效应则不改变消费者的效用水平。

◇ 同步检测（判断题）

1. 无差异曲线与预算线切点的商品购买组合就是消费者效用最大化的购买方案。
（　　）

2. 一个商品价格变化时会产生两种效应：收入效应和替代效应。（　　）

▷ 案例分析训练

案例1　摆样子的冲水厕所

中央电视台焦点访谈栏目曾报道以下内容——"摆样子的冲水厕所"。报道的是河南某地干旱少雨，人的饮用水都困难，而上级有关部门却大搞形式主义，要求每一个农户建一所冲水厕所。建好后要经有关部门检查，然后发给完成达标要求的凭证——"茅子条"，小学生上学必须持"茅子条"，否则不准上学。结果厕所是逼着建起来了，但没有发挥应有的作用。因为，人们上完厕所仍不冲水（舍不得冲水），这种厕所与过去的非冲水厕所的作用没有多大区别。

问题与讨论：

请用效用理论分析厕所建而不用、只见形式不见实效的原因。

案例2　点菜的技巧

点菜是一门学问，无论是自己买单，还是替人点菜，所选的菜品务必合理。只有熟悉菜单及菜品的相关知识，掌握点菜的方法与技巧，才使"众口如调"。

一、菜单及菜品

菜单是餐饮产品的名称和价格的一览表，是饮食企业从事营销活动的宣传品，也是沟通经营者与消费者的桥梁。菜单的形式多种多样，较常见的菜单有点菜菜单、套菜菜单、团体包餐菜单和宴会菜单等。点菜菜单是餐厅里的基本菜单，使用最为广泛。

其特点是菜品种类较多，分门别类，宾客可根据个人喜好自由选择，并按价付款。中式点菜菜单的菜点排列常因餐厅而异，多数是按菜品类别及原料构成分类，如冷菜类、海鲜类、河鲜类、畜兽类、禽鸟类、蛋奶类、蔬菜类、点心类、主食类、水果类。一些星级酒店，为了展示其特色风味，有时设专类供应其特色风味菜品（即每日特色菜），有时还以餐具或烹调方法为分类依据，如火锅类、铁板类、煲仔类、原盅类、炖品类、烧烤类等。认识了菜单的排列规律，可快捷地从中选择合适的菜点，避免同类菜品的重复。

点菜时，除了认识菜单的排列形式外，还需熟知菜品的相关知识。菜品，即烹调加工的饮食品，它包括菜肴和面点，也称"菜点"。它有菜品概况、原料构成及成菜特色等。菜品概况，指顾客对所列菜品的总体认识，包括菜品类别、适用季节、销售价格、所属菜系以及与之相关的饮食文化。原料构成，指制作该菜所用的主要原料及其重要的调配料。这些原料是制作该菜的物质基础，是形成菜品风味及其成本的内在因素。成菜特色，指菜点制成后所呈现的色泽、香气、滋味、外形、质感、营养及疗效等。菜品的色、质、味、形可通过人体感官进行鉴别，菜品的营养特色及疗效则是隐性的，它们都是顾客决定菜品取舍的重要依据。

二、点菜的技巧

点菜的方法与技巧可谓仁者见仁，智者见智，它是实践经验的总结，有一定的规律可供遵循。

（一）明确就餐目的，确定接待规格

选择就餐时所需的菜点，首先应明确就餐目的，掌握接待规格。如果是亲朋好友临时聚餐，可选择普通实用的菜品，佐酒下饭两宜；如果请客意义重大，宴请的规模较小，则应确立档次较高的菜品，以示庄重；接待尊敬的贵宾，菜品的规格应相对提高；若主人经济能力有限，则应偏重实惠型的菜品；就餐时人数较少，菜肴可相对简单，甚至三菜一汤即可；若就餐人数较多，则应增加菜品的菜量，以保证所有客人吃饱、吃好为前题。只有确定了接待标准，方可考虑菜品的类别与规格。

（二）因人选菜，迎合就餐者的嗜好

请客的目的就是要让就餐者吃得畅快，玩得尽兴。因此，就餐者的生活地域、宗教信仰、职业年龄、身体状况、个人的嗜好及忌讳都应列入考虑的范畴。点菜时只有区别情况，"投其所好"，才能充分满足不同的需求。

（三）了解餐厅的经营特色，发挥所长

点菜时，明确了接待规格，照顾了客人的特殊需求后，接着应考虑的是酒店的经营特色。订菜人所选取的菜品应与餐厅所供应的菜品保持一致。特别是酒店的一些特色菜（招牌菜、每日时菜），既可保证质量，又可满足就餐者求新求异的心理，点菜时不防重点考虑。

（四）应时订菜，突出名特物产

确定所需的菜点，还应符合节令要求。像原料的选用、口味的调配、质地的确定、冷热干稀的变化之类，都应视气候的不同而有所差异。首先，节令不同，原料的品质不同。如中秋时节上市的板栗，既香又糯；小暑时节的黄鳝，肉嫩味鲜。其次，节令不同，菜点的供应方式也不同。如夏秋两季气温较高，汁稀、色淡、质脆的菜品居多；春冬两季，气温较低，汁浓、色深、质烂的菜品居多。我国自古就有"春多酸，夏多苦，秋多辣，冬多咸"之说，订菜时，不能不加以考虑。

（五）注重品种调配，讲求营养平衡

顾客钦定的特选菜品、酒店的招牌菜品、不同时节的节令菜品等选定之后，接着该考虑的是菜点品种的调配了。调配所选菜点的品种，是点菜合理与否的关键之一。譬如，鱼鲜菜品确定了，可适当配用禽畜蛋奶菜；荤菜确定了，应考虑素菜；热菜确定了，应考虑冷菜、点心及水果等；无汁或少汁的菜肴确定了，应考虑汤羹菜；底味为咸味的菜肴确定了，可考虑适当安排甜菜。此外，所订的菜品往往以一整套菜点的形式出现，完全可使之成为一组平衡膳食，那么，"鱼、畜、禽、蛋、奶兼顾，蔬、果、粮、豆、菌并用"的配膳原则不能不加以考虑。

三、点菜应注意的问题

（一）确定就餐的酒店

选择酒店是合理点菜的前题。确定在哪家酒店就餐，主要应根据接待的规格、宾主的身份以及是否方便就餐等因素确定。若是慕名而来，点菜时可直入主题，或由老顾客推荐，或由服务人员介绍。这类声誉较好的酒店，菜品的品质、服务的质量均有保障，其宴饮气氛较浓，更能迎合就餐者的心理，从而实现就餐目的。如果步入不知根底的餐厅，可利用从众的心理，随大流点菜，也可由服务人员介绍，合理取舍。点菜时，最好确定一些熟悉的菜点，对于那些所谓的"创新菜""迷宗菜""促销菜""工艺菜"等则应谨慎为之。

（二）知己知彼，参考各种因素

点菜时，主动权往往掌握在订菜人手里。订菜人不能只顾自己的爱好和兴趣，还应参考其他顾客的嗜好、服务人员的建议以及酒店的客观条件等。对待同行客人的要求，特别是主宾的要求，要尽可能地满足；对待服务人员的介绍，也应认真听取。如果餐厅的场地过小，不可安排规模较大的接待工作；如果就餐的时间太紧，不宜选择耗时过长的菜点；酒店的厨力不足，如果硬要安排一些工艺难度较大的菜品，最后的结果是双方都不愉快。

（三）正确对待餐饮推销

很多酒店，为了展示自己的特色菜品，扩大经营效益，往往派专职服务人员推销菜品及酒水。特别是菜品推销，有节令推销、赠品推销、打折促销、现场演示等多种形式。对于服务人员的介绍，可借以熟悉菜品的内容，作为订菜的参考依据，至于是否真正选用该菜品，则应遵守上述订菜规则，千万不可听之任之。特别是有些变相的强迫推销，点菜时可委婉地拒绝。

（四）以较小的成本换取最好的收效

点菜要有节约意识。无论是谁买单，在接待规格既定的前题下，要以较小的成本取得最好的收效，要以一定的费用换来最为丰盛的菜点。因此，订菜时除了熟悉菜品（含菜价）、熟悉酒店外，还得注意菜品及原材料品种的合理安排。具体操作时，可丰富原料的品种，适当增加素菜的比例；以名特菜品为主，乡土菜式为辅；适当增加造价低廉以能烘托席面的菜品；适时参考酒店的促销菜品及酒水等。这样，花费的成本较小，给人的感觉则相对丰盛。

问题与讨论：
1. 用经济学的视角看我们身边的事，哪些技巧符合经济学的什么原理？
2. 哪些用语可以用经济学的什么术语替换？列举出3～5个。

训练题

一、概念匹配题

1. 效用（   ）
2. 边际效用（   ）
3. 边际效用递减规律（   ）
4. 消费者均衡（   ）
5. 基数效用论（   ）
6. 消费者剩余（   ）
7. 序数效用论（   ）
8. 替代效应（   ）
9. 收入效应（   ）
10. 无差异曲线（   ）
11. 边际替代率（   ）
12. 预算线（   ）

A. 商品的价格下降，会使商品相对于价格不变的商品来说，比以前便宜了。商品相对价格的这种变化，会使消费者增加对降价商品的购买而减少对价格不变商品的购买

B. 认为效用如同长度、重量一样，可以用具体数字来衡量并且可以加总求和

C. 就是指一个人从消费某种物品中得到的满足

D. 把既定的货币收入与可买到的商品做合理分配，实现了最大效用

E. 等于总效用的变动量与商品消费量的变动量之比

F. 就是消费者愿意支付的价格与实际支付的价格之间的差额

G. 当商品的价格下降时，对消费者来说，虽然货币收入没有变化，但是现有货币收入购买力增加了，也就是说其实际收入水平提高了

H. 消费者按照自己的偏好去认定或排列他所消费的各种商品的效用高低，却无法确切地知道每种商品究竟有多少效用单位

I. 在其他条件不变的情况下，随着所消费的商品数量的增加，消费者从每一新增商品中得到的满足是下降的

J. 就是消费者在保持相同的效用时，减少的一种商品的消费量与增加的另一种商品的消费量之比

K. 是用来表示能够给消费者带来同等效用水平或满足程度的两种商品的不同数量的各种组合

L. 用来表示消费者在一定收入和商品价格条件下，用其全部收入所能购买的两种商品的不同数量的组合

二、判断题

1. 同样商品的效用因人、因地、因时的不同而不同。（   ）
2. 假定其他条件不变，消费者从每单位商品中得到的效用随着这种商品数量的增加而增加。（   ）
3. 只要商品的数量在增加，消费者得到的总效用就一定增加。（   ）

4. 只要总效用是正数，边际效用就不可能是负数。 （ ）

5. 对于同一个消费者来说，同样数量的商品不管在什么情况下，都提供同样数量的效用。
（ ）

6. 消费者要获得最大的效用，他应该把某种商品平均地分配到不同的用途中去。
（ ）

7. 如果消费者从每一种商品中得到的总效用与它们的价格之比分别相等，将获得最大效用。 （ ）

8. 在均衡的条件下，消费者所购买的不同商品的边际效用是相等的。 （ ）

9. 在同一条无差异曲线上，不同的消费者所得到的总效用是无差别的。 （ ）

10. 在消费者的收入和商品的价格为一定的条件下，预算线是一条确定的直线。（ ）

11. 在无差异曲线和预算线的交点上，消费者所得到的效用达到最大。 （ ）

12. 假定其他条件不变，如果某种商品的价格下降了，根据效用最大化原则，消费者会增购这种商品。 （ ）

三、单项选择题

1. 效用是人们消费某一商品时所得到的满足感，因此效用是（   ）。
   A. 一种主观评价　　　　　　　　B. 一种客观评价
   C. 商品的使用价值　　　　　　　D. 不能评价的

2. 边际效用是（   ）。
   A. 消费者得到的总满足程度
   B. 消费者从最后增加的产品消费中得到的满足程度
   C. 消费者得到的平均满足程度
   D. 从消费的第一个产品中得到的满足程度

3. 如果消费者花费既定的货币购买两种商品，当达到消费均衡时，（   ）。
   A. 两种商品的总效用相等　　　　B. 两种商品的边际效用相等
   C. 两种商品的价格相等　　　　　D. 两种商品的边际效用与其价格之比相等

4. 序数效用论认为，商品效用的大小（   ）。
   A. 取决于它的使用价值　　　　　B. 取决于它的价格
   C. 不可比较　　　　　　　　　　D. 可以比较

5. 边际效用递减规律说明（   ）。
   A. 随着消费者消费商品数量的增加，该商品的总效用减少
   B. 随着消费者消费商品数量的增加，该商品的边际效用减少
   C. 随着消费者消费商品数量的减少，该商品的边际效用减少
   D. 随着消费者收入水平的提高，同样商品的总效用会不断减少

6. 预算线的位置和斜率取决于（   ）。
   A. 消费者收入　　　　　　　　　B. 消费者偏好
   C. 消费者的收入和商品价格　　　D. 厂商的成本

7. 当消费者的真实收入上升时，他将（   ）。
   A. 增加消费　　　　　　　　　　B. 移到更高的无差异曲线上
   C. 购买更少的低档品　　　　　　D. 以上都是

8. 已知商品 X 的价格为 3 元，商品 Y 的价格为 2 元，如果消费者从这两种商品消费中

得到最大效用时，商品 Y 的边际效用为 30，那么此时 X 商品的边际效用为（　　）。

　　A. 75　　　　B. 55　　　　C. 60　　　　D. 45

9. 小张偏好苹果甚于梨子，这是因为（　　）。

　　A. 苹果的价格低　　　　　　　　B. 苹果有多种用途

　　C. 苹果比较紧俏　　　　　　　　D. 对于小张来说苹果效用更大

10. 关于无差异曲线，以下说法不正确的是（　　）。

　　A. 无差异曲线又可称为等效用曲线

　　B. 离原点越远的无差异曲线，其代表获得的效用越高

　　C. 无差异曲线通常凸向原点

　　D. 无差异曲线的斜率可正可负

11. 效用函数通常被假定具有以下（　　）特点。

　　A. 总量效用递增　　　　　　　　B. 边际效用递减

　　C. 边际效用递增　　　　　　　　D. 总量效用递增，且边际效用递减

12. 某人吃 1 个包子的效用为 50，吃 2 个包子的效用为 80，吃 3 个包子的效用为 105，则该人吃第 3 个包子的边际效用为（　　）。

　　A. 50　　　　B. 30　　　　C. 20　　　　D. 25

13. 收入和价格变化会导致消费者均衡变化。如果在新的均衡状态下各种商品的边际效用均低于原均衡状态，则（　　）。

　　A. 他的生活状况改善了　　　　　B. 他的生活状况恶化了

　　C. 他的生活状况没有发生变化　　D. 不能判断

14. 在几种商品价格相同的情况下，为了达到效用最大化，消费者应该（　　）。

　　A. 购买相同数量的这几种商品

　　B. 购买这几种商品，并使其边际效应相等

　　C. 购买这几种商品，并使其总效用相等

　　D. 以上答案都不对

15. 无差异曲线的斜率被称为（　　）。

　　A. 边际替代率　　　　　　　　　B. 边际技术替代率

　　C. 边际转换率　　　　　　　　　D. 边际效用

16. 收入 100 元，商品 X 的价格为 10 元，商品 Y 的价格为 3 元，假设他想购买 7 个单位 X 和 10 个单位 Y，此时边际效用分别是 50 和 18，他怎样才能获得最大效用（　　）。

　　A. 增加 X，减少 Y　　　　　　　B. 增加 Y，减少 X

　　C. 同时增加 X、Y　　　　　　　D. 同时减少 X、Y

四、多项选择题

1. 如果消费者始终愿意以固定的比例在两种商品之间进行替代，那么这两种商品的（　　）。

　　A. 无差异曲线向右下方倾斜，且凸向原点

　　B. 无差异曲线向右下方倾斜，斜率为负

　　C. 无差异曲线的斜率为一常数不变

　　D. 无差异曲线为一组直角的拐线

2. 在一定时期内，消费者连续消费某种商品，随着他消费的商品数量的增加（ ）。
   A. 他获得的总效用递增　　　　　　B. 他获得的总效用递减
   C. 他获得的边际效用递增　　　　　D. 他获得的边际效用递减
3. 在消费者的收入不变的前提下，当所购买的两种商品的价格同比例下降时，（ ）。
   A. 预算线的位置不会变化，但是斜率变化
   B. 预算线会向左下方平行移动
   C. 预算线会向右上方平行移动
   D. 预算线的斜率保持不变，消费者能够购买到的两种商品的数量都可能增加
4. 当某种商品的需求曲线具有正斜率时，可以判断（ ）。
   A. 此商品的替代效应与商品价格反方向变动
   B. 此商品的收入效应与商品价格同方向变动
   C. 此商品的收入效应与商品价格反方向变动
   D. 此商品的收入效应的强度超过了替代效应的强度
5. 如果消费者的预算线在 E 点与某一条无差异曲线相切，则（ ）。
   A. 消费者在该点实现了目前预算约束下的最大效用
   B. 两种商品的边际效用之比等于两种商品的价格之比
   C. 消费者对两种商品相对边际价值的估量，恰好等于两种商品的市场相对价格
   D. 消费者花费在两种商品上的最后一单位货币所买到的边际效用相等

五、计算题

1. 假定某人决定购买啤酒（B）、葡萄酒（W）和苏打水（S）三种饮料。其价格分别为每瓶 2 元、4 元和 1 元，这些饮料给他带来的边际效用如表 3-8 所示。如果此人共有 17 元钱可以用来购买这些饮料，为了使其效用达到最大，他应该各购买多少？

表 3-8　三种饮料带来的边际效用

数量	1	2	3	4	5	6
MU_B	50	40	30	20	16	12
MU_W	60	40	32	24	20	16
MU_S	10	9	8	7	6	5

2. 已知某消费者每年用于商品 X 和商品 Y 的收入为 540 元，两商品的价格分别为 $P_1 = 20$ 元，$P_2 = 30$ 元，该消费者的效用函数为 $TU = 3XY^2$，该消费者每年购买这两种商品的数量各应是多少？每年从中获得的总效用是多少？

3. 小王喜欢冲浪和潜水。表 3-9 表示小王从每项运动中得到的效用。

表 3-9　小王从每项运动中得到的效用

运动时间/（h/天）	冲浪的效用（TU_S）	潜水的效用（TU_D）
1	120	40
2	220	76
3	300	106
4	360	128

运动时间/（h/天）	冲浪的效用（TU_S）	潜水的效用（TU_D）
5	400	140
6	412	150
7	422	158

小王总支出 35 美元，而且他有充足的闲暇时间。冲浪设备租金为 10 美元/h，潜水设备租金为 5 美元/h。

① 画出小王的预算线图形。

② 小王应把多少时间用于冲浪，多少时间用于潜水？

第四单元

厂商的决策

知识目标

- 技术系数和生产函数的含义；
- 一种可变要素的合理投入区域；
- 边际收益递减规律及其原因；
- 成本的分类及各类成本的含义；
- 等产量曲线的含义；
- 边际技术替代率的含义；
- 利润最大化的原则；
- 市场与厂商的含义；
- 完全竞争市场的条件；
- 完全垄断市场的条件及特点；
- 垄断竞争市场的条件及特点；
- 寡头垄断的条件及特点。

能力目标

- 理解并能掌握生产函数；
- 能够画出一种可变要素变动时的TP、AP、MP三条曲线；
- 理解并能掌握成本函数；
- 能够准确理解停止营业点；
- 分析各类市场结构下厂商决策的特点；
- 能对各类市场作出正确评价。

案例导入

案例1

台塑企业老板王永庆的事业是从台塑生产塑胶粉粒PVC开始的。当时每月仅产PVC 100吨，是世界上规模最小的。王永庆知道，要降低PVC的成本只有扩大产量，扩大产量、降低成本，打入世界市场是成功的关键。当时台塑产量低是受我国台湾需求有限的制约。王永庆敏锐地发现，这实际陷入了一种恶性循环：产量越低成本越高。打破这个循环的关键就是提高产量，降低成本。当月产量扩大到1 200吨时，可以用当时最先进的设备与技术，使成本大幅度下降，就有可能进入世界市场，以低价格与其他企业竞争。于是，他冒着产品积压的危险，把产量扩大到1 200吨，并以低价格迅速占领了世界市场。王永庆的成功在于他敢于扩大产量，实现规模收益递增。王永庆扩大产量、降低成本的做法正是经济学中的规模经济原理。

案例 2

某旅行社在旅游淡季打出从天津到北京世界公园每客 38 元一日游的价格（包括汽车和门票），38 元连世界公园的门票都不够。为什么会这么便宜呢？因为旅游淡季游客不足，即使一个游客都没有，而旅行社的汽车折旧费、工作人员的工资等费用也是要支出的。我们算一算：38 元的价格，如果一个旅行社的大客车载客 50 人，共 1 900 元；高速公路费和汽油费估计 500 元；旅行社购买团体门票（淡季打折）价格 10 元/人，共 500 元，旅行社可赚 900 元。因此，38 元还是可以做的，因为即使关门不经营也要支付像汽车等固定成本的费用，只要有收益就可以对这些费用做些补偿。

案例 3

IBM 公司在 20 世纪 50 年代致力于计算机的生产，并且很快在大型中央处理器的生产方面占据主导地位。IBM 计算机在技术上通常是最先进的，并且由于其出色的服务和技术支持，在 60 年代、70 年代和 80 年代初期，尽管有 Control Data、Honeywell、SperryUnivac、Burroughs 和 NCR 等众多厂商的竞争，IBM 公司仍然在世界中央处理器的生产中占有 80% 以上的份额，处于近乎垄断的地位，其销售业绩以每年两位数字的速度增长。

但是到了 90 年代初期，其市场份额大幅度下降。1990 年它在市场增长最快的一部分即个人电脑上的份额只有 15%。后起之秀——苹果、康柏、戴尔、AST、NEC 以及东芝等占据了部分市场，IBM 公司不得不开始大规模的重建，试图使自己足够灵活，以便在迅速变化的市场上进行竞争，且其公司被迫进行了大规模的缩减，并且进行了有史以来第一次大规模的裁员。那么垄断和竞争究竟是怎样区分的，对一个厂商乃至一个市场又有什么样的影响呢？

规模能带来什么好处？当价格低于成本时厂商是否还要提供产品和服务？垄断和竞争究竟是怎样区分的？以及厂商依据什么作出决策，如何作出决策？本单元正是要回答这些问题。

项目一 厂商生产及其目标

任务一 了解厂商有哪些组织形式

在市场经济中，生产和经营都是在一定的组织里进行的。要办教育就需要组织学校，要搞演出就需要组织剧团，要生产需要组织厂商。我们首先需要弄清组织厂商有哪些形式。

按所有者的多少和所负责任的大小，可以分为以下几种组织形式。

1. 个人业主制企业

个人业主制（proprietorship）企业又称个人独资企业，是指由一个自然人出资兴办，完全归个人所有和控制的企业。这种企业不具有法人地位，没有法人资格，是一种自然人企业。

这种企业制度有其固有的优缺点，个人业主制企业优点表现为以下几点。

第一，由于规模小易于管理，没有沉重的行政管理及其费用的负担。单个业主本人就是老板，具有很大自由决策权。

第二，由于单个业主的利润直接依赖于企业的成败，同时，又不存在任何中间代理关系，因此，单个业主具有非常强烈的利润动机，尽力有效地管理企业。

第三，不需双重纳税。企业由个人出资，归个人所有，由个人经营。因此，利润归个人所有，无须与他人分享。虽然也需要缴纳所得税，但不需要双重纳税，即个人业主是以自然人的身份来进行经营活动，而不是法人身份，因此无须以法人身份纳税。

个人业主制企业的缺点如下。

第一，无限的责任。企业要对企业的全部债务负无限责任。所谓无限责任，是指当企业的资产不能清偿债务时，债权人可以对该业主的企业外的个人财产提出索赔要求。

第二，有限的规模。个人业主制企业在发展规模上受到资金和管理两方面的限制。一方面，由于个人资金有限、信用有限，资本的扩大靠单一的利润积累来进行再投入，因而很难经营需要大量资本的事业；另一方面，单个业主需要对生产和经营的各个方面作出决策，因此，企业管理的专门化程度极低，从而影响到决策的质量。如果企业规模扩大，管理就会很明显地跟不上企业的发展，这种企业制度本身就决定了企业规模有限。

第三，企业的寿命有限。个人业主制企业的存在完全取决于企业主个人。企业主死亡、破产、犯罪或转行，都可能导致企业的关闭。由此引发企业的雇员、债权人也不得不承担较大的风险。另外，这类企业的继承人是一种传统的世袭制，企业主的继承人不一定有足够能力维持企业的生存，或者使企业有更好的发展。上述的这些问题注定了这类企业寿命有限。

2. 合伙制企业

合伙制企业（partnership）是由两个或两个以上自然人同意联合拥有并负责经营的企业。合伙制企业的实质是一种共同出资、共同经营、共享利润、共担风险的合伙契约关系。合伙制企业是个人业主制企业扩张的自然结果。事实上，建立合伙企业就是为了克服个人业主企业存在的某些不足。

合伙企业的优点如下。

第一，扩大了资金来源和信用能力。个人业主企业只能靠个人有限的财产和信用能力，而合伙企业中每个合伙人都能从多方面为企业提供资金，同时，因为有更多的人对企业债务承担有限或无限责任，合伙企业的信用能力也得以扩大。具体表现为，容易从外部筹集资金、更为方便地从贷款机构获得贷款、更容易从客户得到商业信用。

第二，有助于决策能力和经营水平的提高。合伙使管理的专门化成为可能，合伙企业的业主人数比单个业主要多，不仅可以集思广益，利用多人的才智和经验，而且可以充分利用不同合伙人的不同业务专长使管理在分工的基础上逐步走向专门化。

第三，增加了企业扩大和发展的可能性。这是由于上述两个优点而带来的第三个优点，合伙企业的业主人数增加、管理走向专门化，就可以雇用更多的员工，购买更多的设备，在更大规模上进行生产和经营。单个业主企业相比，合伙企业这种企业组织形式为企业的扩大和发展提供了很大的企业制度基础。

合伙企业的缺点如下。

第一，无限责任依然没有解除。合伙企业与单个业主企业一样也是自然人企业，普通合伙人要对企业债务负无限责任，同时，普通合伙人之间还存在一种连带责任关系。所谓连带责任，就是要求有清偿能力的合伙人，对没有清偿能力的合伙人所应偿付的债务负连带责任。

第二，企业的连续性依然很差。合伙企业的连续性是非常脆弱的，一个（或多个）合伙人的退出或死亡，都可能最终使合伙企业解散、重组或出现严重的管理混乱。

第三，容易出现管理上的不协调。因为所有合伙人原则上都参与合伙企业经营和管理，遇有重要事项要相互商量，求得一个协调一致的方案。如果产生意见分歧，互不信任，就会影响到企业及时、有效地决策。

第四，企业做大依然很难。合伙企业的规模会做得比单个业主企业更大，但是，与公司制企业相比，这种企业的筹资能力毕竟有限，不能满足企业大规模扩张的需要。要进一步发展和扩张企业需要选择公司制企业的企业组织形式。

3. 公司制企业

公司制（corporation）企业是指由出资人依法集资联合组成的、有独立的注册资产、自主经营自负盈亏的法人企业。

公司制企业的优势如下。

第一，到目前为止，公司是一种最为有效的融资组织形式，它通过发行股票或债券筹集社会公众的闲散资金，以此筹集到巨额资本，使企业有可能发展到相当大的规模。

第二，公司的一个明显优势就是"有限责任"——股东仅以投资于公司的资本为限承担责任，因而个人的其他资产没有任何风险。公司的有限责任有利于公司向社会融资。

第三，由于融资相对有利，一些成功的公司在扩大公司规模、扩大经营范围方面比较方便，从而有利于实现规模经济和生产、管理的专门化。

第四，公司不会因为总经理的死亡、辞退而"死亡"，也不会因为股东的变更而不复存在。因此，可以说公司的连续性是很强的。

公司制企业的劣势如下。

第一，获准成立公司的手续烦琐、法律费用高昂。

第二，从社会的观点看，公司作为一个法人的现实使得它有可能出现某种权力的误用。

第三，"双重征税"问题，公司的收入一开始以企业所得税的形式纳了税，然后部分收入以分红形式支付给股东，股东再纳个人所得税。

第四，所有权和控制权相分离也带来一些新问题。其一，普通股东认为自己所占股份太小，无足轻重，而不重视自己的表决权，对公司经营管理现状所知甚少，关心不足；相反，在公司处于困难时，股东为了保护自己的利益，会用"脚"投反对票——卖出股票，不再成为该公司的拥有者之一。其二，由于股东的目标和总经理的目标并非完全一致，有可能导致"总经理偷懒"问题——总经理本来可以做得更好，但他可能偷懒，不去做得那么好。

◇ **同步检测（判断题）**

1. 按所有者的多少和所负责任的大小可以分为个人业主制企业、合伙制企业和公司制企业。（　　）
2. 个人业主制企业也具有法人资格，而不是以自然人面目参与经济活动。（　　）
3. 公司制企业的重要优势是使企业有可能发展到相当大的规模。（　　）
4. 有限责任是指公司以资产为限承担债务责任。（　　）
5. 有限责任对于公司股东而言，就是以出资额为限承担债务责任。（　　）

任务二 洞悉生产要素的投入与产出有何规律

一、厂商生产需要投入哪些生产要素

生产是对各种生产要素进行组合以制成产品的行为。在市场经济中，企业从事一种基本的经营活动：从要素市场购买生产要素（劳动、机器、原材料等），经过生产过程，生产出产品或服务，在产品市场上出售，供消费者消费或供其他生产者再加工，以赚取利润。

什么是生产要素呢？生产要素（factors of production）是指生产中所使用的各种资源：即劳动（labor）、资本（capital）、土地（land）与企业家才能（entrepreneurship）。生产是这四种生产要素合作的过程，产品则是这四种生产要素共同努力的结果。劳动是指生产中一切体力和智力的消耗，劳动者的数量和质量是生产发展的重要因素。资本是生产者的投资，它既包括生产中使用的厂房、机器、设备、原料等有形资本，也包括商标、专利、信誉等无形资本。这里主要指有形资本。土地是指生产中使用的各种自然资源，如土地、水、森林、矿藏等。企业家才能是指生产经营者对生产过程的组织与管理，包括经营能力、组织能力、管理能力、创新能力。企业家根据预测，有效地配置上述生产要素从事生产，以追求最大利润。同样的生产要素，由于企业家才能不同，经营效果有天壤之别。所以，经济学家特别强调企业家才能。

二、厂商投入与产出之间的函数关系

1. 生产函数

生产要素的数量与组合与它所能生产出来的产量之间存在着一定的依存关系。生产函数（production function）是表明一定技术水平之下、生产要素的数量与某种组合和它所能生产出来的最大产量之间依存关系的函数。

以 Q 代表总产量，L、K、N、E 分别代表劳动、资本、土地、企业家才能，则生产函数的一般形式为：

$$Q = f(L, K, N, E)$$

在分析生产要素与产量的关系时，一般的，以土地为代表的自然资源是既定的，企业家才能难以估算。因此，生产函数又可以写为：

$$Q = f(L, K)$$

它表明，在一定技术水平下，生产 Q 的产量，需要一定数量劳动与资本的组合。同样的，在劳动与资本的数量与组合为已知时，也就可以推算出最大的产量。

2. 技术系数

生产不同的产品时，各种生产要素的配合比例是不同的。为生产一定量某种产品所需要的各种生产要素的配合比例称为技术系数。

如果生产某种产品所需要的各种生产要素的配合比例是不能改变的，则称为固定技术系数。它表明各种生产要素之间不能相互替代。

如果生产某种产品所需要的各种生产要素的配合比例是可以改变的，称为可变技术系数。它表明生产要素之间可以相互替代。

一般的，技术系数是可变的。例如，在农业中可以多用劳动、少用土地进行集约式经营，也可以少用劳动、多用土地进行粗放式经营。在工业中也有劳动密集型技术与资本密集型技术之分。在生产理论中研究的主要是技术系数可变的情况。

3. 不变投入与可变投入

经济学在生产理论中将投入分为不变投入（fixed inputs）和可变投入（variable inputs）。不变投入是指在所考察的一段时间内生产要素数量不随产量的变化而变化的投入，如机器、厂房等。可变投入是指在所考察的这段时间内生产要素数量随产量的变化而变化的投入，如原料、劳动等。

经济学在说明生产函数时，往往假设其他生产要素的投入量固定不变，先单独考察一种生产要素的投入量变动对产出的影响，然后考察两种或两种以上生产要素投入量的变动对产出的影响。

三、一种投入可变时产出的变化规律

在生产函数 $Q = f(L, K)$ 中，假定资本投入量是固定的，用 $\bar{K}$ 表示，劳动投入量是可变的，用 L 表示，则生产函数可以写成：

$$Q = f(L, \bar{K})$$

这就是通常采用的一种可变生产要素的生产函数的形式。

1. 总产量（TP）、平均产量（AP）与边际产量（MP）

总产量（total product）指一定量的某种生产要素所生产出来的全部产量。平均产量（average product）指平均每单位某种生产要素所生产出来的产量。边际产量（marginal product）指某种生产要素增加一单位所增加的产量。

以 q 代表某种生产要素的量，Δq 代表某种生产要素的增加量，以 TP 代表总产量，以 AP 代表平均产量，以 MP 代表边际产量，则这三种产量可以分别写为：

$$TP = AP \cdot q$$

$$AP = \frac{TP}{q}$$

$$MP = \frac{\Delta TP}{\Delta q}$$

根据以上公式，一种可变投入的生产函数所表示的投入与产出的关系可以列入表格之中，见表 4–1。

表 4–1 总产量、平均产量和边际产量

资本量 (K)	劳动量 (L)	劳动增量 (ΔL)	总产量 (TP)	平均产量 (AP)	边际产量 (MP)
10	0	0	0	0	0
10	1	1	6	6	6
10	2	1	13.5	6.75	7.5
10	3	1	21	7	7.5
10	4	1	28	7	7
10	5	1	34	6.8	6
10	6	1	38	6.3	4
10	7	1	38	5.4	0
10	8	1	37	4.6	−1

根据表 4-1 可作出图 4-1。

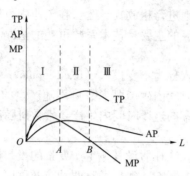

图 4-1　一种可变投入的生产函数的产量曲线

在图 4-1 中，横轴 OL 代表劳动量，纵轴 TP、AP、MP 代表总产量、平均产量与边际产量。TP 为总产量曲线，AP 为平均产量曲线，MP 为边际产量曲线。从图形上，可以看出总产量、平均产量和边际产量之间的关系有以下几个特点。

第一，在资本量不变的情况下，随着劳动量的增加，总产量曲线、平均产量曲线和边际产量曲线都是先上升而后下降。

第二，边际产量曲线与平均产量曲线相交于平均产量曲线的最高点。在相交前，AP 是递增的，MP > AP；在相交后，AP 量是递减的，MP < AP；在相交时，AP 达到最大，MP = AP。

第三，当边际产量为零时，总产量达到最大，当边际产量为负数时，总产量绝对减少。

2. 边际收益递减规律

边际收益递减规律（law of diminishing marginal returns）又称收益递减规律，它的基本内容是：在技术水平不变的情况下，当把一种可变的生产要素投入一种或几种不变的生产要素中时，最初这种生产要素的增加会使产量增加，但当它的增加超过一定限度时，增加的产量将要递减，最终还会使产量绝对减少。

生产中之所以会出现边际收益先递增后递减的情况是由于在生产过程中，可变生产要素投入量和固定生产要素投入量之间存在着一个最佳的配合比例。随着可变要素的投入量的逐渐增加，生产要素的配合比例越来越接近最佳配合比例。在这一过程中，可变要素的边际产量必然呈现递增的趋势。一旦生产要素的配合达到最佳配合比例时，可变要素的边际产量达到最大值。在这之后，随着可变要素投入量的继续增加，生产要素的配合将越来越偏离最佳配合比例，可变要素的边际产量便呈现递减的趋势了。

边际收益递减规律决定了 MP 曲线先升后降的特征，它是我们研究一种生产要素合理投入的出发点。

边际收益递减规律建立在对产量的边际分析上，在分析生产活动时，不仅要看总产量和平均产量的变化，还要看边际产量的变化。

3. 一种生产要素的合理投入

总产量、平均产量、边际产量之间的关系反映了边际收益递减规律。我们就从这种关系来说明一种生产要素的合理投入问题。

总产量、平均产量与边际产量的关系，把图 4-1 分为三个区域。Ⅰ区域是劳动量从零

增加到 A 这一阶段,这时 AP 一直在增加,MP > AP。这说明了,在这一阶段,相对于不变的资本量而言,劳动量不足,所以劳动量的增加可以使资本得到充分利用,从而产量递增。由此来看,劳动量最少要增加到 A 点,否则资本无法得到充分利用。Ⅱ区域是劳动量从 A 增加到 B 这一阶段,这时平均产量开始下降,边际产量递减,即增加劳动量仍可使边际产量增加,但增加的比率是递减的。由于边际产量仍然大于零,总产量仍在增加。在劳动量增加到 B 时,总产量可以达到最大。Ⅲ区域是劳动量增加到 B 点以后,这时边际产量为负数,总产量绝对减少。由此看来,劳动量的增加超过 B 之后是不利的。

总之,一种生产要素的合理投入区域应在第Ⅱ区域。但应在Ⅱ区域的哪一点上呢?这就还要考虑到其他因素。先要考虑厂商的目标,如果厂商的目标是使平均产量达到最大,那么,劳动量增加到 A 点就可以了;如果厂商的目标是使总产量达到最大,那么,劳动量就增加到 B 点。如果厂商以利润最大化为目标,还要结合成本与收益深入分析。

四、两种投入可变时产出的规律

两种可变投入的生产函数表示一定时期内在技术条件不变的情况下生产要素的投入同产品和劳务的产出之间的数量关系。

如果生产过程中使用的两种可变投入是劳动和资本,那么,两种可变投入的生产函数就表示,产量随劳动和资本的变化而变化,是劳动和资本的函数。

常见的两种投入的生产函数是科布-道格拉斯生产函数。这是用它的建立者数学家科布和经济学家道格拉斯命名的。科布-道格拉斯生产函数被认为是一个经验性的假说,有比较广泛的实用性。它既被应用于一个经济部门,也被应用于整个经济。在整个经济的意义上,科布-道格拉斯函数假设整个经济的产量是劳动和资本的函数。

$$Q = AL^{\alpha} K^{1-\alpha}$$

其中,α 为参数,它的数值被假设为:$0 < \alpha < 1$;A 被认为代表既定的技术水平。

假设 $\alpha = 0.5$,$A = 1$;当 L 和 K 顺次为 4 和 9 时,计算出产量为 6。

我们可以用两种投入和产出数学图来说明投入和产出之间的生产函数。两种可变投入的生产函数图如图 4-2 所示。

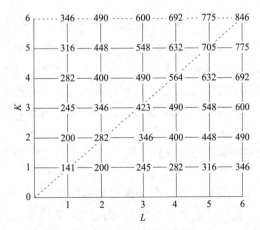

图 4-2 两种可变投入的生产函数图

图4-2的两轴代表两种可变投入：横轴为可变投入L，单位数从1到6；纵轴为可变投入K，单位数也是从1到6。两种可变投入的共同产出列在坐标平面的相应位置上。

按照两种可变投入的生产函数，生产者可以对两种可变投入进行各种不同的组合。不同的组合有不同的产量。按照两种可变投入的生产函数，生产者可以用不同的两种可变投入组合以生产同一产量。

从两种投入的生产函数图上也可以看到上面提到的边际收益递减规律。假定生产函数表中的资本不变，而仅变动劳动这一投入。这时，就出现劳动的边际收益递减。假定资本不变，在图4-2中固定为1单位，劳动的单位数依次为1、2、3、4、5、6，则产量相应为141、200、245、282、316、346。但是，每增加1个单位的劳动所得到的产量增量越来越少，依次为59、45、37、34、30。这就是在资本这一投入不变时劳动的边际收益递减。

五、规模收益

（一）规模扩大过程中收益变化规律

规模收益（returns to scale）指当所有投入同比例增加时，总产量的反应程度。例如，如果土地、劳动、水和其他投入都增加相同的比例，小麦产量会发生何种变化呢？或者，如果劳动、计算机、机器人、钢和厂房的空间都增加一倍，卡车产量会有何种变化呢？这些问题都涉及规模收益，即投入的规模增加对产出量的影响。

规模收益可分为以下三种情况。

1. 规模收益不变

表示所有投入的增加导致产出同样比例的增加。例如，如果劳动、土地、资本和其他投入增加一倍，那么，在规模收益不变的情况下，产出也增加一倍。许多手工业（如在美国的理发和发展中国家使用的手织机）表现为规模收益不变。

2. 规模收益递增

发生在所有投入的增加导致产出水平以更大比例增加的时候。例如，一位正在设计一个小规模化工厂的工程师发现，把劳动、资本和原料投入增加10%，会引起总产出超过10%的增长。工程研究发现许多制造流程享有适度的规模收益递增，包括那些当今最大规模的工厂。

3. 规模收益递减

发生在所有投入的均衡增加导致总产出以较小比例增加的时候。在许多流程中，规模的增大最终会达到一个极点，超过这一点就会导致非效率。这可能是由于管理成本或控制成本变得庞大而造成的。在电力工业中有这样的例子，当企业规模变得过大时，设备利用非效率的风险就会变得很大。许多涉及自然资源的生产活动，如种植酿酒的葡萄或给城市提供纯净饮用水等，都表现为规模收益递减。

当所有投入的均衡增加导致了更大比例、更小比例或同比例的产出增加时，生产表现为规模收益递增、递减或不变。

现代大规模生产技术要求工厂具有一个最低限度的规模。因为大规模的生产可以更有效地利用专用资本设备，自动化生产、计算机设计与操作可更快地完成简单和重复性的劳动。但当企业的规模变得越来越大时，管理和协调的问题也就日益难以处理。每一个企业只能有一个首席执行官、一个财务主管和一个董事会。由于只能用更少的时间研究每一个市场和制定每一个决策，高层管理人员可能变得脱离日常生产活动，并且开始犯错误，可能出现规模收益递减。

（二）规模收益变动原因分析

1. 内在经济与内在不经济

内在经济与外在经济可以解释规模收益的变动规律。

内在经济（internal economy）是指厂商在生产规模扩大时从自身内部所引起的收益增加。它表现为，当一个厂商扩大规模时，可以使用更加先进的设备；可以实现有利于技术提高的精细分工；可以充分发挥管理人员的效率；可以更加有利的条件采购原材料或推销产品等。这些因素都会产生内在经济，使厂商收益增加。

内在不经济（internal diseconomy）是指厂商规模过大时，由自身内部因素引起的收益减少。它表现为，当一个厂商规模过大时，会引起生产管理成本提高、信息不畅、管理效率降低等。

2. 外在经济与外在不经济

外在经济（external economy）是指整个行业规模扩大时，给个别厂商所带来的收益增加。例如，IT行业生产规模扩大，使得厂商在人力资源、信息等方面获得某些好处而增加收益。

外在不经济（external diseconomy）是指一个行业规模过大，给个别厂商带来损失，使该行业的厂商收益减少。例如，整个皮鞋行业生产规模过大引起皮鞋供过于求，制鞋厂商竞相压价，导致大家收益都下降。

3. 适度规模

一个行业或一个厂商生产规模过大或过小都是不利的，即要实现适度规模。对一个厂商来说，就是两种生产要素的增加应该适度。对于一个行业来说，厂商数目要适度。

适度规模就是两种生产要素的增加，即生产规模的扩大正好使收益递增到最大。当收益递增到最大时就不再增加生产要素，并使这一规模保持下去。

对于不同行业来说，厂商适度规模的大小有很大不同，没有统一的标准。在确定适度规模时应该考虑以下主要因素。

1）本行业的技术特点

那些需要投资大，所用设备复杂先进的行业，适度规模一般比较大，比如钢铁、汽车制造、机械、化工、冶金、造船等重工业。那些需要投资少，所用设备也比较简单的行业，一般来说其适度规模也较小，如餐饮、服装等轻工业。

2）市场条件

没有大市场就没有大企业。那些产品市场需求量大，而且生产标准化程度高的厂商，其适度规模较大。相反，那些产品市场需求量小，而且生产标准化程度低的厂商，其适度规模较小。

除此之外，在确定适度规模时要考虑的因素还有很多。这些因素是：自然资源的储量、交通运输条件、能源供给、原料供给、政府政策等。

◇ 同步检测（单项选择题）

1. 对生产过程进行组织与管理的生产要素是（　　）。

A. 劳动　　　　　　B. 土地　　　　　　C. 资本　　　　　　D. 企业家才能

2. 一种可变投入的合理投入区域在（　　）。
   A. 第Ⅰ区域　　　B. 第Ⅱ区域　　　C. 第Ⅲ区域　　　D. 不存在
3. 在生产过程中，可以增加和减少的生产要素是（　　）。
   A. 不变投入　　　B. 减少的收益　　　C. 可变投入　　　D. 增加的收益
4. 下面哪个可能是厂商选择的短期调整？（　　）
   A. 扩大已存在的工厂规模　　　　　B. 雇用工人以加长工作时间
   C. 改变种庄稼的品种　　　　　　　D. 关闭生产设备

任务三　掌握企业怎样实现要素的最佳组合

两种可变投入生产函数告诉我们，不同的方法可以生产出同一水平的产量。在许多种可能中，企业究竟应该使用哪种办法呢？怎样才使成本最小而产量最大呢？下面就是用等产量线分析法分析生产要素最佳组合问题。

一、等产量曲线

1. 等产量曲线的含义及特征

等产量曲线（isoquant）表示在技术水平不变的条件下，生产同一产量的两种能相互替代的可变生产要素投入量的各种不同组合的轨迹。以 Q 表示既定的产量水平，则与等产量曲线相对应的生产函数为：

$$Q = f(L, K)$$

例如，假如有劳动和资本两种生产要素，它们生产等量产品的可能组合有四种，如表 4-2 所示。

表 4-2　同一产量下不同要素的组合

组合方式	劳动投入量（L）	资本投入量（K）	生产的产品量（Q）
A	1	6	300
B	2	3.8	300
C	3	2.5	300
D	6	1	300

根据表 4-2，可作出图 4-3。横轴 L 代表劳动投入量，纵轴 K 代表资本投入量，Q 为等产量线，即线上任何一点所表示的资本与劳动不同数量的组合，都能生产出相等的产量。等产量线与无差异曲线相似，所不同的是，它所代表的是产量，而不是效用。

等产量曲线的特征如下。

第一，等产量曲线是一条由左上方向右下方倾斜的曲线，其斜率为负值。这是因为，要维持原有的产量，增加一种要素的投入量时，必须减少另一种要素的投入量。

第二，在同一平面图上已有无数条等产量曲线，同一条等产量曲线代表相同的产量，不同的等产量曲线代表不同的产量。离原点越近的等产量曲线所代表的产量水平越低（Q_1），离原点越远所代表的产量水平越高（Q_3），如图 4-4 所示。

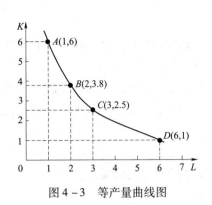

图 4-3 等产量曲线图

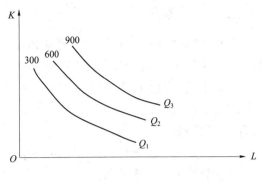

图 4-4 等产量曲线族

第三，在同一平面图上，任意两条等产量曲线不能相交。因为如果两条等产量曲线相交代表相同的产量水平，这与第二特征相矛盾。

第四，等产量线是一条凸向原点的线。这是由边际技术替代率递减所决定的。

2. 边际技术替代率

边际技术替代率（marginal rate of technique substitution）是在维持相同的产量水平时，减少一种生产要素的数量与增加的另一种生产要素的数量之比。以 ΔK 代表资本的减少量，ΔL 代表劳动的增加量，MRTS_{LK} 代表劳动代替资本的边际技术替代率，则有：

$$\text{MRTS}_{LK} = \Delta K / \Delta L$$

边际技术替代率应该是负值，因为一种生产要素增加，另一种生产要素就要减少。但为了方便起见，一般用其绝对值。当 $\Delta L \rightarrow 0$ 时，则边际技术替代率的公式为：

$$\text{MRTS}_{LK} = \lim_{\Delta L \rightarrow 0} \frac{\Delta K}{\Delta L} = \frac{dK}{dL}$$

由此可见，等产量曲线上某一点的边际技术替代率就是等产量曲线在该点的斜率的绝对值。它可以表示为两要素的边际产量之比：

$$\text{MRTS}_{LK} = \frac{dK}{dL} = \frac{\text{MP}_L}{\text{MP}_K}$$

我们可用表 4-3 的数字来说明边际技术替代率的变动，并根据图 4-3 作出表 4-3。

表 4-3 边际技术替代率

变动情况	ΔL	ΔK	MRTS_{LK}
A→B	1	2.2	2.2
B→C	1	1.3	1.3
C→D	3	1.5	0.5

从表 4-3 可以看出，边际技术替代率是递减的。这是因为，根据边际收益递减规律，随着劳动量的增加，它的边际产量在递减。这样，每增加一定数量的劳动所能代替的资本量越来越少，即 ΔL 不变时，ΔK 越来越小。边际技术替代率递减反映了边际收益递减规律。边际技术替代率也就是等产量线的斜率。等产量线的斜率递减决定了它是一条凸向原点的曲线。

二、等成本线

等成本线（isocost line）又称企业预算线，它是一条表明在生产者的成本与生产要素价格既定的条件下，生产者所能购买到的两种生产要素数量的最大组合的线。

等成本线表明了厂商进行生产的限制条件，即它购买生产要素所花的钱不能大于或小于所拥有的货币成本。大于货币成本是无法实现的，小于货币成本又无法实现产量最大化。等成本线可以写为：

$$M = P_L \cdot Q_L + P_K \cdot Q_K$$

M 为货币成本，P_L、P_K、Q_L、Q_K 分别为劳动与资本的价格与购买量。

上式也可以写为：

$$Q_K = \frac{M}{P_K} - \frac{P_L}{P_K} \cdot Q_L$$

这是一个直线方程式，其斜率为 $-\frac{P_L}{P_K}$，取其绝对值。

因为 M、P_L、P_K 为既定的常数，所以，给出 Q_L 的值，就可得出 Q_K。当然，给出 Q_K 的值，也可以得出 Q_L。

如果 $Q_L = 0$，则 $Q_K = M/P_K$；如果 $Q_K = 0$，则 $Q_L = M/P_L$

设：$M = 600$ 元，$P_L = 2$ 元，$P_K = 1$ 元，则有：$Q_L = 0$，$Q_K = 600$；$Q_K = 0$，$Q_L = 300$。这样，就可以作出等成本线，如图 4-5 所示。

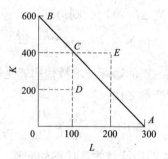

图 4-5 等成本线

在图 4-5 中，如用全部货币购买劳动，就可以购买 300 单位（A 点），如用全部货币购买资本，可以购买 600 单位（B 点），连接 A 和 B 点则为等成本线。该线上的任何一点，都是在货币成本与生产要素价格既定条件下，能购买到的劳动与资本的最大数量的组合。如在 C 点，购买 100 单位劳动，400 单位资本，正好用完 600 元（$2 \times 100 + 1 \times 400 = 600$）。该线内的任何一点所购买的劳动与资本的组合，是可以实现的，但并不是最大数量的组合，即没有用完货币成本，如在 D 点。在该线外的任何一点，所购买的资本与劳动的组合大于 C 点时，无法实现，因为所需要的货币超过了既定的成本，如在 E 点。

如果生产者的货币成本变动（或者生产要素价格等比例变动），则等成本线会平行移动。货币成本增加，等成本线向右上方平行移动；货币成本减少，等成本线向左下方平行移动。如图 4-6 所示。

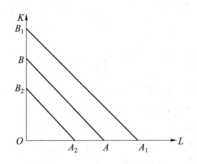

图 4-6 等成本线的变动

在图 4-6 中，AB 是原来的等成本线。当货币成本增加时，等成本线移动为 A_1B_1，当货币成本减少时，等成本线移动为 A_2B_2。

三、生产要素最佳组合

现在我们把等产量线与等成本线结合起来分析生产要素的最佳组合。

如果把等产量线与等成本线合在一个图上，那么，等成本线必定与无数条等产量线中的一条相切于一点。这个点就是生产要素最佳组合点或生产者的均衡点。可以用图 4-7 来说明。

在图 4-7 中，有一条等成本线 AB 和三条等产量曲线 Q_1、Q_2 和 Q_3。图中，等成本线 AB 与其中一条等产量曲线 Q_2 相切于 E 点，该点就是生产者的均衡点。

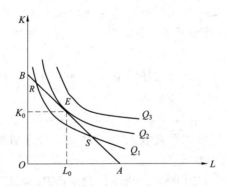

图 4-7 既定成本条件下产量最大的要素组合

为什么 E 点就是最优的要素组合点呢？先看等产量曲线 Q_3。它代表的产量虽然高于等产量曲线 Q_2，但等成本线 AB 与等产量曲线 Q_3 既无交点又无切点。这表明等产量曲线 Q_3 所代表的产量是企业无法实现的产量，因为企业利用既定成本只能购买到位于等成本线 AB 上或等成本线 AB 以内区域的要素组合。再看等产量曲线 Q_1。等产量曲线 Q_1 虽然与等成本线 AB 相交于 R、S 两点，但等产量曲线 Q_1 所代表的产量是比较低的。此时企业在不增加成本的情况下，只需由 R 点出发向右或由 S 点出发向左沿着既定的等成本线 AB 改变要素组合，就可以增加产量。所以，只有在等成本线 AB 和等产量曲线 Q_2 的切点 E 上，才实现了既定成本条件下的最大产量的要素组合，任何更高的产量在既定成本条件下都是无法实现的，任

何更低的产量都是低效率的。在生产均衡点 E 上,等产量曲线的斜率与等成本线的斜率相等,即有:

$$\text{MRTS}_{LK} = \frac{P_L}{P_K}$$

公式表明,为了实现既定成本下的最大产量,企业必须选择最优的要素组合,使得两要素的边际技术替代率等于两要素的价格之比。因为边际技术替代率可以表示为两要素的边际产量之比,所以,上式可以写为:

$$\text{MRTS}_{LK} = \frac{\text{MP}_L}{\text{MP}_K} = \frac{P_L}{P_K}$$

即

$$\frac{\text{MP}_T}{P_T} = \frac{\text{MP}_K}{P_K}$$

公式表明,生产要素最佳组合的条件就是每一投入的边际产量与价格之比相等。也就是企业可以通过对两要素投入量的不断调整,使得最后一单位的货币成本无论用来购买哪一种生产要素,所获得的边际产量相等,从而实现既定成本条件下的最大产量。

▶ **课堂案例**

出租汽车公司的要素组合

某出租汽车公司现有小轿车 100 辆,大轿车 15 辆。如果增加一辆小轿车,每月可增加营业收入 10 000 元;如果再增加一辆大轿车,每月可增加营业收入 30 000 元。假定每增加一辆小轿车每月增加开支 1 250 元(包括利息支出、折旧、维修费、司机费用和燃料费用等),每增加一辆大轿车每月增加开支 2 500 元。该公司这两种车的比例是否最优?如果不是最优,应如何调整?

分析:增加一辆大轿车,每月可增加营业收入 30 000 元,每月增加开支 2 500 元,可以表示为 $\text{MP}_大 = 30\,000$ 元,$P_大 = 2\,500$ 元:

$$\text{MP}_大/P_大 = 30\,000/2\,500 = 12$$

增加一辆小轿车,每月可增加营业收入 10 000 元,每月增加开支 1 250 元,可以表示为 $\text{MP}_小 = 10\,000$ 元,$P_小 = 2\,500$ 元:

$$\text{MP}_小/P_小 = 10\,000/2\,500 = 8 \quad \text{MP}_大/P_大 \neq \text{MP}_小/P_小$$

$$\text{MP}_大/P_大 > \text{MP}_小/P_小$$

也就是大轿车每月增加 1 元开支,可增加营业收入 12 元;小轿车每月增加 1 元开支,只能增加营业收入 8 元。两者不等,说明两种车的比例不是最优。如想保持总成本不变,但使总营业收入增加,就应该增加大轿车,减少小轿车。需要注意的是,在本例中 $P_大$ 和 $P_小$ 不应是大轿车和小轿车的购置价格,而应是因投入这两种车而引起的每月开支的增加额,营业收入也是指每月的增加额。

四、扩展线

等产量曲线和等成本曲线的切点表示,在该点的生产要素的组合是以最低成本生产既定产量的组合,或以既定成本生产最大产量的组合。当生产者的总成本可以改变、要素价格不变时，不同成本额的等成本线相互平行。于是不同的等成本线与不同的等产量线相切，从而形成不同的生产要素的最佳组合点。连接这些最佳组合点就形成了一条生产规模扩展线（expansion paths）。所谓生产扩展线，是指在技术水平、投入要素价格不变的条件下，企业在长期内扩大生产规模所能采取的最佳投入组合的轨迹。如图4-8所示，OE为不同水平的等产量线和等成本线相切的点的连线。企业沿着这条线扩大生产时，始终可以实现生产要素的最佳组合。

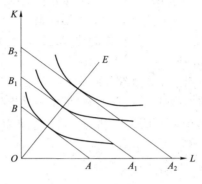

图4-8 扩展线

◇ **同步检测（单项选择题）**

1. 当厂商的要素组合出现了 $MP_K/P_K > MP_L/P_L$ 时，厂商的调整方向应该是（　　）。
   A. 减少资本　　　　　　　　　B. 增加劳动
   C. 增加劳动和资本　　　　　　D. 减少劳动

2. 对于生产函数 $Q = f(L, K)$ 和成本方程 $C = P_L Q_L + P_K Q_K$ 来说，在最优的生产要素组合点上应该存在（　　）。
   A. 等产量线与等成本线相切　　B. $MP_L/P_L = MP_K/P_K$
   C. $MRTS_{LK} = P_L/P_K$　　　　D. 上述说法都对

3. 当某企业雇用第8个工人时，每天的产量从100单位增加到110单位；当雇用第9个工人时，每天产量从110单位增加到118单位。这种情况是（　　）。
   A. 边际收益递减　　　　　　　B. 边际效用递减
   C. 边际成本递减　　　　　　　D. 规模收益递减

项目二　成本与利润

成本和收益的比较是否合理是企业谋求利润过程中时刻需要关注的问题。假如你是一个创业者或是一个企业管理者，企业目前经营状况不佳，订单很少、人员设备闲置，此时来了订单。但是订单价格低于你企业产品的平均成本，你要不要接受这个订单？接受或不接受的理由是什么？本项目内容不仅会使你对此问题的认识深化，得到此问题的正确答案，而且会提供给你短期成本分析、长期成本分析和利润分析的工具和方法。

任务一　了解成本、分类、成本函数和成本分析方法

一、成本

从厂商角度分析的成本，也称生产费用，一般是指厂商在生产活动中所使用的各种生产要素的价格，也就是生产要素提供者必须得到的补偿或报酬。生产要素包括劳动、资本、土地、企业家的管理才能，这些生产要素的价格的总和，以及固定资产的折旧费用、原材料消耗等，便构成生产成本的全部内容。

微观经济学所说的成本包括了正常利润。正常利润是指厂商认为值得营业的起码利润或阻止现有生产向其他生产转移的最低限度利润，它可以被认为是作为生产要素之一的企业家管理才能的报酬。微观经济学中通常所说的利润，实际上是超额利润，即总收入与总成本之差。

二、成本的分类

成本因厂商的决策、目的不同而有不同的种类。

1. 显性成本与隐性成本

显性成本（explicit cost）又称支出成本，是指在形式上必须由厂商支付给生产要素所有者报酬的成本，包括厂商所支付的工资、地租、利息及原材料价格等。与显性成本相对应的利润是会计利润。

隐性成本（implicit cost）又称非支出成本或内在成本，是指在形式上没有支付义务的厂商自己拥有的生产要素的报酬，包括折旧费、企业主的收入等。与包括显性成本与隐性成本在内的总成本相对应的利润是经济利润或超额利润。

微观经济学认为，成本的这种构成能够保证厂商作出最优选择，实现资源的最优配置。

2. 机会成本

机会成本是指因生产某种产品或劳务而放弃在最有效的其他方面使用该资源所造成的损失。做一个决定的机会成本包括它所有的结果，无论它们是否体现为货币的交易。做决定之所以具有机会成本，是因为在一个稀缺的世界中选择一个东西意味着放弃其他的一些东西。

让我们通过分析热狗风险公司的所有者来说明机会成本的概念。该公司所有者每周投入60小时，而并不领取"工资"。在年末，公司获得了22 000美元的利润。因为所有者有其他工作机会，因此，我们必须把失去的机会作为所有者劳动的成本来计算。假定热狗风险公司的所有者能够找到一份相似的、同样有趣的工作，他为别人工作，并获得45 000美元工资。这就代表了该所有者决定去当不支付工资的小企业的老板的机会成本或所放弃的收益。

让我们计算热狗风险公司的实际利润。如果他得到了22 000美元账面利润，并减去所有者劳动的机会成本45 000美元，那么，我们会发现净亏损23 000美元。因此，尽管账面数字认为热狗风险公司在经济上是可行的，但是，经济学家则会宣称，该公司实际上是亏损的。

有几个重要的机会成本往往并不出现在损益表中。例如，在许多小企业中，家庭可能投入了许多无偿的时间，但却并没有被包含在成本之中。企业会计还不会涉及其所有者自有资金的资本费用。而当企业把有毒废物倒入河流时，它们也没有承担由此引起的环境污染费用。但是，从经济学的观点来看，这些对于经济都是真实的成本。

机会成本能够比较精确地衡量选择的代价，从而可以为生产者选择获利最大的方案提供准确的依据。

3. 总成本（TC）、平均成本（AC）与边际成本（MC）

总成本（total cost）是指生产某一特定产品所花费的成本总额，它随产量的变化而变化。

平均成本（average cost）是指平均每单位产量所花费的成本，即：

$$AC = \frac{TC}{Q}$$

边际成本（marginal cost）是指每增加一单位产量所引起的总成本的增量，更准确地说，是总成本的一阶导数，即：

$$MC = \frac{\Delta TC}{\Delta Q} \qquad \lim_{\Delta Q \to 0} MC = \frac{d(TC)}{dQ}$$

三、成本函数

成本函数是被用来表示成本与产量之间关系的一种函数，即：成本 = f（产出）

厂商的成本函数不仅取决于它的生产函数，而且还取决于它在生产过程中所使用的生产要素价格。生产函数的基本特征决定了成本函数的形状，生产要素的价格决定了成本的水平。为了简化对成本—产出关系的分析，以技术水平和生产要素价格不变为假定条件。

四、成本的基本分析方法

在微观经济学中，把经济分析的时期区分为短期和长期。所谓短期（short-run），是指厂商不能根据它所要达到的产量来调整其全部生产要素的时期。在这一时期，厂商只能通过调整原材料、燃料和工人的数量来改变其产量，而不能通过建造新厂房、购入新设备来调整生产规模。所谓长期（long-run），是指厂商能根据它所要达到的产量来调整其全部生产要素的时期。与之相应，厂商的行为或决策也可以区分为短期行为决策和长期行为决策两大类；成本分析也相应分为两大类：一类是短期成本分析，另一类是长期成本分析。所以，现代西方经济学中的成本理论是由短期成本理论和长期成本理论构成的。由于短期成本理论包含着现代西方成本理论的基本概念，所以短期成本理论是现代西方成本理论的基础。

◇ 同步检测（判断题）

1. 经济学中短期、长期是指时间的长短。　　　　　　　　　　　　　　（　）
2. 补偿固定资本损耗的折旧费是可变成本。　　　　　　　　　　　　　（　）
3. 付给工人的加班费是可变成本。　　　　　　　　　　　　　　　　　（　）
4. 隐性成本就是没有发生的成本。　　　　　　　　　　　　　　　　　（　）
5. 在生产经营过程中使用了自有的土地，则土地费用计入显性成本。　（　）
6. 在成本函数中，产量是自变量，成本是因变量。　　　　　　　　　　（　）

7. 平均成本就是增加最后一个单位产量而需要增加的成本。　　　　（　　）
8. 总成本是平均每单位产量所花费的成本。　　　　　　　　　　（　　）

任务二　掌握短期成本分析方法

一、短期成本的分类

短期成本是指只能对一部分生产要素进行调整，而不能对全部生产要素进行调整的时期内所发生的成本。由于在短期内一部分投入可变、一部分投入固定，因而短期成本有可变成本与固定成本的区分。

1. 短期总成本

短期总成本（short-run total cost，STC）是指短期内为生产某一特定产量的产品所花费的成本总额。短期总成本又分为总可变成本与总固定成本。短期总成本等于总可变成本与总固定成本之和，即：

$$STC = TVC + TFC$$

总可变成本（total variable cost，TVC）是指为生产某一特定产量的产品所支付的可变生产要素的费用。它随着产量的变动而变动，一般包括工人工资、原材料、燃料费和运输费等。

总固定成本（total fixed cost，TFC）是指短期内必须支付的不变生产要素的费用。它不随着产量的变动而变动，一般包括厂房、机器折旧费及管理费等。

2. 短期平均成本

短期平均成本（short-run average cost，SAC）是指厂商在短期内平均每一单位产品所分摊的固定成本和可变成本之和，即：

$$SAC = AFC + AVC$$

平均固定成本（average fixed cost，AFC）是指厂商在短期内平均每一单位产品所分摊的固定成本数额，即：

$$AFC = \frac{TFC}{Q}$$

平均可变成本（average variable cost，AVC），是指厂商在短期内平均每一单位产品所分摊的变动成本数额，即：

$$AVC = \frac{TVC}{Q}$$

3. 短期边际成本

短期边际成本（short-run marginal cost，SMC）是指短期内每增加一单位产量所引起的总成本的增量，即：

$$SMC = \frac{\Delta STC}{\Delta Q}$$

二、短期各类成本与产量的关系

为了分析短期各类成本与产量之间的关系，以及短期各类成本之间的关系，可用

表 4-4 和根据该表绘出的图来说明。

表 4-4 某厂商的短期成本表

产量 (Q)	固定成本 (FC)	可变成本 (VC)	总成本 (STC)	短期边际成本 (SMC)	平均固定成本 (AFC)	平均可变成本 (AVC)	短期平均成本 (SAC)
0	120	0	120	—	∞	0	∞
1	120	34	154	34	120	34	154
2	120	63	183	29	60	31.5	91.5
3	120	90	210	27	40	30	70
4	120	116	236	26	30	29	59
5	120	145	265	29	24	29	53
6	120	180	300	35	20	30	50
7	120	230	350	50	17.14	32.86	50
8	120	304	424	74	15	38	53

1. 短期总成本、固定成本、可变成本与产量的关系

根据表 4-4，可以绘出短期总成本曲线、总固定成本曲线和总可变成本曲线。如图 4-9 所示。

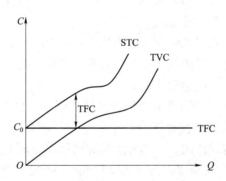

图 4-9 总成本曲线、总固定成本曲线和总可变成本曲线

在图 4-9 中，横轴 OQ 代表产量，纵轴 OC 代表成本，STC 为短期总成本曲线，TFC 为总固定成本曲线，TVC 为总可变成本曲线。短期总成本曲线由总固定成本曲线和总可变成本曲线相加而成。

短期总成本曲线的变化规律是：当产量为零时，短期总成本等于总固定成本。最初在产量开始增加时，由于固定生产要素与可变生产要素的效率未得到充分发挥，因此，可变成本的增加率＞产量的增长率。以后随着产量的增加，固定生产要素与可变生产要素的效率得到充分发挥，可变成本的增加率＜产量的增加率。最后由于边际收益递减规律的作用，短期总成本又以递增的速度增加。

总固定成本是一个常数，不随产量的变动而变动，故总固定成本在图中是一条水平线。

总可变成本随着产量的变动而变动，产量为零时，总可变成本为零，当产量增加时，总可变成本的变化规律与短期总成本相同。在图中，总可变成本曲线是一条从原点出发，与短期总成本曲线平行的曲线。

2. 短期平均成本、短期边际成本与产量的关系

根据表4-4中的产量和短期平均成本、平均固定成本、平均可变成本以及短期边际成本的数据，可以绘出短期平均成本曲线、平均固定成本曲线、平均可变成本曲线和短期边际成本曲线。平均成本与边际成本的关系如图4-10所示。

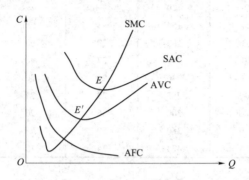

图4-10 平均成本与边际成本的关系

在图4-10中，AFC为平均固定成本曲线，AVC为平均可变成本曲线，SAC为短期平均成本曲线，SMC为短期边际成本曲线。

平均固定成本曲线是一条以两轴为渐近线的直角双曲线。短期平均成本曲线与平均可变成本曲线之间的垂直距离是平均固定成本。它的变化规律是随着产量的增加而不断减少，起初减少的幅度很大，以后随着产量的增加减少的幅度越来越小。

平均可变成本曲线、短期平均成本曲线、短期边际成本曲线都为U形，表明这三种成本起初由于生产要素效能的逐渐发挥随着产量的增加而减少，当它们各自减少到一定限度后，由于边际收益递减规律的作用，又随着产量的增加而逐渐上升。

短期边际成本曲线与平均可变成本曲线和短期平均成本曲线相交，一定分别交于平均可变成本最低点E'和短期平均成本最低点E。在相交之前，平均可变成本与短期平均成本一直在逐渐减少，短期边际成本小于平均可变成本和短期平均成本；在相交之后，平均可变成本与短期平均成本一直在逐渐增加，短期边际成本大于平均可变成本和短期平均成本。

短期边际成本曲线与短期平均成本曲线相交的E点，是厂商的收支相抵点（也称为盈亏平衡点）。在这一点上，平均收益与短期平均成本相等，$AR = AC$；等式两边同乘以Q，$AR \times Q = AC \times Q$，则$TR = TC$；如果价格既定，则$AR = P$，$P \times Q = TFC + AVC \times Q$，收支相抵点的产量计算公式为：

$$Q = \frac{TFC}{P - AVC}$$

[例1] 某企业有一种产品，市场价格为4元/件，其固定成本为20 000元，单位产品变动成本为2元，求其收支相抵点产量。

已知$P = 4$，$TFC = 20\,000$，$AVC = 2$，代入公式$Q = \dfrac{TFC}{P - AVC} = \dfrac{20\,000}{4 - 2} = 10\,000$（件），通过计算得知该企业的收支相抵点的产量为10 000件。

短期边际成本曲线与平均可变成本曲线相交的 E' 点，是厂商的停止营业点，在这一点以下，收益不足以补偿平均可变成本。所以在短期中，即使客户订单价格低于厂商平均成本即 $P<AC$，只要订单价格大于厂商平均变动成本即 $P>AVC$，厂商照样要经营下去。否则，厂商的亏损会更大。

[例2] 假设某企业在产量达到 30 000 件时，AFC = 10 元，AVC = 40 元，有一客户欲订购 30 000 件产品，但最高出价为 45 元/件。此时企业作业量不足，有些车间处于停工半停工状态。问在价格为 45 元/件时是否接受订单？为什么？

已知 AC = AFC + AVC = 10 + 40 = 50（元），P = 45 元/件；符合条件：虽 $P<AC$，但 $P>AVC$。所以应该接受订单。

不接受订单的损失是：AFC × Q = 10 × 30 000 = 300 000（元）

接受订单的亏损为：(AC − P) × Q = (50 − 45) × 30 000 = 150 000（元）

接受订单的理由是：接受订单的亏损＜不接受订单的损失。

◇ **同步检测（单项选择题）**

1. 假如总产量从 1 000 单位增加到 1 002 单位，总成本从 2 000 元上升到 2 020 元，那么边际成本等于（　　）。

    A. 10 元　　　　B. 20 元　　　　C. 2 020 元　　　　D. 2 000 元

2. 已知产量为 99 单位时，总成本等于 995 元，产量增加到 100 单位时，平均成本等于 10 元，由此可知边际成本等于（　　）。

    A. 10 元　　　　B. 5 元　　　　C. 15 元　　　　D. 20 元

3. 假如某家厂商的总收益不足以补偿他付出的总可变成本，为了把损失减少到最低程度，他应该（　　）。

    A. 减少产量　　　　B. 停止生产　　　　C. 增加产量

任务三　掌握长期成本分析原理

在长期中没有固定成本与可变成本之分，一切生产要素都是可以调整的，一切成本都是可变的。长期成本包括总成本、平均成本与边际成本。

一、长期总成本

长期总成本（long-run total cost，LTC）是长期中生产一定量产品所需要的成本总和。长期总成本随产量的变动而变动。没有产量时没有总成本。随着产量的增加，总成本增加。在开始生产时，要投入大量生产要素，而产量少时，这些生产要素无法得到充分利用，因此，成本增加的比率大于产量增加的比率。当产量增加到一定程度后，生产要素开始得到充分利用，这时成本增加的比率小于产量增加的比率，这也是规模经济的效益。最后，由于规模收益递减，成本的增加比率又大于产量增加的比率。可用图 4 − 11 来说明长期总成本的变动规律。

在图 4 − 11 中，LTC 为长期总成本曲线。该曲线从原点出发，向右上方倾斜，表示长期总成本随产量的增加而增加。产量在 $O \sim Q_1$ 之间时，长期总成本曲线比较陡峭，说明成本

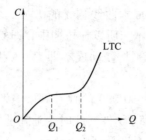

图 4-11 长期总成本的变化规律

的增加比率大于产量的增长比率;产量在 $Q_1 \sim Q_2$ 之间时,长期总成本曲线比较平坦,说明成本的增加比率小于产量的增加比率;产量在 Q_2 之后,长期总成本曲线比较陡峭,说明成本的增加比率大于产量增加的比率。

二、长期平均成本

长期平均成本(long-run average cost,LAC)是长期中平均每单位产品的成本。

1. 长期平均成本曲线的构成

在长期中厂商可以根据短期平均成本来调整长期平均成本。因此,我们就可以从短期平均成本曲线来推导出长期平均成本曲线,如图 4-12 所示。

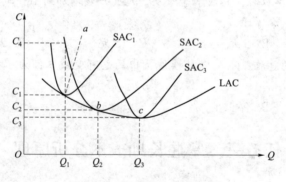

图 4-12 长期平均成本曲线

假定生产者在短期内有三种不同的生产规模可供选择。这三种规模的短期平均成本曲线是图 4-12 中的 SAC_1、SAC_2、SAC_3。

生产者要根据产量的大小来决定生产规模,其目标是使平均成本达到最低。在产量为 OQ_1 时,要选择 SAC_1 这一规模,因为这时平均成本 OC_1 是最低的,如果选择 SAC_2 这一规模,则平均成本为 OC_4,大于 OC_1。以此类推,当产量为 OQ_2 时,则要选用 SAC_2 这一规模,这时平均成本 OC_2 是最低的;当产量为 OC_3 时,则要选用 SAC_3 这一规模,这时平均成本 OC_3 是最低的;等等。

在长期中,生产者要根据它所要达到的产量来调整生产规模,以使平均成本达到最低。如果每个短期中平均成本都达到了最低,那么,长期中平均成本也就达到了最低。因此把短期平均成本曲线 SAC_1,SAC_2,SAC_3,…的切点 a,b,c,…连接起来就是长期成本曲线。短期成本曲线是无数的,长期成本曲线就是一条与这无数条短期平均成本曲线相切的曲线,如图 4-12 的 LAC 所示。因此,也可以说长期成本曲线是无数条短期平均成本的包络线。

长期平均成本曲线把各条短期平均成本曲线包在其中,因此,长期平均成本曲线又称包络曲线。在长期中,生产者按这条曲线作出生产计划,确定生产规模,因此,这条长期平均成本曲线又称为计划曲线。

2. 长期平均成本曲线的特征

从图4-12中可以看出,长期平均成本曲线 LAC 也是一条先下降而后上升的 U 形曲线。这就说明,长期平均成本变动的规律也是随着产量的增加先减少而后增加。这也是由于随着产量的增加,规模收益递增,平均成本减少;以后,随着产量的增加,出现规模收益递减,平均成本增加。这与短期平均成本相同。

但长期平均成本曲线与短期平均成本曲线也有区别,就是长期平均成本曲线无论在下降时还是上升时都比较平坦,这说明在长期中平均成本无论是减少还是增加都变动较慢。因为在长期中全部生产要素可以随时调整,从规模收益递增到规模收益递减有一个较长的规模收益不变阶段,而在短期中,规模收益不变阶段很短,甚至没有。

3. 长期边际成本

长期边际成本(long-run marginal cost,LMC)是长期中增加一单位产品所增加的成本。长期边际成本也是随着产量的增加先减少而后增加的,因此,长期边际成本曲线也是一条先下降而后上升的 U 形曲线,但它也比短期边际成本曲线要平坦。

长期边际成本与长期平均成本的关系和短期边际成本与短期平均成本的关系一样,即在长期平均成本下降时,长期边际成本小于长期平均成本,在长期平均成本上升时,长期边际成本大于长期平均成本,在长期平均成本的最低点,长期边际成本等于长期平均成本。这一点可用图4-13来说明。

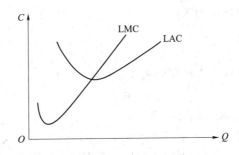

图4-13 长期平均成本与长期边际成本的关系

图4-13中,LMC 为长期边际成本曲线,与长期平均成本曲线 LAC 相交于 LAC 的最低点,相交之前,LAC 在 LMC 之上,说明长期边际成本小于长期平均成本,在相交之后,LAC 在 LMC 之下,说明长期边际成本大于长期平均成本。

◇ **同步检测(判断题)**

1. 长期中没有产量时没有总成本。   (   )
2. 在长期中,生产者可以根据目标产量来调整生产规模,以使平均成本达到最低。
                                                              (   )
3. 总成本在长期内可以划分为不变成本和可变成本。   (   )

任务四 知道企业要实现收益与利润最大化应遵循的原则

厂商进行生产的目的就是要实现利益最大化，若想达到这一目的就必须对收益和利润进行分析。

一、收益的含义与种类

所谓收益（revenue），是指厂商出售商品所得到的全部收入，即销售商品的价格与商品销售量的乘积。收益中既包括了成本，也包括了利润。

收益可分为总收益（total revenue，TR）、平均收益（average revenue，AR）和边际收益（marginal revenue，MR）。

总收益是厂商出售产品所得到的全部收入，如用 P 表示产品的价格，Q 表示产品的数量，那么：

$$TR = P \cdot Q$$

平均收益是厂商平均出售每单位产品所得到的收入，它等于产品的价格。

$$AR = TR/Q = (PQ)/Q = P$$

边际收益是厂商增加一单位产品的销售所引起的总收益的增量。

$$MR = \frac{\Delta TR}{\Delta Q} \qquad \lim_{\Delta Q \to 0} MR = \frac{d(TR)}{dR} = TR'$$

要注意收益并不等于利润，这不是出售产品所赚的钱，而是出售产品所得到的钱。并且在不同的市场结构中，收益变动的规律并不完全相同，MR 曲线与 AR 曲线的形状也不一样。

二、利润最大化原则

利润等于总收益减去总成本，设利润为 π，则：

$$\pi = TR - TC$$

对利润函数 $\pi = TR - TC$ 微分可得：

$$\frac{d\pi}{dQ} = \frac{d(TR)}{dQ} - \frac{d(TC)}{dQ}$$

即：

$$M\pi = MR - MC$$

要使利润获得最大，必须使 $M\pi = 0$，即：

$$MR - MC = 0$$

得 $MR = MC$，这是利润最大化的必要条件。

为什么只有在 $MR = MC$ 时，才能实现利润最大化呢？这是因为如果 $MR > MC$，表明厂商每多生产一单位产品所增加的收益大于所增加的成本，此时继续增加生产会使总利润继续增加，所以，利润还没有达到最大化。如果 $MR < MC$，表明厂商每多生产一单位产品所增加的收益小于所增加的成本。这对该厂商来讲就会造成亏损，更谈不上利润最大化了，所以厂商必须要减少产量。无论是 $MR > MC$ 还是 $MR < MC$，厂商都没有实现利润最大化，只有在 $MR = MC$ 时，厂商才不会调整产量，表明已把该赚的利润都赚到了，即实现了利润最大化。

厂商对利润的追求受到市场各方面条件的影响和限制，不可能达到无限大。这样，利润最大化的原则是边际收益等于边际成本，厂商要根据这一原则来确定自己的产量。

◇ 同步检测（判断题）
1. 收益是指厂商出售商品所得到的全部利润。　　　　　　　　　　　　（　　）
2. MR = MC 是利润最大化的必要条件。　　　　　　　　　　　　　　（　　）
3. 平均收益是厂商增加最后一单位产品销售给总收益带来的增加量。　　（　　）
4. 在规模既定的条件下，厂商可以通过调整产量，使 MC = MR 来实现利润最大化。
　　　　　　　　　　　　　　　　　　　　　　　　　　　　　　　　（　　）

项目三　市场结构与企业决策

你所能接触到的不同行业的厂商，它们的市场竞争状态大相径庭：有的竞争激烈必须主动出击，有的垄断坚固愿者上钩，有的处于前两者的中间状态。你一定想知道微观经济学是怎样划分市场竞争类型的？不同类型下厂商的决策有什么差别？不同市场类型有何利弊？通过本项目的学习你会找到满意的答案。

任务一　了解企业面临的市场结构有哪些类型

一、市场和厂商的含义

厂商（firm）是指以追求利润最大化为目的、向市场提供产品和劳务的独立生产经营单位。厂商进行生产的目的就是获得最大利润，而厂商的利润取决于其收益和成本。厂商的成本主要由生产中的技术方面的因素决定，收益则主要取决于消费者对产品的需求状况。在不同的市场条件下，厂商所面临的需求状况是不同的，这就直接影响厂商所获得的利润量。因此就要对市场和厂商类型进行分类。

经济学的市场是指从事某一种商品买卖的交易场所或交易活动。这个市场可以是有形的，也可以是无形的。任何一种商品都有一个市场，有多少种商品就有多少个市场，如服装市场、蔬菜市场等。提供同类产品或劳务的所有厂商的总和就构成行业或部门，形成该产品或劳务市场。

二、市场结构的划分依据和类型

经济学家划分市场类型的标准是市场竞争的强弱程度。影响市场竞争程度的具体因素主要有以下几点：

第一，市场上厂商的数量；
第二，厂商之间各自提供的产品的差别程度；
第三，单个厂商对市场价格的控制程度；
第四，厂商进入或退出一个行业的难易程度。

根据以上四点，经济学的市场被划分为四种类型：完全竞争市场、完全垄断市场、垄断竞争市场、寡头垄断市场。通过表 4-5 来说明四种类型市场和相应厂商的区分与特点。

表4-5 市场和厂商类型的划分和特点

市场和厂商的类别	厂商的数目	产品的差别程度	对价格控制的程度	进出一个行业的难易程度	接近哪种市场情况
完全竞争	很多	完全无差别	没有	很容易	一些农业品
垄断竞争	很多	有差别	有一些	比较容易	香烟、糖果
寡头垄断	几个	有差别或无差别	相当程度	比较困难	钢铁、汽车
完全垄断	一个	唯一的产品，没有接近的替代品	很大程度，但经常受到管制	很困难，几乎不可能	公用事业，如水、电

◇ **同步检测（判断题）**

1. 厂商之间各自提供的产品的差别程度越大竞争就越激烈。（   ）
2. 单个厂商对市场价格的控制程度越弱则竞争性越强。（   ）
3. 厂商进入或退出一个行业越难则垄断性越强。（   ）
4. 一个行业厂商的数量是竞争程度最明显的标志。（   ）

任务二 认识不同市场结构下企业决策有何特点

一、完全竞争市场下企业决策的特点

（一）完全竞争市场的含义与条件

完全竞争（perfect competition）又称纯粹竞争，是指竞争完全不受任何阻碍和干扰的市场结构。完全竞争市场需要具备以下四个条件。

第一，市场上有无数的买者和卖者。这些生产者和消费者的规模都很小，他们中任何一个的销售量或购买量在整个市场上都只占很小的比例，从而也就无法通过自己的买卖行为来影响市场价格。市场价格是由整个市场的供求关系决定的，每个生产者和消费者都只能是市场既定价格的接受者，而不是这一价格的决定者。

第二，市场上的产品同质，即不存在产品差别。这里所说的"同质"，不仅指商品之间的质量完全一致，还包括在销售条件、商标、装潢等方面是完全相同的。因此对消费者来说，购买哪一家的商品都是一样的。如果有一个厂商提价，他的商品就会完全卖不出去。当然，单个厂商也没必要降价。因为，在一般情况下，单个厂商总是可以按照既定的市场价格实现属于自己的那一份相对来说很小的销售份额。

第三，任何厂商都可以自由进入或退出该行业或市场。这意味着所有的资源都可以在各行业之间自由流动。厂商总是可以及时地向获利行业转移，并及时退出亏损的行业。在这样的过程中，缺乏效率的企业会被市场淘汰，取而代之的是具有效率的企业。

第四，信息完全。即市场中的每一个卖者或买者都掌握与自己的经济决策有关的商品和市场的全部信息。这样，市场上每一个消费者或生产者都可以根据自己所掌握的完全信息，确定最优购买数量或最优生产数量，从而获得最大的经济利益。而且，这样也排除了由于市场信息不通畅而可能产生的一个市场同时存在几种价格的情况。

只有同时具备这四个条件才能成为完全竞争市场。由于这些假设条件十分严格，因此，经济学家认为真正意义上的完全竞争市场很难在现实中存在，有些农产品市场和证券市场被认为比较接近典型的完全竞争市场。但经济学家们也认为，完全竞争市场作为一种比较纯粹意义上的市场，把对它的分析作为市场理论的主要内容，以提出一种比较理想的市场模式来与现实相比较、对照，会有助于发现现实中的问题，也有助于构建促进市场向更为完善的方向发展的理论和政策。

(二) 企业决策特点

在完全竞争条件下，一个单独的厂商是价格的接受者，企业不能按照自己期望的价格销售产品，而只能接受市场给予的价格。这样，他的收益就受到市场的约束。

完全竞争市场中的厂商只能被动地接受既定的市场价格，而且在每一价格水平下，单个厂商总是可以把他所愿意提供的任何数量的商品卖出去。

1. 短期特点

在短期内，厂商不能根据市场需求来调整全部生产要素，因此，从整个行业来看，有可能出现供小于求或供大于求的情况。从整个行业的市场来看，如果供给小于需求，则价格高；如果供给大于需求，则价格低。短期均衡就是来分析在这两种情况下，个别厂商如何决定产量与盈利状况：第一，行业供给小于市场需求，价格水平高于均衡价格，厂商有超额利润；第二，行业供给大于市场需求，价格水平低于均衡价格，厂商出现亏损。

在短期中，厂商均衡的条件就是边际收益等于边际成本，即 $MR = MC$。也就是说，个别厂商从自己利润最大化的角度来决定产量，而在 $MR = MC$ 时就实现了这一原则。那么，如果整个行业供大于求，市场价格低，个别厂商处于亏损状态，它还会生产吗？

在图 4-14 中，市场价格 P_1 低于均衡价格 P_0，厂商有亏损。这时厂商是否生产则取决于平均可变成本 AVC 的状况。价格 P_1 所决定的需求曲线 D 与 AVC 相交于 E_1，E_1 就是停止营业点。这就是说，当价格为 P_1 时，所得到的收益正好抵偿平均可变成本。因为短期中固定成本是不变的，无论是否生产都要支出，所以，只要收益可以弥补可变成本，厂商就要生产。但如果价格低于 P_1，厂商连可变成本也无法弥补，他就无论如何不能生产了。这就是 E_1 点作为停止营业点的意义。停止营业点是由平均可变成本与价格水平决定的，在这一点上平均可变成本等于价格。

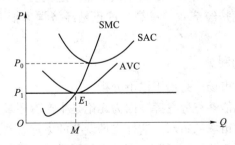

图 4-14　行业状态对厂商均衡的影响

2. 长期特点

在长期中，各个厂商都可以根据市场价格来调整全部生产要素和生产，也可以自由进入或退出该行业。这样整个行业供给的变动就会影响市场价格，从而影响各个厂商的均衡。具体来说，当供给小于需求，价格高时，各厂商会扩大生产，其他厂商也会涌入该行业，从而整个行业供给增加，价格水平下降。当供给大于需求，价格低时，各厂商会减少生产，有些厂商会退出该行业，从而整个行业会供给减少，价格水平上升。最终价格水平达到使各个厂商既无超额利润又无亏损的状态，这时整个行业的供求平衡，各个厂商的产量也不再调整，于是就实现了长期均衡。可以用图4-15来说明这一过程。

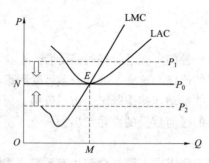

图4-15 完全竞争市场的长期均衡

在图中，LMC是长期边际成本曲线，LAC是长期平均成本曲线。P_1是整个行业供给小于需求时个别厂商的价格，P_2是整个行业供给大于需求时个别厂商的价格。

如上所述，当整个行业供给小于需求时，由于价格高会引起整个行业供给增加，从而价格下降，个别厂商的P_1向下移动。当整个行业供给大于需求时，由于价格低会引起整个行业供给减少，从而价格上升，个别厂商P_2向上移动。这种调整的结果，是需求曲线最终移动到P_0。这时边际成本曲线（LMC）与边际收益曲线（LMR）相交于E点，决定了产量为OM。这时总收益为平均收益乘产量，即图上的$OMEN$。这样，总收益等于总成本，厂商既无超额利润又无亏损，因此，也就不再调整产量，即实现了长期均衡。在E点上，MR = AR = MC = AC。这就是长期均衡的条件。

在理解长期均衡时要注意两点。一是长期均衡的E点就是收支相抵点，这时，成本与收益相等。这说明在完全竞争市场上，由于竞争激烈，长期中厂商无法实现超额利润，只要获得正常利润就是实现了利润最大化。二是实现了长期均衡时，平均成本与边际成本相等，也就是这两条曲线相交时，平均成本一定处于最低点。这就说明了在完全竞争条件下，可以实现成本最小化，从而也就是经济效率最高。这正是经济学家把完全竞争作为最优状态的理由。

（三）完全竞争市场的利弊

经济学家推崇完全竞争市场，是出于以下分析。

第一，市场机制的作用能够充分发挥。因为无论是生产者还是消费者都是市场价格的接受者，因而他们无法形成对市场的垄断，这样市场调节的力量就能得到充分发挥。

第二，竞争会刺激效率不断提高。由于商品都是同质的、无差别的，因此，生产者的竞争就只能是价格竞争，而价格竞争的背后就是成本的竞争。这就促使生产者追求以最小的成本来获得最大的产量。因此，会激励效率不断提高。

第三，消费者主权会得到比较充分的体现。一方面消费者拥有关于商品和市场的充分知识；另一方面，生产者无法垄断市场，而只能展开价格竞争和成本竞争，形成降低价格和成本的压力。这些都有利于消费者权益得到更为充分的实现。

第四，有助于实现资源的优化配置。竞争充分，信息通畅，流动自由，这些条件都有助于资源实现合理的流动和有效的配置。

当然，完全竞争市场也有以下缺陷：

第一，各厂商的平均成本最低并不一定是社会成本最低；

第二，由于产品无差别，消费者的多种需求就不能得到满足；

第三，完全竞争市场上生产者的规模都较小，这样就没有能力去进行重大的科研活动，从而不利于技术发展。

二、完全垄断市场的企业决策的特点

（一）完全垄断市场的条件

完全垄断（perfect monopoly）是由一家厂商控制一个行业的全部供给的市场结构。完全垄断市场的条件主要有以下三点。

第一，市场上只有唯一的一个厂商生产和销售商品。

第二，该厂商生产和销售的商品没有任何相近的替代品。

第三，其他任何厂商进入该行业都极为困难或不可能。

在这样的市场中，排除了任何的竞争因素，独家垄断厂商控制了整个行业的生产和销售，所以垄断厂商可以控制和操纵市场价格。

形成垄断的原因主要有以下四个方面。

第一，政府借助于政权对某一行业进行完全垄断，如许多国家政府对铁路、邮政、供电、供水等公用事业，形成政府垄断；或政府授权某一企业进行生产经营，这样被授权企业就成为独家垄断企业。

第二，独家垄断厂商控制了生产某种产品的全部资源或基本资源的供给。这种对生产资源的独占，排除了经济中其他厂商生产同种产品的可能性。

第三，独家厂商拥有生产某种商品的专利权，这便使得独家厂商可以在一定时期内垄断该产品的生产。

第四，自然垄断。有些行业的生产具有这样的特点，生产的规模效益需要在一个很大的产量范围和相应巨大的资本设备的生产运行水平上，才能得到充分的体现，以至于只有在整个行业的产量都由一个企业生产时，才有可能达到这样的生产规模。而且只要发挥这一企业的规模生产能力，就可以满足整个市场对这一产品的需求。在这类产品生产中，行业内总会有某个厂商凭着雄厚的经济实力和其他优势，最先达到这一生产规模，从而垄断了整个行业的生产和销售，这就是自然垄断。

与完全竞争市场一样，在现实经济生活中，完全垄断市场几乎是不存在的。如果完全竞争市场被认为是效率最高的，按此标准，完全垄断市场就是效率最低的市场。

（二）完全垄断市场下企业的决策特点

在完全垄断市场，由于垄断行业中只有一个厂商，所以垄断厂商所面临的需求曲线就是市场需求曲线。厂商可根据市场供求状况，遵循"价高少销，价低多销"的原则来规定商品价格。

在短期内，垄断厂商无法改变生产要素的投入量，他在既定的生产规模下，是通过对产量和价格的同时调整来实现 MR = MC 的利润最大化原则的。

在完全垄断条件下，厂商的短期均衡与长期均衡是一致的。因为，完全垄断是独家垄断，拥有充分的价格制定权。厂商为追求利润最大化，可以调整价格，选择是高价少销还是低价多销，而不必调整规模。其他厂商也无法涉足这一行业。所以，垄断厂商的均衡条件始终都是边际收益等于边际成本，无论长期还是短期，都有超额垄断利润存在。

（三）垄断厂商的价格歧视与垄断利润

以上的分析是假定垄断厂商根据市场需求来调整其产量，这时市场价格是同一的。在这种情况下，垄断厂商也就只能获得正常利润了。

但是完全垄断厂商是一家厂商垄断整个市场，所以，他就可以依靠自己的完全垄断地位，通过价格歧视，即在同一时间内对同一种产品向不同的购买者索取不同的价格，从而就可以在某些情况下获得垄断利润。

1. 实行价格歧视的前提

实行价格歧视是为了获得超额利润，要使价格歧视得以实行，一般要具备以下三个条件。

第一，市场存在不完善性。当市场不存在竞争，信息不畅通，或者由于种种原因被分割时，垄断者就可以利用这一点实行价格歧视。

第二，各个市场对同种产品的需求弹性不同。这时垄断者就可以利用这一点实行价格歧视。

第三，能有效地把不同市场之间或市场的各部分之间分开。如在电力行业中，只有把工业用电网与农业用电网分开才能实行不同的价格。

2. 价格歧视的类型

一般根据价格差别程度把价格歧视分为以下三种类型。

第一，一级价格歧视，又称完全价格歧视。这就是，假设垄断者了解每一个消费者为了能购进每一单位商品所愿意付出的最高价格，并据此来确定每一单位产品的价格。完全价格歧视就是每一单位产品都有不同的价格。例如，一个医生可以对每个患者征收不同的医疗费就是这种情况。在这种情况下，消费者剩余就全部转换为垄断者获得的超额利润。

第二，二级价格歧视。这就是，垄断厂商了解消费者的需求曲线，把这种需求曲线分为不同段，根据不同购买量确定不同的价格。例如，电力部门对一定量电力实行一种价格，对再增加的电力实行另一种价格。在这种情况下，垄断厂商可以把部分消费者剩余转变为超额利润。

第三，三级价格歧视。这就是，垄断厂商对不同市场的不同消费者实行不同的价格。例如，电力部门对工业用电与民用电实行不同的价格。在这种情况下，就可以在实行高价格的市场上获得超额利润，即把这个市场上的消费者剩余转为超额利润。

（四）完全垄断市场的利弊

一般认为，完全垄断对经济是有害的。其原因如下。

第一，在完全垄断下，垄断厂商可以通过高价少销来获得超额利润，这样就会使资源无法得到充分利用，引起资源浪费；

第二，垄断厂商控制了市场，也就控制了价格，他所定的价格往往高于完全竞争时的价格，这就引起消费者剩余的减少和社会经济福利的损失；

第三，垄断利润的存在是垄断厂商对整个社会的剥削，这就引起收入分配的不平等；

第四，垄断的存在有可能阻碍技术进步。正因为这样，完全垄断被认为是一种不利于社会进步的状态。

但是，对完全垄断市场也要做具体分析。有些完全垄断，尤其是政府对某些公用事业的垄断，并不以追求垄断利润为目的。这些公用事业往往投资大，投资周期长而利润率低，但它又是经济发展和人民生活所必需的。这样的公用事业由政府实行完全垄断，会对全社会带来好处。当然，由政府完全垄断这些公用事业，往往也会由于官僚主义而引起效率低下。另外，对于完全垄断下的技术进步问题，也要有一个具体分析。有一种意见认为，垄断厂商具有更雄厚的资金和人力，从而能更有力地促进技术进步。从近年来的事实看，这种观点似乎更有道理。

完全竞争与完全垄断都是经济中少见的情况，现实中普遍的是竞争与垄断不同程度的结合。

三、垄断竞争市场下企业的决策特点

（一）垄断竞争市场的条件

垄断竞争（monopolistic competition）是指一种既有垄断又有竞争，既不是完全竞争又不是完全垄断的市场结构。这一市场存在的条件如下。

第一，厂商的数量比较多。厂商彼此之间有竞争，每个厂商由于各自拥有在某些方面的独占优势，因而对自己产品的价格具有一定的控制力量，但由于竞争比较激烈而不能形成控制市场的共谋。

第二，产品之间存在差别，即产品在品种、质量、外观、品牌等方面存在着差别；此外在企业形象、服务质量、地理位置以及资源占有条件等方面也存在差别。产品差别是形成垄断竞争的关键。由于存在这些差别，或者可以造成这些差别，企业就可以展开非价格竞争，使企业在一定程度上成为价格的制定者；同时，企业可以利用差别形成垄断。产品差别越大，垄断程度就越高。但是，由于存在着大量的替代品，市场的进入也比较自由，因而在这个类型的市场中，竞争还是居于主导地位。

第三，由于厂商规模比较小，厂商进入或退出市场比较容易。在现实中，垄断竞争普遍存在于服务业和零售业。

根据垄断竞争的特点，经济学家提出了企业集团的概念。因为，在完全竞争和完全垄断市场中，行业的含义是很明确的，它是指生产同一种无差别产品的厂商的总和。而垄断竞争市场，产品判别这一重要特点使得上述意义上的行业不存在。为此，在垄断竞争理论中，把市场上大量的、非常接近的、同种产品的厂商的总和称作生产集团，如快餐店集团、汽车修理业集团等。

（二）企业的决策特点

由于垄断竞争厂商可以在一定程度上控制自己产品的价格，即通过改变自己所生产产品的数量来影响商品的价格，所以，类似于垄断厂商可以通过控制产量来左右价格。所不同的是，由于各个垄断竞争厂商的产品相互之间都有很接近的替代性，市场中的竞争因素又使得垄断竞争厂商不可能完全垄断。下面来分析垄断竞争厂商变动价格的两种情况，不同的情况会形成不同的需求曲线。

第一种情况是，一个厂商单独变动价格，而该行业的其他厂商都不变动价格。如果该厂商降价，不仅能够使自己原有的顾客增加需求量，而且能够把其他厂商的顾客也吸引过来，该厂商的销售量会有大幅度的增加。如果该厂商提高自己产品的价格其结果与降价相反，会使自己的销售量大幅度减少。

第二种情况是，一个厂商变动价格时，本行业中的其他厂商也对价格作同样的变动。这时一家厂商降价或提高价格所引起的销售量的变动，都会因其他厂商的同步反应而被部分抵消甚至全部抵消。无论是降价引起的销售量增加的幅度，还是提价引起的销售量减少的幅度，都小于厂商单独变动价格时的幅度。

1. 短期特点

在短期中，每一个生产有差别产品的厂商，都可以在部分消费者中形成自己的垄断地位，处于完全垄断状态。这样，垄断竞争市场上的短期均衡与完全垄断市场上相同，其均衡条件是 $MR = MC$，并且存在超额利润。

2. 长期特点

由于垄断竞争市场厂商的进入与退出比较容易，因此，如果这一市场中的厂商能够获得超额利润，这样，一方面会导致原有厂商扩大生产规模，另一方面会吸引新的厂商进入该行业。随着供给量的增加和竞争的加剧，会造成价格下降，直至下降到等于长期平均成本的水平。这时，超额利润不存在，只存在正常利润。新的厂商不再进入，原有的厂商保持原有生产规模不变。竞争导致 $P = LAC$，导致零利润，从而形成长期均衡，这一点与完全竞争市场是相似的。

垄断竞争下厂商长期决策的原则是：$MR = MC$；$LAC = AR$，即边际收益等于边际成本，长期平均成本等于平均收益。

（三）垄断竞争市场的利弊

可以把垄断竞争市场与完全竞争和完全垄断市场相比。

首先，从平均成本来看，垄断竞争市场上平均成本比完全竞争时高，这说明垄断竞争时由于有垄断的存在，生产要素的效率不如完全竞争时高。但这时的平均成本一般又低于完全垄断，说明由于有竞争的存在，生产要素的效率又比完全垄断时高。

其次，从价格来看，即使在长期中，垄断竞争时的价格也高于完全竞争，因为这时平均成本是高的。对消费者来说，付出高于完全竞争时的价格，得到的是丰富多彩各具特色的产品，可以满足不同的要求。但垄断竞争时的价格又低于完全垄断，因为这时的价格不是由垄断者决定的垄断价格，而是由市场竞争形成的价格。

最后，从产量来看，垄断竞争时的产量一般要低于完全竞争时而高于完全垄断时，这说明垄断竞争下资源的利用程度不如完全竞争时但优于完全垄断时。

在分析垄断竞争时，还要注意以下两点。

第一，垄断竞争有利于鼓励进行创新。因为厂商可以通过生产与众不同的产品在短期内获得垄断地位以及超额利润，从而激发了厂商进行创新的内在动力和愿望。而长期中的竞争又使这种创新的动力持久不衰。

第二，在垄断竞争下，会使销售成本，主要是广告成本增加。广告竞争是垄断竞争市场的一大特色。各厂商要使自己的产品成为有特色的产品，必须进行广告宣传。广告对生产和消费有促进作用，但同时也增加了销售成本，增加了总成本和平均成本。

经济学家们认为，垄断竞争从总体上看是利大于弊的。而在现实中，垄断竞争也是一种普遍存在的市场结构。

四、寡头垄断市场下企业的决策

（一）寡头垄断市场及其特征

寡头垄断（oligopoly）就是少数几家厂商垄断了某一行业的市场，控制了这一行业的供给。在这种市场上，几家厂商的产量在该行业的总供给中占了很大的比例，每家厂商的产量都占有相当大的份额，从而，每家厂商对整个行业价格与产量的决定都有举足轻重的影响。而这几家厂商之间又存在着不同形式的竞争。

寡头垄断市场不受产品差别的影响，生产无差别产品的寡头称为纯粹寡头（如钢铁、石油行业的寡头），生产有差别产品的寡头称为差别寡头（如汽车、香烟、造船等行业的寡头）。

寡头垄断市场在经济中占有十分重要的地位。如在美国，钢铁、汽车、炼铝、石油、飞机制造、机械、香烟等重要行业都是寡头垄断市场。这些行业中大都有四五家公司的产量占全行业产量的70%以上。在日本、欧洲等经济发达国家也存在着同样的现象。

为什么在钢铁、汽车、造船这类重工业行业中寡头垄断是最普遍的呢？上述行业有一个基本特点，就是这类产品只有在大规模生产时才能获得好的经济效益。因为这些行业都要使用先进的大型设备，要有精细的专业分工，这样，在开始投资时所需的资金十分巨大，只有在产量达到一定规模后，平均成本才会下降，生产才是有利的。也就是说，在这些行业中规模经济特别明显。这些行业中每个厂商的产量都十分大，这就决定了只要几家厂商存在，他们的产量就可以满足整个市场的需求。此外，进入这一市场所需的巨额资本，也使其他厂商很难进入这一行业，与这一行业中已有的几家大厂商进行竞争，而已有的几家寡头也要运用各种方法阻止其他厂商的进入。因此，应该说，寡头垄断的形成首先是某些产品的生产与技术要求决定的；此外，这些寡头本身所采取的种种排他性措施，以及政府对这些寡头的扶植与支持，也促进了寡头垄断市场的形成。

寡头垄断市场具有其他市场结构所没有的一个重要特征：几家寡头之间的相互依存性。在完全竞争与垄断竞争市场上，厂商数量很多，厂商之间也没有什么密切的联系。完全垄断市场上，只有一家厂商，并不存在与其他厂商关系的问题。在完全竞争与垄断竞争市场上，各厂商都是独立地做出自己的决策。在寡头垄断市场上，厂商数量很少，每家厂商都占有举足轻重的地位。他们各自在价格上或产量方面决策的变化都会影响整个市场和其他竞争者的行为。因此，寡头垄断市场上各厂商之间存在着极为密切的关系。每家厂商在做出价格与产量的决策时，不仅要考虑到本身的成本与收益情况，而且要考虑到这一决策对市场的影响，以及其他厂商可能做出的反应。这就是寡头之间的相互依存性。

寡头之间的这种相互依存性对寡头垄断市场的均衡具有至关重要的影响。

首先，在寡头垄断市场上，很难对产量与价格问题做出像其他三种市场那样明确的答案。这是因为，各个寡头在做出价格和产量决策时，都要考虑到竞争对手的反应，而竞争对手的反应可能是多种多样的。在各寡头都保守自己的商业秘密的情况下，这种反应很难捉摸。这就使价格与产量问题难以确定。

其次，价格和产量一旦确定之后，就具有相对稳定性。这也就是说各个寡头由于难以捉摸对手的行为，一般不会轻易变动已确定的价格与产量水平。

最后，各寡头之间的相互依存性，使他们之间更容易形成某种形式的勾结。但各寡头之间利益又是矛盾的，这就决定了勾结并不能代替或取消竞争，寡头之间的竞争往往会更加激烈。这种竞争有价格竞争，也有非价格竞争，如通过广告进行竞争等。

（二）寡头垄断市场下企业决策的特点

1. 产量决策

各寡头之间有可能存在相互之间的勾结，也有可能没有勾结，在这两种情况下，产量的决定是有差别的。

当各寡头之间存在相互勾结时，产量是由寡头之间协商确定的。协商的结构有利于谁，取决于各寡头的实力。这种协商可能是对产量的限定（如石油输出国组织对各产油国规定的限产数额），也可能是对销售市场的瓜分，即不规定具体产量的限制，而是规定各寡头的市场范围。当然，这种勾结往往是暂时的，当各寡头的实力发生变化之后，就会要求重新瓜分市场或确定产量，从而引起激烈的竞争。

在不存在勾结的情况下，各寡头是根据其他寡头的产量决策来调整自己的产量，以达到利润最大化的目的。对这种情况，我们用双头理论来说明。

双头理论又称古诺模型（Cournot model）。法国经济学家古诺在1838年提出双寡头模型，假定市场上有两个寡头A与B，他们都是根据对手的产量决策来调整自己的产量决策。再假定不考虑生产费用问题，市场需求曲线是一条向右下方倾斜的直线。我们用图4-16来说明这两个寡头的产量决定。

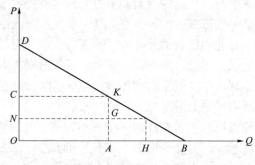

图4-16 两个寡头的产量决定

在图中，横轴代表产量，纵轴代表价格，D为需求曲线，在不考虑生产费用的情况下，当产量为OB时，价格为零。在开始时，市场上只有A寡头，其价格为AK，供给产量为OA，$OA = \frac{1}{2}OB$，这时A寡头可获得最大收益（代表总收益的$OAKC$为直角三角形OBD的最大内接长方形）。当B寡头加入该市场后，他要根据A寡头所确定的产量来确定自己的产量。根据同样道理，B寡头生产A寡头所剩余的AB的一半可获得最大的收益，即B寡头的产量应该为AH。当B寡头加入后，总供给增加到OH，于是，价格下降为ON。这时，A寡头在仍然生产OA产量时，总收益减少为$OAGN$。这样，A寡头就要根据B寡头产量为AH这一事实来调整自己的产量,即 A 寡头的产量应调整为 $\frac{1}{2}(OB - AH)$,$\frac{1}{2}OB > \frac{1}{2}(OB - AH)$,A 寡头的产量减少了。于是,B 寡头又要根据 A 寡头产量减少这一事实来增加自己的产量。这种调整产量的过程会一直进行下去,直至两个寡头的产量相等时为止。这时,总供给量将为 $\frac{2}{3}OB$,每个寡头各为 $\frac{1}{3}OB$。

由此还可以推出,当市场上有三个寡头时,总供给量将为 $\frac{3}{4}OB$,每个寡头各为 $\frac{1}{4}OB$。以此类推,当市场上有 n 个寡头时,总供给量应为 $\frac{n}{n+1}$,每个寡头的供给量应为总产量的 $\frac{1}{n+1}$。

分析寡头市场,只有根据假设。假设不同,解也就不同。因此,在西方经济学中,存在着众多的对寡头市场的解,双头理论只是其中之一。

2. 寡头垄断市场上价格的决策

寡头垄断市场上价格的决定要区分存在或不存在勾结。在不存在勾结的情况下,价格决定的方法是价格领先制和成本加成法。在存在勾结的情况下则是卡特尔。

1) 价格领先制

又称价格领袖制,指一个行业的价格通常由某一寡头率先制定,其他寡头追随其后,确定各自的价格。如果产品是无差别的,价格变动幅度可能相同;如果产品是有差别的,则价格变动可能相同,也可能不同。

作为价格领袖的寡头厂商一般有以下三种情况。

第一,支配型价格领袖。领先确定价格的厂商是本行业中最大的、具有支配地位的厂商。他在市场上占有份额最大,因此,对价格的决定举足轻重。他根据自己利润最大化的原则确定产品价格,其余规模较小的寡头则根据这种价格来确定自己的价格和产量。

第二,效率型价格领袖。领先确定价格的厂商是本行业中成本最低从而效率最高的厂商。他对价格的确定也使其他厂商不得不随之变动。

第三,晴雨表型价格领袖。这种厂商在本行业中,不一定是规模最大,效率最高,但他在掌握市场行情或其他信息方面明显优于其他厂商。这家厂商价格的变动实际是传递了某种信息。因此,他的价格在该行业中具有晴雨表的作用,其他厂商会参照这一价格变动而调整自己的价格。

2) 成本加成法

这是寡头垄断市场上一种最常用的方法,就是在估算的平均成本的基础上加一个固定百分率的利润。平均成本可以根据长期中成本变动的情况来定,而利润比率要参照全行业的利润率情况确定。这种定价方法可以避免各寡头之间由于价格竞争而两败俱伤,使价格相对稳定。

3) 卡特尔

各寡头之间进行公开的勾结,组成卡特尔,协调他们的行动,共同确定价格。例如,石油输出国组织就是这样一个国际卡特尔。卡特尔共同制定统一的价格,为了维持这一价格还必须对产量实行限制。但由于各卡特尔成员之间的矛盾,有时达成的协议也很难兑现,或引起卡特尔解体。在不存在公开勾结的卡特尔情况下，各寡头还通过暗中勾结（又称默契）来确定价格。

（三）寡头垄断市场的利弊

寡头垄断在经济生活中是十分重要的。一般认为，它具有两个明显的优点。

第一，可以实现规模经济，从而降低成本，提高经济效益。

第二，有利于促进技术进步。各寡头为了在竞争中取胜，就要提高生产率创造新产品，这就成为寡头厂商进行技术创新的动力。此外，寡头厂商实力雄厚，可以用巨额资金与人力进行科学研究。如微软公司的研究机构，成为微软开发新产品的最重要基地。

但是，寡头垄断市场也会由于寡头之间的勾结，抬高价格，而损害消费者的利益和社会经济福利。

◇ **同步检测（单项选择题）**

1. 根据完全竞争市场的条件，下列哪个行业最接近完全竞争行业？（　　）
   A. 自行车行业　　　　　　B. 玉米行业
   C. 糖果行业　　　　　　　D. 服装行业

2. 如果在厂商的短期均衡产量上，AR 小于 SAC，但大于 AVC，则厂商（　　）。
   A. 亏损，立即停产　　　　B. 亏损，但继续生产
   C. 亏损，生产或不生产都可以　　D. 获得正常利润，继续生产

3. 在厂商的停止营业点上，存在（　　）。
   A. $AR = AVC$　　　　　　B. $P = AVC$
   C. 总亏损等于 TFC　　　　D. 以上说法都对

4. 当一个完全竞争行业实现长期均衡时，每个企业（　　）。
   A. 都实现了正常利润　　　B. 超额利润都为零
   C. 行业中没有任何厂商再进入　　D. 以上说法都对

5. 在垄断厂商的短期均衡时，垄断厂商可以（　　）。
   A. 亏损　　　　　　　　　B. 利润为零
   C. 获得利润　　　　　　　D. 上述情况都可能存在

6. 在完全竞争的条件下，如果某行业的厂商的价格等于平均成本，那么（　　）。
   A. 原有厂商退出这个行业　　B. 既没厂商进入也没厂商退出这个行业
   C. 新的厂商进入这个行业

7. 完全竞争和完全垄断的区别之一是（　　）。
   A. 竞争厂商无法取得最大利润，垄断厂商可以取得最大利润
   B. 竞争厂商按一定价格出售他们愿意出售的商品，垄断厂商要出售更多的商品就只能接受较低的价格
   C. 竞争厂商的商品的需求弹性小于垄断厂商的商品的需求弹性

8. 古诺模型表述的是（　　）市场结构下产量决定的模型。
   A. 完全竞争　　　　　　　B. 寡头竞争
   C. 完全垄断　　　　　　　D. 垄断竞争

案例分析训练

案例1　这个订单该不该接？

某矿山机械厂,生产任务严重不足,面临停工停产。此时有客户欲订购55 000吨小钢锭,但提出价格不能高于370元/吨。按该厂原来的统计资料,每吨小钢锭的成本为382元,其中固定成本为82元/吨,变动成本为300元/吨。很显然,订单价格低于企业产品的成本。所以,企业管理层对于接不接这个订单意见不统一:厂长为首的部分高管层主张接受这个订单,理由是"有活干比没活干强,有活干人好管,没活干人心散",况且订单要货的量比较大,如果堵住平时的浪费,精打细算成本有可能降下来,最后可能亏不了那么多;高管层中另一部分人有反对意见,"我们干了活儿、出了力,赔本落吆喝,不能接这个订单"。后来厂长力排众议,拍板接受了该订单。

问题与讨论:

利用本章所学的经济学原理分析厂长这个拍板对不对?为什么?

案例2　本土运动品牌从顶峰跌入低谷,调整后再创佳绩

由于2008年奥运会的召开,国内的运动品牌销售火热,发展势头好,当时很多公司乐观估计了2008年奥运会带来的消费热情,盲目扩张导致店铺数目急剧增加。大肆的扩张导致库存居高不下,营业收入及净利润均下降,到2012年,大量店铺关闭。2012年上半年披露李宁关闭门店数量达1 200家;匹克体育则在2012年前三季度关闭门店1 067家;中国动向店铺关闭569家;安踏体育关闭店铺110家;361°四季度关闭店铺96家;特步关闭店铺80~100家。

从2008年的奥运会到2012年的大库存,国内六大运动品牌在5年中经历了由行业顶峰到行业低谷的遭遇,企业开始有意识地进行调整。以李宁为例,2010年营业额巅峰高达95亿元,但仅仅三年之后,2013年营业额就只剩下52亿元,几乎腰斩。关闭亏损门店的同时,李宁开始重新定位产品:品牌上,李宁从打广告变成了用产品说话;经营方式上,李宁从加盟转向直营,增加直营比例。2017年,李宁集团的副总裁洪玉儒就提出了李宁转型的新方向,要做潮流的、时尚的、针对年轻群体的运动品牌。2018年李宁减少了广告宣传上的费用,增加了研发的费用,并推出智能跑鞋、智能足球等新产品。李宁于2015年扭亏为盈,2017年实现营业额88.74亿元,2018年营业额突破百亿元。

问题与讨论:

1. 是什么原因导致运动品牌跌入低谷?
2. 李宁的营业额从95亿元跌到52亿元的时期,李宁处于规模报酬的哪个阶段?
3. 如何尽可能地避免这一阶段的发生?

案例3　廉价航空的盈利

廉价航空又称为低成本空运或免服务航空,是指那些通过取消或降低一些传统的航空乘客服务,严格控制营运成本,从而可以长期大量提供便宜机票的航空公司,有的航班票价甚至比火车票还低。1971年,美国西南航空公司最早创建了"廉价航空公司"的经营模式,

并在实践中取得了令人瞠目结舌的成绩。它的经营特点是选择客流量大的中短程航线并取消一些传统空乘服务,使机票价格低于其他主流航空公司而受到很多旅客的欢迎。在美国西南航空的影响下,这种模式在短时间内被各个航空公司复制,廉价航空开始席卷全球。2004年5月26日,一家改变了我国民航业格局的民营航空公司在上海诞生,将廉价航空带到了我国,它就是春秋航空公司。春秋航空公司在开航后的首个年度就实现了盈利;2007年经营业绩大幅上涨,实现盈利7 000多万元,在2011年实现5亿元的盈利。持续的盈利使得春秋航空公司被资本市场看好,2015年1月21日,春秋航空公司在上海证券交易所挂牌上市。

春秋航空公司将目标客户定位于对舒适性要求不高、对低票价特别青睐的消费者上面。在降低成本上面,采取相应的"两高"和"两低"策略。

1. "两高"——高客座率与高飞机日利用率

高客座率:在机队扩张、运力增加的情况下,春秋航空公司始终保持较高的客座率水平。

高飞机日利用率:春秋航空公司成本结构中固定成本占主营业务成本的比重约为30%,其中飞机占固定成本的比重最高,因此,公司采取了科学的方法,合理安排飞机航线,增加飞机的利用率,摊薄固定成本。

2. "两低"——低销售费用与低管理费用

低销售费用:春秋航空公司的机票订单大都来自公司官方网站,几乎不通过机票代理或旅行社之类的中介机构销售,这样可以大大降低公司的销售代理费用,增加利润。

低管理费用:尽管是廉价航空公司,但春秋航空公司在飞行安全、运行品质和服务质量等方面跟非廉价公司相差无几。在降低管理费用方面,不会以牺牲安全、服务和口碑为代价,而是通过租用临近郊区、交通相对来说不是特别发达的机场的资源与服务的方式降低日常管理费用。同时,由于采购的都是同一机型,飞行员的培训费用及飞机的维护修理费用都可以大为降低。同时通过严格的预算管理、科学的绩效考核以及严格控制人机比,大力降低管理人员的人力成本和日常费用。春秋航空公司的低成本航空产品,究其本质是民航产品的层次化、差异化。通过市场开发,寻找潜在顾客,增加新的销售渠道,采取新的促销手段等,充分发挥其功能、价格等方面的优势,大力开拓新的顾客层或新的地域市场。以差异求客户,以差异降成本,以差异做特色。开拓了低成本航空在中国的广阔市场。

问题与讨论:

1. 解释廉价航空采取的经营策略是什么?是如何吸引消费者的?
2. 廉价航空是如何降低固定成本和可变成本的?

案例4 农村春联市场,完全竞争的缩影

贴春联是中国民间的一大传统,春节临近,春联市场红红火火,而在农村,此种风味更浓。经调查发现,在某农贸市场的春联销售中,需求者为7个村庄的5 000多农户,供给者为70多家零售商,市场中存在许多买者和卖者;供应商的进货渠道大致相同,且产品的差异性很小,产品具有高度同质性(春联所用纸张、制作工艺相同,区别仅在于春联所书写内容的不同);供给者进入退出没有限制;农民购买春联时的习惯是逐个询价,最终决定购买,信息充分;供应商的零售价格水平相近,提价基本上销售量为零,降价会引起利润损失。原来,我国有着丰富文化内涵的春联,其销售市场结构竟是一个高度近似的完全竞争市场。

问题与讨论：
该春联市场有哪些符合完全竞争市场的特征？

▷ **训练题**

一、概念匹配题

1. 机会成本（　　）
2. 完全竞争（　　）
3. 市场结构（　　）
4. 生产要素（　　）
5. 生产函数（　　）
6. 技术系数（　　）
7. 不变投入（　　）
8. 可变投入（　　）
9. 边际产量（　　）
10. 边际收益递减规律（　　）

A. 生产中所使用的各种资源，即劳动、资本、土地与企业家才能

B. 一定技术水平之下、生产要素的数量与某种组合和它所能生产出来的最大产量之间依存关系的函数

C. 在所考察的一段时间内生产要素数量不随产量的变化而变化的投入，如机器、厂房等

D. 为生产一定量某种产品所需要的各种生产要素的配合比例

E. 因生产某种产品或劳务而放弃在最有效的其他方面使用该资源所造成的损失

F. 影响企业行为和表现的市场组织的特征

G. 竞争完全不受任何阻碍和干扰的市场结构

H. 在所考察的这段时间内生产要素数量随产量的变化而变化的投入，如原料、劳动等

I. 在技术水平不变的情况下，当把一种可变的生产要素投入一种或几种不变的生产要素中时，最初这种生产要素的增加会使产量增加，但当它的增加超过一定限度时，增加的产量将要递减，最终还会使产量绝对减少

J. 某种生产要素增加一单位所增加的产量

二、判断题

1. 有了劳动、资本、土地就可生产出产品。（　　）
2. 如果边际产量递减，那么平均产量一定也是递减的。（　　）
3. 当平均产量达到最大时，总产量就会达到最大。（　　）
4. 当企业在每一投入上花费的资金数量相同时，就可达到生产均衡点。（　　）
5. 企业产量最大时，就可以实现利润最大化。（　　）
6. $MP_K/P_K > MP_L/P_L$ 说明为了增加利润必须增加 L。（　　）
7. 等产量线是说明在不同的技术系数之下可以生产相同的产量。（　　）
8. 等成本线是一条表明在生产者的成本与生产要素价格既定的条件下，生产者所能购买到的两种生产要素数量的最大组合的线。（　　）

9. 等成本线与产量线中的切点就是生产要素最佳组合点或生产者的均衡点。（　　）
10. 经济学中短期、长期是指时间的长短。（　　）
11. 补偿固定资本损耗的折旧费是可变成本。（　　）
12. 隐性成本就是没有发生的成本。（　　）
13. 付给工人的加班费是可变成本。（　　）
14. 总成本在长期内可以划分为不变成本和可变成本。（　　）
15. 在总收益等于总成本的时候，厂商的正常利润为零。（　　）
16. 在生产经营过程中使用了自有的土地，则土地费用计入显性成本。（　　）
17. 对于一个完全竞争的厂商来说，其边际收益与市场价格是相同的。（　　）
18. 垄断厂商在短期或长期都有可能获得最大利润。（　　）
19. 垄断厂商把价格定得越高，他所得到的利润额就越大。（　　）
20. 不论是完全竞争还是垄断竞争，厂商在长期里得到的只能是正常利润。（　　）
21. 非价格竞争包括广告、更好的服务和厂商向消费者提供其他便利。（　　）
22. 产品具有独特的差异性是垄断竞争市场结构中厂商确定垄断地位的基础。（　　）
23. 寡头垄断厂商之间的产品都是有差异的。（　　）
24. 个体户也是厂商。（　　）
25. 公司制企业是现代企业最重要的组织形式。（　　）
26. 规模经济现象仅存在于企业内部。（　　）
27. 在长期中只有可变成本，没有固定成本。（　　）
28. 长期总成本是厂商在每一产量水平上选择最优生产规模所能达到的最低总成本。（　　）
29. 厂商增加一单位产量时所增加的总成本是平均成本。（　　）
30. 在完全竞争市场上，广告是有效的竞争手段。（　　）
31. 市场结构是指市场的垄断与竞争程度。（　　）
32. 由于寡头之间可以相互勾结，所以他们之间不存在竞争。（　　）

三、单项选择题

1. 对生产过程进行组织与管理的生产要素是（　　）。
   A. 劳动　　　　　B. 土地　　　　　C. 资本　　　　　D. 企业家才能
2. 一种可变投入的合理投入区域在（　　）。
   A. 第Ⅰ区域　　　B. 第Ⅱ区域　　　C. 第Ⅲ区域　　　D. 不存在
3. 在生产过程中，可以增加和减少的生产要素是（　　）。
   A. 不变投入　　　B. 减少的收益　　C. 可变投入　　　D. 增加的收益
4. 下面哪个可能是厂商选择的短期调整？（　　）
   A. 扩大已存在的工厂规模　　　　　B. 雇用工人以加长工作时间
   C. 改变种庄稼的品种　　　　　　　D. 关闭生产设备
5. 当厂商的要素组合出现了 $MP_K/P_K > MP_L/P_L$ 时，厂商的调整方向应该是（　　）。
   A. 减少资本　　　　　　　　　　　B. 增加劳动
   C. 增加劳动和资本　　　　　　　　D. 减少劳动
6. 对于生产函数 $Q = f(L, K)$ 和成本方程 $C = P_L Q_L + P_K Q_K$ 来说，在最优的生产要素组合点上应该存在（　　）。

　　A. 等产量线与等成本线相切　　　　B. $MP_L/P_L = MP_K/P_K$

　　C. $MRTS_{LK} = P_L/P_K$　　　　　　D. 上述说法都对

7. 当某企业雇用第 8 个工人时，每天的产量从 100 单位增加到 110 单位，当雇用第 9 个工人时，每天的产量从 110 单位增加到 118 单位，这种情况是（　　）。

　　A. 边际收益递减　　　　　　　　　B. 边际效用递减

　　C. 边际成本递减　　　　　　　　　D. 规模收益递减

8. 在一个超市中，最可能是可变成本的是（　　）。

　　A. 保险费　　　　B. 货柜款　　　　C. 银行借款利息　　　　D. 收款员的工资

9. 平均成本减去平均不变成本等于（　　）。

　　A. 平均可变成本　　B. 边际成本　　C. 平均边际成本　　D. 不变成本

10. 边际成本是指（　　）。

　　A. 厂商支付给生产要素所有者报酬的成本

　　B. 厂商自己拥有的生产要素的报酬

　　C. 平均每单位产量所花费的成本

　　D. 每增加一单位产量所引起的总成本的增量

11. 固定成本是指（　　）。

　　A. 购进生产要素时支付的成本　　　B. 即使停止生产也必须支付的成本

　　C. 要增加产量所要增加的成本　　　D. 在长期中也会存在的成本

12. 假如总产量从 1 000 单位增加到 1 002 单位，总成本从 2 000 元上升到 2 020 元，那么边际成本等于（　　）。

　　A. 10 元　　　　B. 20 元　　　　C. 2 020 元　　　　D. 2 000 元

13. 已知产量为 99 单位时，总成本等于 995 元，产量增加到 100 单位时，平均成本等于 10 元，由此可知边际成本等于（　　）。

　　A. 10 元　　　　B. 5 元　　　　C. 15 元　　　　D. 20 元

14. 假如某家厂商的总收益不足以补偿他付出的总可变成本，为了把损失减少到最低程度，他应该（　　）。

　　A. 减少产量　　　B. 停止生产　　　C. 增加产量　　　D. 继续生产

15. 某厂商每年从企业的总收入中取出一部分作为自己所提供生产要素的报酬，这部分资金被视为（　　）。

　　A. 显性成本　　　B. 隐性成本　　　C. 经济利润　　　D. 超额利润

16. 根据完全竞争市场的条件，下列哪个行业最接近完全竞争行业？（　　）

　　A. 自行车行业　　B. 玉米行业　　C. 糖果行业　　D. 服装行业

17. 在 MR = MC 的均衡产量上，企业（　　）。

　　A. 必然得到最大利润

　　B. 不可能亏损

　　C. 必然得到最小的亏损

　　D. 若获得利润，则利润最大；若亏损，则亏损最小

18. 如果在厂商的短期均衡产量上，AR 小于 SAC，但大于 AVC，则厂商（　　）。

A. 亏损，立即停产 B. 亏损，但继续生产
C. 亏损，生产或不生产都可以 D. 获得正常利润，继续生产
19. 在厂商的停止营业点上，存在（ ）。
A. $AR = AVC$ B. $P = AVC$
C. 总亏损等于TFC D. 以上说法都对
20. 当一个完全竞争行业实现长期均衡时，每个企业（ ）。
A. 都实现了正常利润 B. 超额利润都为零
C. 行业中没有任何厂商再进入 D. 以上说法都对
21. 在垄断厂商的短期均衡时，垄断厂商可以（ ）。
A. 亏损 B. 利润为零
C. 获得利润 D. 上述情况都可能存在
22. 在垄断厂商的长期均衡产量上，（ ）。
A. P 大于 LAC B. P 小于 LAC
C. P 等于最小的 LAC D. 以上情况都可能存在
23. 在完全竞争的条件下，如果某行业的厂商的价格等于平均成本，那么（ ）。
A. 原有厂商退出这个行业 B. 既没厂商进入也没厂商退出这个行业
C. 新的厂商进入这个行业
24. 完全竞争和完全垄断的区别之一是（ ）。
A. 竞争厂商无法取得最大利润，垄断厂商可以取得最大利润
B. 竞争厂商按一定价格出售他们愿意出售的商品，垄断厂商要出售更多的商品就只能接受较低的价格
C. 竞争厂商的商品的需求弹性小于垄断厂商的商品的需求弹性
25. 如果某厂商的边际收益大于边际成本，那么，为了取得最大利润（ ）。
A. 在完全竞争条件下应该增加产量，在非完全竞争条件下则不一定
B. 在非完全竞争条件下应该增加产量，在完全竞争条件下则不一定
C. 不论在什么条件下都应该增加产量
26. 某厂商在考虑招聘一名新员工时，厂商更关心劳动的（ ）。
A. 平均产量 B. 总产量 C. 边际产量 D. 平均成本
27. 对于短期生产函数而言，如果厂商的目标是总产量最大化，当边际产量发生递减时应该（ ）。
A. 增加可变生产要素投入量 B. 减少可变生产要素投入量
C. 停止增加可变生产要素投入量 D. 同比例增加各种生产要素投入量
28. 同一等产量线的各点上，（ ）。
A. 要素的组合比例不变 B. 要素的价格不变
C. 产量不变 D. 产量与要素投入量为反比例关系
29. 生产者均衡点是（ ）。
A. 等产量线上的任意一点 B. 等成本线上的任意一点
C. 等产量线与等成本线的交点 D. 等产量线与等成本线的切点
30. 随着产量的增加，固定成本TFC（ ）。

A. 增加　　　　　B. 不变　　　　　C. 减少　　　　　D. 先增后减

31. 随着产量的增加，平均固定成本 AFC（　　）。
A. 先降后升　　　B. 先升后降　　　C. 一直下降　　　D. 一直上升

32. 当产出增加时，LAC 曲线下降，这是由于（　　）。
A. 规模不经济　　　　　　　　　B. 规模经济
C. 边际收益递减规律的作用　　　D. 以上都正确

33. 如果一个企业经历规模报酬不变阶段，则 LAC 曲线是（　　）。
A. 上升的　　　　B. 下降的　　　　C. 垂直的　　　　D. 水平的

34. 长期总成本是各种产量（　　）。
A. 最低成本点的轨迹　　　　　　B. 最低平均成本点的轨迹
C. 最低边际成本点的轨迹　　　　D. 平均成本变动的轨迹

35. 已知等成本与等产量曲线既不相交也不相切，此时，要达到等产量曲线所表示的产出水平，应该（　　）。
A. 增加投入　　　B. 保持原投入不变　　C. 减少投入　　　D. A 或 B

四、多项选择题

1. 边际报酬递减规律所发生作用的前提有（　　）。
A. 生产技术水平不变　　　　　　B. 生产技术水平可变
C. 只有一种可变要素，其他要素不变　　D. 只有一种不变要素，其他要素可变

2. 在生产的经济区域内，（　　）。
A. 等产量曲线的斜率为负　　　　B. 边际技术替代率为正
C. 等产量曲线的斜率为正　　　　D. 边际技术替代率为负

3. 规模报酬递增的原因有（　　）。
A. 专业化程度的提高　　　　　　B. 一些新机器、新设备的运用
C. 管理费用的节省　　　　　　　D. 边际产量递减规律

4. 边际技术替代率（　　）。
A. 是等产量曲线的斜率　　　　　B. 等于两种要素的边际产量之比
C. 是无差异曲线的斜率　　　　　D. 等于两种物品的边际效用之比

5. 等产量曲线凸向原点是因为（　　）。
A. 边际替代递减规律　　　　　　B. 边际报酬递减规律
C. 边际技术替代率递减规律　　　D. 边际消费倾向递减规律

6. 生产者均衡的条件为（　　）。
A. 等产量曲线与等成本线相切
B. 两种要素的边际技术替代率等于其价格之比
C. 两种要素的边际产量与其价格之比相等
D. 两种要素的边际技术替代率与两种要素的边际产量之比相等

7. （　　）都是上大学的机会成本。
A. 学费　　　　　　　　　　　　B. 考研培训费
C. 教材费　　　　　　　　　　　D. 不上大学所能挣的钱

8. （　　）是显性成本。

A. 发行企业债券应支付的利息　　B. 购买零部件所支付的价款
C. 发布广告的费用　　　　　　　D. 雇佣劳动所支付的工资

9. 微观经济学中的短期与长期划分取决于（　　）。
A. 时间长短　　　　　　　　　　B. 是否可调整产量
C. 是否可调整生产规模　　　　　D. 是否存在固定投入

10. 不存在产品差别的市场有（　　）。
A. 完全竞争市场　　　　　　　　B. 垄断竞争市场
C. 寡头垄断市场　　　　　　　　D. 完全垄断市场

五、计算题

1. 表 4-6 是某厂商在资本要素不变的情况下劳动要素逐渐增加时的产量表。

表 4-6　某厂商产量表

L	1	2	3	4	5	6	7
TP_L	10	30	70	100	120	130	135
AP_L							
MP_L							

① 根据表中已给出的数字计算后填空。
② 根据①的计算结果分别画出 TP_L、AP_L、MP_L 曲线。

2. 某厂商生产 50 辆自行车可选择的方法见表 4-7。

表 4-7　某厂商的生产选择方法

要素组合方式	劳动投入量 L	资本投入量 K
A	4	50
B	8	25
C	10	20
D	16	12.5

画出某厂商的等产量线并求出其变动中的 $MRTS_{LK}$。

3. 某出租汽车公司有小轿车 20 辆、大轿车 3 辆。当司机人数分别为 15、20、25、30、35 人时，每月营业收入分别为 110 000 元、117 500 元、122 500 元、125 000 元、126 000 元。问：该公司应聘用多少司机，才能使公司收益最大？

4. 金禹混凝土公司正在考虑一台混凝土搅拌机的技术改造问题。目前该机由两名工人操作，配料速度为 30 m³/h。如果增加一名工人，可使配料速度提高到 40 m³/h。如果不增加工人，而是对机器进行技术改造，则可使配料速度提高到 48 m³/h。该机器技术改造后，估计会使公司成本每年增加 80 000 元（包括折旧费、燃料费和利息支出）。工人的工资为 32 元/h。该公司每年有 300 个工作日，每个工作日按 8 h 计。试问：这搅拌机为了提高配料速度是增加工人合算，还是实行技术改造合算？

5. 金帝巧克力公司的总产量见表 4-8。

表 4-8 金帝巧克力公司的总产量

劳动/（工人数/天）	产量/（盒/天）
1	12
2	24
3	48
4	84
5	132
6	192
7	240
8	276
9	300
10	312

① 计算出劳动的平均产量，并画出平均产量曲线。

② 计算出劳动的边际产量，并画出边际产量曲线。

6. 已知生产函数为 $Q = f(K,L) = KL - 0.5L^2 - 0.32K^2$，若 $K = 10$，

① 写出劳动的平均产量函数和边际产量函数。

② 计算当产量达到最大时企业雇佣劳动的数量及最大产量。

7. 某企业生产某种产品，固定成本为 160 000 元，单位产品变动成本为 10 000 元，每台售价 12 000 元，该产品的盈亏平衡点的产量是多少？

8. 一人租赁一个宾馆，租赁期为两年，租金为 219 万元，一次性支付给出租方。该宾馆有 100 个客房，在正常经营的情况下，每个客房的水电服务人员的工资为 25 元，第一年其客房定价为 65 元/（间·天），正常营业并有利润，但第二年周围环境发生很大变化，定价高于 50 元就无人来住。问：在定价为 50 元/（间·天）时，是否有利润？该经营人如果亏损，是否该停止营业？为什么？

9. 某厂商成本函数为 $TC = 40\,000 + 3Q^2$，单位产品价格 $P = 12\,000$ 元时，利润最大化的产量是多少？

10. 某农场生产 25 000 kg 西红柿的总成本为 30 000 元，生产 30 000 kg 的总成本为 38 000 元，问产量从 25 000 kg 增加到 30 000 kg 的边际成本是多少？如果西红柿的价格为 1.5 元/kg，从 25 000 kg 增产到 30 000 kg 在经济上是否合理？为什么？

11. 在一完全竞争市场中，一小企业的单位产品价格为 1 858 元，其成本函数为 $TC = 2Q^2 + 6Q + 36\,000$，求：

① 利润最大时的产量是多少？

② 此产量下的总收益、总利润和平均成本是多少？

12. 某垄断厂商有一条 $Q = 1\,200 - 2P$ 的需求曲线，它的总成本函数为 $TC = Q^2 + 80\,000$，该厂商的最优产量水平和价格是多少？

第五单元

"一只看不见的手"有何局限性

▷ **知识目标**
- 市场失灵及其主要原因;
- 在市场失灵的情况下"一只看得见的手"的作用;
- 公共物品及公共物品的非排他性和非竞争性;
- 公共物品的提供方式;
- 垄断产生的弊病及反垄断措施;
- 外部性与科斯定理;
- 社会分配均等化的判断方法。

▷ **能力目标**
- 理解并能解释市场失灵的原因;
- 认知并能有意识分析垄断造成的损失;
- 理解并能分析外部性产生的效应;
- 会用基尼系数判断社会分配均等化程度。

▷ **案例导入**

中国古代有所谓"金玉其外,败絮其中"的故事,讲的是商人卖的货物表里不一,由此引申比喻某些人徒有其表。在商品中,有一大类商品是内外有别的,而且商品的内容很难在购买时加以检验,如瓶装的酒类、盒装的香烟、音像制品等。人们或者看不到商品包装内部的样子(如香烟、鸡蛋等),或者看得到,却无法用眼睛辨别产品质量的好坏(如音像制品)。显然,对于这类产品,买者和卖者了解的信息是不一样的,卖者比买者更清楚产品实际的质量情况。这时卖者很容易依仗买者对产品内部情况的不了解欺骗买者。如此看来,消费者的地位相当脆弱,对于掌握了"信息不对称"武器的骗子似乎毫无招架之力。

由于信息不对称,价格对经济的调节就会失灵。比如某商品降价消费者也未必增加购买,消费者还以为是假冒伪劣商品;某商品即使是假冒伪劣商品提高价格消费者还以为只有真货价格才高。这就是市场失灵造成的市场的无效率。

为消除信息不对称,精明的商家想了很多办法。在大商场某一生产鸭绒制品的公司开设了一个透明车间,当场为顾客填充鸭绒被,消除了生产者和消费者之间的信息不对称。

前面单元分析和探讨了市场价格机制的作用,论证了价格机制是如何使得经济运行达到理想的均衡状态,说明"一只看不见的手"是如何的美妙。但是,除了看到市场价格机制对资源配置的有效作用之外,还应看到它不能有效发挥作用的领域和情况,市场价格机制不能有效发挥作用，就是市场失灵。本单元将要探讨市场失灵的含义和原因、对存在市场失灵的领域和现象如公共物品的供给、垄断和外部性逐一进行分析并分别探讨相应的微观规制措施。

项目一　市场失灵

任务一　了解市场失灵及其原因

一、什么是市场失灵

在市场经济社会中，价格是主要的分配机制。价格引导消费者挑选可彼此取代的商品以及资源在不同行业之间的分配。在需求方面，均衡价格反映了消费者对多购买一个单位商品所作的估价；在生产方面，它反映了生产者多生产一单位商品所产生的边际成本。当竞争市场能发挥调节作用时，均衡价格不但使需求量等于供给量，而且使一件商品的边际估价等于边际成本。在完全正常的情况下，可实现资源的最佳配置。因为这时所有市场的边际成本等于边际效益。如果某种商品再多生产一些，那么经济效益就会减少，因为这时商品的边际成本超过边际估价，在资源和技术既定的情况下，会使其他商品产量下降。

虽然价格能促使市场调节商品供给量和需求量，但也会出现价格不能反映消费者边际估价或生产者生产这一商品的边际成本的情形。一个明显的例子是在垄断和寡头市场结构中，企业索取了高于边际成本的价格，市场出现了价格扭曲现象和垄断行业中产量过少。这是典型的"市场失灵"。市场失灵（market failure）就是市场扭曲。它可这样定义：市场价格既不等于该商品的边际社会收益又不等于该商品的边际社会成本。它是一种市场中私人理性无法导致社会理性的情形，即市场自身没有有效率地利用资源的状态。

二、市场失灵的主要原因

（1）对公共物品的享用。人们在享用公共物品时，可以付费，也可不付费。在付费的情况下，也许价格低于边际成本；在不付费的情况下，也难以阻止人们对某些公共物品的享用。在这里，市场机制起不了多大作用。比如，在2016年，随着共享单车的井喷式发展，大量的共享单车乱停乱放，占用了免费的公共道路。这不仅影响了使用其他出行方式人群的利益，也影响了市容市貌。

（2）垄断和寡头的出现。在垄断和寡头的市场结构中，市场没有达到完全竞争，意味着市场价格高于边际成本，垄断企业将生产过少的产品，产生市场失灵。

（3）外部经济与不经济效果的存在。在现实经济活动中，某人或某一企业有些经济活动导致外部其他人得益或受损，而在商品价格中没有正确计入，产生市场失灵，如污染、噪声和不好的生产方法等。

（4）个别人或企业对于商品或职业的安全或特性了解不够。例如，石油化工厂有毒气体的挥发，工人不了解其对身体的危害，只取得较低的工资报酬，从而在产品成本和价格中未能体现，产生市场失灵。

（5）社会有时要优先考虑与经济效率无关的事项，如优先考虑社会后果时，会发生市场失灵现象。

◇ **同步检测（判断题）**
1. 市场失灵是一种市场中私人理性无法导致社会理性的情形。（　）
2. 市场失灵说明"一只看不见的手"不是万能的。（　）
3. 公共物品和垄断会导致市场失灵。（　）

任务二　知道面对市场失灵政府该做什么

市场经济有市场成功的一面，也有市场失灵（市场失败）的一面。不管是公共物品、垄断还是外部性哪一方面原因引发的市场失灵，都意味着有些经济行为无法由市场机制来加以有效调节，一旦市场处于无效率的状态，政府就成为弥补的重要手段。不然，就会导致微观主体行为的失控，很多相关问题无法得到有效解决，一些领域甚至会出现无序的运行状态。在"一只看不见的手"难以有效发挥作用的情况下，就需要发挥好"一只看得见的手"即政府干预经济的作用。

政府对于整个社会经济活动的干预领域可分为宏观和微观两大领域。政府在宏观领域对经济进行干预的行为是宏观调控，需要借助宏观经济政策来加以实施，其目的在于调控市场机制运行所带来的经济周期性波动以及治理周期波动中的失业和通货膨胀，以促使经济持续、稳定地增长。政府对微观领域个体经济活动进行某些限制或管理的干预行为属于微观规制，需要通过微观经济政策来加以实施，其目的是要调节微观经济主体的行为。

◇ **同步检测（判断题）**
1. 在"一只看不见的手"难以有效发挥作用的情况下，就需要发挥好"一只看得见的手"的作用。（　）
2. "一只看不见的手"对微观领域进行某些限制或管理需要通过微观经济政策来加以实施。（　）

项目二　公　共　物　品

任务一　掌握公共物品的特征及分类

一、公共物品的特征

在现代社会里人们消费的主要物品，通常是按市场价格从生产者购买的私人物品（private goods），此外，有不少是属于公共物品或类似公共物品。例如，人们从商店里买的面包、衣服等是以营利为目的的企业生产的，称为私人物品。但人们每天享受的国防、警务、消防、道路、教育、公共卫生等，不一定是花钱从企业那里购买的。这些属于公共物品（public goods），大多数是由政府提供的。对于这些公共物品的提供，市场是无能为力的，或者是失灵的。

我们已经知道，在确定的条件下，一个完全竞争的经济社会可使资源达到最佳配置。它实际上暗示着两个假定。一是假定商品消费的排他性在起作用，即一个人是否能对一种商品进行消费要看他是否能对这种商品支付价格。只有能对商品支付价格的人才能消费商品，不能支付价格的人不能成为消费者。二是假定商品消费的竞争性在这里起作用，即从商品消费中得到的享受归某个消费者，如果某人已消费了某种商品，别人就不能消费这种商品。但并不是所有的物品都具有这两个特征。比如环境的质量和国家安全等，就不是这样。因为人们可不支付代价就享用，而且并不影响其他人享用。这些物品是公共物品。还有一些物品如道路、桥梁、公共卫生等没有上述第二个特征。个人的享受，并不排斥他人的享受。如一座行人不多的桥梁，甲过桥时，并不影响乙通过。这座桥是公共物品。所以，具有排他性（exclusive）和竞争性（competitive）的物品为私人物品；具有非排他性（non-exclusive）和非竞争性（nonrival）的物品是公共物品。公共物品的非排他性指人们不管付费与否，都不能排除他们对该物品的消费；公共物品的非竞争性指一个人对该物品的消费并不影响他人对该物品的消费。

公共物品之所以具有消费中的非排他性的特征，是因为公共物品具有那种不可分性。国防、警务、公共卫生、道路、桥梁等，不能像面包、衣服那样可分割为无数细小的单位，只能作为一个整体为全体社会成员使用。即使最小的工程，如电力、运输产业，其单位规模也是大的。而其产量必须达到价格等于边际成本的境界。但在整个设备运行期间，边际费用是逐步下降的。这意味着价格低于平均成本，经营者将亏损。比如一座桥，一旦建成，所有费用已用完，总成本曲线与平均曲线相同，边际成本为 0，则价格为 0。人们应免费利用这座桥。而且多一个人过桥，不需增加费用。不让任何人过桥，既不节省费用又减少他人的满足感，从而是无效率的。所以谁也不愿意生产这类物品。谁也不愿意付钱去购买本不付钱就能享用的物品。因此，公共物品的供给只能由政府根据社会全体成员的需要来提供。

对于公共物品，市场机制的作用是不大的。即使某些公共物品具有一定的排他性，情况也如此。设想一座由政府收取过路费的桥梁，可阻止那些不付费的人经过，但这样做只会减少社会福利，减少了不付费的人或付不起过桥费的人的满足程度。而有些公共物品，即使人们不付费，也不大可能阻止他们对这些物品的消费。例如国防，不管某人对国防费用的支付是否有贡献，都没有办法阻止他从国防事业中得到好处。所以在许多情况下市场机制是完全不适用的。

二、公共物品的分类

按照公共物品所具有的非竞争性和非排他性的程度不同，公共物品可分为纯公共物品和准公共物品。

纯公共物品（pure public goods）是指具有完全的非竞争性和完全的非排他性的物品。比较典型的纯公共物品是国防，此外，还有外交、法律、法规、灯塔、国家公墓等。

准公共物品（quasi-public goods）是指具有有限的非竞争性和非排他性的物品。准公共物品又可分为两类：自然垄断型公共物品和优效型公共物品。自然垄断型是指与规模经济有密切联系的公共物品，一般属于社会基础设施。此类物品如排水系统、供水系统、铁路运输系统、公路交通系统、天然气煤气系统、电力输送系统等。优效型公共物品是指人们都应该消费或得到的公共物品。此类公共物品如社会卫生保健、中小学教育、传染病免疫措施、必要的娱乐措施等。

准公共物品具有拥挤性。这种拥挤性表现为，在准公共物品的消费中，当消费者的数目增加到一定程度时就达到了拥挤点。在未超过拥挤点范围内，增加新的消费者，不影响原有消费者的效用，也不增加供给成本，也就是增加新的消费者的边际成本为零；但是当超过了拥挤点以后，增加更多的消费者不仅会减少全体消费者的效用，而且会增大供给成本。因此，准公共物品要通过收取一定的费用来进行供给。

◇ 同步检测（单项选择题）

1. 公共物品具有以下特点（　　）。
   A. 竞争性　　　　　　　　　　B. 排他性
   C. 竞争性和排他性　　　　　　D. 非竞争性和非排他性
2. 下列属于纯公共物品的是（　　）。
   A. 公园　　　　B. 高速公路　　　　C. 国家的法律　　　　D. 自来水

任务二　了解公共物品的供给方式

由于在公共物品的供给上市场失灵，所以公共物品无法由市场价格来调节。一方面，由于公共物品的非排他性特征，必然形成消费者不肯付费就要消费的问题，即经济学家称为无票乘客的问题，所以私人企业决不肯生产这类物品，因为他得不到任何利润刺激；另一方面，由于公共物品的非竞争性特征，一个人对该物品的消费并不影响他人也来使用这些物品，即增加一个消费者并不增加费用，因此就不应排斥任何需要此物品的消费者，否则社会福利就要下降。这就决定了生产公共物品的任务只能由政府来承担。因为政府一方面可以通过税收的方式获得生产公共物品的费用，这等于使无票乘客被迫买了票；另一方面可免费将此物品提供给全体社会成员，使这种物品得到最大限度的利用。

如上所述，公共物品的非排他性和非竞争性，使市场机制在一定程度上失灵，所以，公共物品要由政府提供。但在这里应注意"政府提供"不同于"政府生产"，政府生产是指政府建立企业来直接生产公共物品；政府提供则是指政府通过预算安排或政策安排等某种适当方式将公共物品委托给私人企业进行间接生产。在发达的市场经济国家，公共物品除了"国营"或"公营"以外，还大量地选择了"私营"的方式。

只要能避免免费搭车现象，通常有些政府提供的服务，私人企业也会提供。例如，警察治安服务通常是由政府提供的，但很多私人企业雇用保安来为他们看家护院，由私人企业经营的保安公司就应运而生了，并诞生了许多保安公司以及提供保安人员的保安学校和武术学校。

技术进步同样能解决公共物品的免费搭车问题，避免这些产品的非争夺性和非排他性。广播、电视播放的节目，每个人都可能收听或收视，此项服务具备公共物品的两个特征。美国的广播电视节目都是由私人企业提供的。向接受节目的人直接收费是不可能的，其中免费搭车问题通过广告收入部分得以解决。但技术进步发明了有线电视，改变了电视服务公共物品的特征。你若不付有线电视账单，这项服务就会"关掉"。现在还发明了能扰乱卫星电视信号的技术，卫星电视用户若不付费，该技术可使他收不到卫星信号。有线电视技术甚至发展到向极少数观众播送一些特别节目，只要这些用户再交一笔钱。技术进步解决了公共物品非排他性特征，即不付钱得不到产品和服务，使私人企业供应此类产品成为可能。

一、政府提供公共物品的三种方式

在市场经济中政府直接生产公共物品的形式有以下三种。

1. 中央政府直接经营

在西方国家，造币厂和中央银行是由中央直接经营的。除此之外，各国之间的差异较大。例如，美国在公共物品生产方面是更多地偏向私人提供，但联邦政府直接经营着"田纳西流域管理局"。还有一些国家的中央政府直接经营或生产军工、医院、学校、图书馆、自来水、煤气等产品。与造币厂和中央银行的情况不同的是，上述这些准公共物品的公共经营在某些国家是在其私营亏损或破产时由政府予以国有化而实现的。

2. 地方政府直接经营

这里所说的地方政府指中央政府以下的各级政府。在欧洲大多数国家，地方政府直接经营一些保健事业、医院、自然资源保护、实践法律条款的司法工作、街道、住宅、警察、防火、供水、下水道、煤气、供电、图书馆、博物馆等。欧洲各国地方政府在许多优效物品供给方面表现出直接经营的一些特点，美国则较多地通过私人企业予以间接经营，日本和法国就另有一种特点：主要由地方公共团体经营。

3. 地方公共团体经营

日本的国有企业在日本经济中起着重要作用。随着产业中的第一产业向第二产业的转移，基础设施显得越来越重要，基础设施不完备就必然影响投资效益。只能由国家以国有企业的形式来承担基础设施的投资。因此，日本的"自然垄断性"的公共物品几乎全部是由国有企业来提供的。日本的国有企业是由地方公共团体来经营的。地方公共经营的这些企业可从事有利于地方居民福利的任何事业，其"法定事业"有七项：自来水、工业水、铁路、汽车运输、地方铁路、电气、煤气。

二、私人提供公共物品的六种形式

西方国家在公共物品的私人生产与经销方面可分为以下六种方式。

1. 签订合同

与私人公司签订合同经营公共物品是发达国家使用最普遍、范围最大的一种形式。适用于这一类的公共物品主要是具有规模经济性的自然垄断型产品，大部分为基础设施，还包括一些公共服务行业。

2. 授予经营权

在发达国家，许多公共领域都以这种方式委托私人公司经营，如自来水公司、电话、供电等。此外，还有很多公共项目也是由这种方式经营生产的，如电视台、广播电台、航海灯塔、报纸、杂志等。

3. 经济资助

欧美国家对民营公共物品经济资助的途径和方法非常之多。主要形式有补助津贴、优惠贷款、无偿赠款、减免税收等。财政补贴的主要公共领域是科学技术、住宅、教育、卫生、保健、图书馆、博物馆等。

4. 政府参股

政府参股的方式主要有四种：收益分享债券、收购股权、国营企业经营权转让、公共参与基金。政府参股的方法主要应用于桥梁、水坝、发电站、高速公路、铁路、电信系统、港口、飞机场等。比较引人注目并效果较好的参股领域之一是高科技开发研究。

5. 法律保护私人进入

用法律手段允许、促进并保护私人进入公共物品的生产经营领域不但减轻了国家的财政负担，而且还能够提高服务质量和消费效率。这个办法不仅适用于"拥挤型"公共物品，而且适用于"优效型"公共物品如教育、医疗等领域。比如，1982年美国共有6 015家医院，其中政府医院占35.5%，民间私立医院占64.5%，公立与私立医院的比例约为35:65。

6. 社会服务

西方国家在许多公共领域从来就允许社会各种团体和个人持合法执照经营。只要遵守宪法和有关专门法律，不管是个人、团体、宗教事业、慈善事业、基金会、境外人士等，均可参与经营。此外，营利性和非营利性机构都可以被核准经营。

◇ **同步检测（判断题）**

1. 公共物品必须由政府来生产。（　　）
2. 公共物品应由中央政府直接生产。（　　）
3. 私人提供公共物品会带来浪费和低效。（　　）

项目三　垄　　断

前面已对基本市场结构和厂商的类型做了探讨和分析，探讨了不同市场结构的特征、厂商在追求利润最大化目标下的均衡条件以及各种市场结构的利弊。此节主要是进一步探讨垄断对市场效率和社会福利的影响以及怎样对垄断施加一定的微观规制。

任务一　了解垄断会造成什么损失

垄断（monopoly）的存在，产生了一系列弊病，给社会带来损失，主要表现为资源浪费和社会福利的损失。如图5-1所示，假定某垄断行业长期平均成本和长期边际成本是不变的，则长期供给曲线为一条与横轴平行的直线P_cB。若该产业的需求曲线为DD，在完全竞争的市场结构下，长期均衡的产量为Q_c，价格为P_c。而在完全垄断的情况下，厂商要追求利润最大化，必将产量定于长期边际成本等于边际收益之点，其垄断产量为Q_m，价格为P_m，让我们分析一下其效率和福利损失。

一、产量减少

垄断情况下的产量Q_m远远小于完全竞争下整个产业的产量Q_c，而价格P_m却远远高于完全竞争条件下产业的均衡价格P_c，因而存在着资源浪费。这种资源浪费有两个表现：一

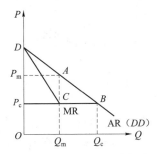

图 5-1 垄断所造成的损失

是垄断厂商本身效率低，浪费其手中所掌握的资源，靠高垄断价格维持其生存；二是其垄断高价格会扰乱市场价格信号，造成增量资源的误配置。可以看到，垄断厂商作为价格的制定者，其追求利润的方法是限制产量、提高价格，使社会在更高价格上接受其产品。同时由于垄断定价成为市场价格，就扭曲了正常的成本价格关系。在完全竞争市场条件下，市场价格可以起到约束厂商成本的作用，厂商要在既定的市场价格下努力降低成本，这形成了市场强有力的约束。相反，在垄断的条件下，市场价格要服从于成本，厂商的行为表现为，在既定的成本水平上按照获得垄断利润的要求设法加价。这将导致厂商丧失提高效率和降低成本的内在动力，把全部利益放在提高价格上，而垄断价格本身又掩盖了其低效率。另外，垄断的高价会扰乱市场价格信号进而对市场资源配置产生误导。由于垄断厂商限制产量而提高价格，会造成该类产品供不应求的假象，导致更多的增量资源流向该行业。那些迫切需要这类产品而又不愿接受或没有能力接受垄断高价的需求者，可能会自己设法生产，尽管这样搞可能规模不经济、成本较高，但只要低于垄断价格，对于需求者个体来说就存在着经济上的合理性。这就是资源浪费的第二方面表现。

二、消费者剩余减少

由于产量减少，存在垄断利润，消费者付出了高价，因而消费者剩余减少。消费者剩余是指消费者所付出的购买商品的价格低于他所愿意付出的价格，由此所得到的额外效用和满足。因为在完全竞争条件下，消费者按照均衡价格购买商品，但是有许多消费者对商品的效用评价，或从消费该商品中所得到的满足程度，要高于均衡价格所反映的效用水平，这就表现为消费者剩余。图 5-1 中的 DBP_c 这个三角形所代表的价值是完全竞争条件下的消费者剩余，而在垄断条件下，消费者剩余只剩下 DAP_m 面积所代表的价值，减少了 ABP_cP_m 面积所代表的价值。其中 ACP_cP_m 为厂商所获得的垄断利润，即使国家可通过税收将垄断利润回收，但 ABC 面积所代表的损失是无法收回的。所以三角形 ABC 代表了社会福利损失或垄断性产量限制对社会造成的损失。在所有限制产量的行业中，垄断和寡头对社会造成的损失由许多三角形 ABC 的加总来累计。可见，这种消费者剩余是完全竞争条件下，按照市场均衡价格交换的结果。垄断的存在使得市场价格背离均衡价格，造成消费者剩余的损失。

◇ 同步检测（判断题）

1. 垄断会增加整个社会的产量。（　　）
2. 垄断会使消费者剩余增加。（　　）
3. 在竞争环境下市场价格约束企业成本，在垄断条件下是企业成本决定价格。（　　）

任务二 了解有哪些反垄断措施

一、公共管制

对垄断的管制主要是指政府对垄断行业价格和产量的管制。价格和产量管制实际上是一个事物的两个方面，对价格的管制影响到产量，对产量的确定也随之影响到价格。所以这种管制就是改变垄断厂商原有的市场均衡。这种管制可分为两类：一类是对自然垄断行业的管制，如对电力、自来水、城市公共交通、天然气等公用事业行业的管制；另一类是对非自然垄断行业的管制，如航空、铁路、通信等行业的管制。管制主要是限定其产品的最高价格，从而限定其商品利润。实行公共管制的方式可分为固定方式和松散方式。固定的方式表现为就某一行业成立专门的管制委员会，或者在对所有的垄断行业实施管制的统一的管制委员会中设立专门机构。松散的方式则是不定期地就企业的问题召集听证会等会议或活动，听取来自有关各方的意见。

既然政府对垄断的公共管制主要表现为价格管制，下面来探讨一下垄断领域的定价问题。如图 5-2 所示，$D=AR$ 是一垄断厂商的需求曲线，MR 是其边际收益曲线，AC 为其平均成本曲线，MC 为其边际成本曲线。

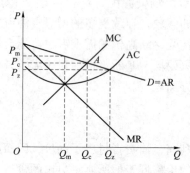

图 5-2 垄断厂商的定价

（1）在没有管制的条件下，垄断厂商生产使其利润最大化的产量 Q_m，并据此确定垄断价格。这种垄断均衡一方面缺乏效率，因为在垄断产量 Q_m 上，价格 P_m 高于边际成本；另一方面缺乏"公平"，因为在 Q_m 上，垄断厂商获得超额垄断利润，即经济利润不等于 0，或者说，全部利润大于正常利润。

（2）现在考虑政府的价格管制。政府应该制定什么样的价格为好呢？如果政府的目标是提高效率，则政府应当将价格定在 P_c 的水平上。当价格为 P_c 时，产量为 Q_c。在该产量水平上，价格 P_c 恰好等于边际成本。显然，当政府将价格定为 P_c，垄断厂商仍可得到一部分经济利润，即为平均收益（$AR=P_c$）超过平均成本 AC 的部分。

（3）如果政府试图规定更低的"公平价格"以消除经济利润，则该价格须定为 P_z。在价格定为 P_z 时，产量为 Q_z。此时，平均收益恰好等于平均成本。因此，P_z 可称为零经济利润价格。但是，现在会出现另一个问题，即在零经济利润价格水平上，此时，边际成本大于价格。

可以看到，在垄断情况下，产量太低，价格太高；而在零经济利润下，正好相反，价格太低,产量太高。比较理性的选择是 P_c 的价格和 Q_c 的产量。这里关键的问题是政府到底允许垄断厂商获取多大程度的利润,是全部超额利润、部分超额利润还是仅获得正常利润。

二、反垄断法

由于垄断必然要带来很多弊端,从19世纪末以来,美国颁布了一系列反托拉斯法,最为著名的是谢尔曼法、克莱顿法、联邦贸易委员会法、罗宾逊-帕特曼法、塞勒-凯费维尔法等。

(1) 谢尔曼法。这个法的中心思想是"大企业是坏事"。这几乎是当时立法者的普遍信念。今天,人们对这个法的理解是为了保护竞争,防止和反对形成大的垄断企业。该法比较笼统,它所反对的"限制贸易""垄断""不公平竞争"等在概念上均含糊不清,全靠法院来解释。尽管如此,此法还是目前美国政府反对垄断化的重要武器。

(2) 克莱顿法。鉴于谢尔曼法规定得比较笼统,所以1914年美国国会又制定了克莱顿法。这时,政府已认识到,托拉斯不仅是个规模问题,还有非法经营问题,因而明确规定下列做法属非法经营。一是搭配货物。是指买者如要向卖者购买某种物品,必须同时向他购买另一物品,这种做法不利于竞争。二是连锁董事会。它是指在两个或两个以上相互竞争的公司的董事会中,大部分成员是共同的。显然,这样的董事会有可能协调公司间的经营活动,以挤垮其他竞争企业。三是公司之间相互持有股票。因为相互购买股票会严重削弱竞争,产生垄断。

(3) 联邦贸易委员会法。主要内容是建立一个联邦贸易委员会,以执行克莱顿法。这些年来,委员会除了执行克莱顿法外,在许多方面扩大自己的权力。经常了解审查企业活动,组织诸如"什么是不公平的竞争"之类的专题讨论,以便统一看法,对商品广告普遍进行调查,并通过报纸揭露一些厂商广告的虚伪性。

(4) 罗宾逊-帕特曼法。其目的是消除不公平的价格竞争。禁止卖者对同样的货物,以不同的价格出售给不同的买者,除非由于成本不同;禁止卖者对不同的买者按不同比率付给广告和推销津贴。

(5) 塞勒-凯费维尔法。克莱顿法限制大公司购买竞争者的股票,但大公司可通过购买竞争者的资产来达到同一目的。这是克莱顿法的漏洞。塞勒-凯费维尔法是为了堵这个漏洞而制定的。法令规定,不管什么情况,都不允许在大企业间进行合并,也不准大公司与同行业中的小公司合并,还不准小企业与中等规模企业合并。该法还对克莱顿法做了修正,即规定联邦贸易委员会和司法部对企业间的合并有管制权。企业在合并之前,必须先把合并计划交这两个机构批准。如果企业未经批准擅自合并,司法部可对它提起诉讼。

我国的《反垄断法》已由中华人民共和国第十届全国人民代表大会常务委员会第二十九次会议于2007年8月30日通过,自2008年8月1日起施行。该法注意研究国际反垄断法的有益经验,在总体框架和主要内容上,和大多数国家的反垄断法基本一致,确立了禁止垄断协议、禁止滥用市场支配地位以及控制经营者集中三大制度。同时,又立足于中国国情,每一项制度都体现了鲜明的中国特色,反映了中国目前经济发展阶段和发展水平、市场竞争状况、市场主体成熟程度等实际情况的要求。

◇ 同步检测(判断题)

1. 公共管制主要是限定垄断产品的最高价格,从而限定其商品利润。( )
2. 反垄断法的核心是禁止垄断协议、禁止滥用市场支配地位以及控制经营者集中。
( )

项目四 外 部 性

任务一 了解经济生活中的外部性

一、外部性及其分类

外部性（externality）又称外部效应，是指人们的经济活动对他人造成的影响而未将这些影响计入市场交易的成本与价格之中。从外部性带来的结果来看，可以分为负外部性和正外部性；从外部性产生的领域来看，可以分为生产的外部性和消费的外部性。

1. 负外部性和正外部性

负外部性（negative externality）指某一主体的生产和消费行为给他人带来的损失。例如，造纸厂向河流排放大量废水污染河流，造成鱼类减少，提高了渔民的成本。或者，你开生日晚会时高声喧哗打扰了邻居们的安宁。消极的外部性被称为外部不经济。

正外部性（positive externality）指的是生产和消费行为给他人带来利益。例如，养蜂人通过养蜂生产蜂蜜追求自己的利益时，附近农民种植的水果会因蜂蜜传授花粉而大量增产，降低了农民种植水果的成本。又比如，你居住的环境因邻居在他的花园里种满了鲜花而得到改善，增加了你的福利。积极的外部性被称为外部经济。

2. 生产的外部性和消费的外部性

生产的外部性是指某些企业的生产活动使其他生产者增加（或减少）成本，但又未补偿（或收费）的情形。如上述的养蜂和造纸的生产活动便是如此，前者是正的生产外部性，后者是负的生产外部性。

消费外部性是指某些人的消费行为引起其他消费者利益的增加或减少。如上面提到的种花和过生日的行为，前者为正的消费外部性，后者为负的消费外部性。

二、外部效应分析

外部效应实质表现为个人成本与社会成本或个人收益与社会收益存在的差异。

1. 生产的外部效应分析

生产的外部效应的存在会引起私人成本与社会成本的差异。私人成本指的是生产某一物品时，生产者自己所必须承担的费用。当不存在外部效应时，私人成本是生产某一件物品所引起的全部成本，此时私人成本等于社会成本。若存在外部效应时，情况就不同了。如果生产者甲增加生产一件某物品并产生了负的外部性，会使另一生产者乙的生产环境恶化。为抵消这种影响，维持原有的产量，生产者乙必须追加一定的成本支出，这种支出应看作生产者甲多生产一件物品所引起的全部成本的一部分，称为边际外部成本（MEC）。边际私人成本（MPC）与边际外部成本之和是甲多生产一件物品的边际社会成本（MSC），即：MSC = MPC + MEC。很显然，当 MEC = 0 时，则 MSC = MPC，即边际社会成本 = 边际私人成本，不存在外部性；当 MEC > 0 时，则 MSC > MPC，即边际社会成本 > 边际私人成本，存在着负的外部性；当 MEC < 0 时，则 MSC < MPC，即边际社会成本 < 边际私人成本，存在着正的外部性。

2. 消费外部效应分析

消费外部性分为正外部性和负外部性。如人们的消费使其他消费者的利益增加，即为正外部性；反之，则为负外部性。消费者增加消费一个单位的某种产品，会考虑其边际利益（或边际效用）。而边际利益又分为边际私人利益（MPB）、边际外部利益（MEB）和边际社会利益（MSB）。其关系为：MSB = MPB + MEB，即增加消费一单位某产品的边际社会利益等于边际私人利益与边际外部利益之和。当 MEB = 0 时，则 MSB = MPB，不存在消费的外部性；当 MEB > 0 时，则 MSB > MPB，存在正的消费的外部性；当 MEB < 0 时，则 MSB < MPB，存在负的消费的外部性。

◇ **同步检测（单项选择题）**

1. 当人们承担了不是由自己导致的额外成本时，称作（　　）。
   A. 公共物品　　　B. 负的外部性　　　C. 正的外部性　　　D. 交易成本
2. 当（　　）时，就不存在外部性。
   A. 边际社会成本 > 边际私人成本　　　B. 边际社会成本 < 边际私人成本
   C. 边际社会成本 = 边际私人成本　　　D. 私人利益 > 社会利益

任务二　知道政府解决外部性的有关措施

一、行政措施

对于外部性问题或造成外部性问题的企业，政府可采取直接的行政干预措施，其中包括强制性的行为管制、强制性的企业合并、指导与劝告、国家计划、强制性标准等措施和政策。

对于一些突出、严重、紧迫或具有普遍性的外部性问题，政府多采取实施强制性行为管制或推行强制性标准的措施来治理。如为环境保护，对一些地方的林木实行强制性的禁伐禁采，对汽车实行强制性的报废标准，对学校和居民区周围实行强制性的噪声限制等。

结合前文所述的共享单车乱停乱放的例子，目前各地已在酝酿出台共享单车的停放标准。例如，《广州市中心城区城市道路自行车停放区设置技术导则》就明确了17种不应设置自行车停放区的区域位置。例如，自行车禁止在长途汽车站、客运码头、轮渡站、医院、学校、文体设施、较大商业设施、旅游区等人流较密集的场所主出入口门前两侧各10 m范围以内停放。

政府还常常运用限制措施对资源配置进行直接的安排和处置，如直接安排一些高污染企业选点布局，对一些企业强行实施关停并转，指导上下游关联企业联合等。通过这样一些措施，约束和纠正企业的行为，促使企业更为有效地利用资源，限制和减少企业生产的外部性影响。

对一些造成外部性的企业，日本政府的做法中比较有特色的是采取指导和劝告的方法。这种方法涉及范围广，政府几乎可就企业行为的每一个方面都提出指导和劝告，不仅仅限于外部性问题。这种措施虽不是特别的强制性措施，但具有很大的约束力，被经济学家称为"不成文的法令"。

对于一些涉及范围大、时间比较长的问题，一些发达国家采取国家计划的方式。如强行建立自然保护区，制定和实施保护计划；制定禁渔期以保护资源的恢复和再生；对石油和稀有金属等战略物资实行计划开采、国家储备制度等。

二、经济措施

经济措施主要表现为税收和补贴。从理论上讲，外部性的存在主要是私人成本与社会成本的不一致。庇古提出了著名的庇古税，即采用税收或补贴的方式，来修正私人成本，使其与社会成本相一致。

庇古税的具体设计是：对造成社会成本大于私人成本的外部性，即造成负外部性的企业或个人，征收相当于社会成本大于私人成本的价值的税收，使私人成本与社会成本一致，这样，会把原先对于当事人来说是外在成本的社会成本内在地化为当事人自己的成本，迫使其从自身利益出发来调整或控制外部性。对于造成社会收益大于私人收益的企业或个人，政府应给予他们相当于大出部分价值的补贴，以鼓励此类行为。

庇古税的原则实际是"污染者付费原则"，这是国际公认和倡导实行的原则。征收污染税是目前各国政府普遍采用的一种控制污染的方法。但也有人指责这是一种花钱买污染权利的原则。

三、法律措施

外部性是普遍存在的，政府直接出面解决的，只能是一些重大的问题。一些人遇到的外部性问题，虽然从他个人来说可能很严重，但并没达到需要政府出面解决的程度，因此，可能就无法通过政府来解决。这里隐含的一个前提是，只有问题达到一定规模，或严重到一定程度，政府出面解决才会有规模经济效率。因此，绝大多数各类细小的外部问题，需要运用法律来解决。法律措施的优点是其规则的普遍性，即它给每个人都提供了可伸张自己权利的手段，不必依赖政府出面解决。法律是更为普遍适用的公共产品，谁都可运用。法律的这种普遍适用性的特点，正好与外部性无所不在的特点相吻合，是解决外部性的十分有效的手段。

运用法律手段的缺陷是：可能成本较高，其中包括诉讼费成本、所耗费的时间成本、审判结果的不确定性等。

◇ **同步检测（单项选择题）**

以下属于对外部性采取行政性措施的是（ ）。

A. 税收　　　　　　　　　　B. 强制性的企业合并
C. 司法处理　　　　　　　　D. 补贴

任务三　掌握科斯定理

20世纪60年代，美国经济学家科斯对外部性的问题提出了新的见解。与依靠政府的介入来解决外部性的观点不同，科斯认为，政府通过税收或补贴解决生产和消费的外部性，会导致成本增加、社会福利减少。而由私人解决外部性问题与政府介入的征税和补贴相比同样有效。其理论核心被称为科斯定理。

科斯定理是指当市场交易费用为零时，无论权利如何界定，都可以通过市场的交易活动及当事人的契约行为而达到资源的最佳配置。这里的交易费用是指为实现市场交易而支付的费用。它包括搜寻买者和卖者、谈判、签订和履行合同等行为所做的努力与花费的时间和精力。

科斯认为人们不能或不愿通过市场交易来解决问题的原因无非有两点：一是产权没有准确界定；二是交易费用过高。如果这两个条件具备了，就完全可以通过市场交易解决外部性问题，即把外部问题内部化。比如，造纸厂排放废水，影响到农业灌溉，使农民利益受损。这种生产的负外部性可以通过明确产权来解决。如果河流的产权属于农民，农民可以向造纸厂收费以补偿损失。如果这笔收费太高，造纸厂可自行建造治理污水设施，以使排出的废水达到一定标准，对农民的灌溉不造成损害。如果产权属于造纸厂，那么该造纸厂就有权排放未经处理的废水，则农民可以向造纸厂交费来请求造纸厂治理污水。总之，不管产权归谁，只要能够清晰界定，都可以通过民间的交易行为来解决外部性问题。

上面的例子只涉及第一个条件——产权清晰界定，还需要强调第二个条件——交易费用。在上例中，如果河流流域很大，沿岸有很多企业都向河流排污，同时又有成千上万的居民在沿岸居住，他们不仅用河水灌溉而且将其作为饮用水。那么，就很难确定将此河流的产权分配给谁，并且最重要的是这种解决外部性的交易不再是一对一的谈判来达成，而需要把所有排污者与受损者召集起来谈判，其交易费用会非常之高。只有两个条件同时具备才能通过市场交易的方式解决外部性问题。不然，仍需要政府的介入来解决。

◇ **同步检测（单项选择题）**

科斯定理强调市场化解决外部问题的有效条件是（　　）。
A. 产权界定清晰且交易费用较高　　B. 不需界定产权且交易费用为零
C. 产权界定清晰且交易费用为零　　D. 以上均不是

项目五　社会分配结果的评价

任务一　了解洛伦兹曲线和基尼系数的评价方法

一、洛伦兹曲线

洛伦兹曲线（Lorenz curve）是用来衡量社会收入或财产分配平均程度的曲线，是由统计学家洛伦兹提出的。

洛伦兹把社会居民及其收入的多少分成若干等级，再分别在横坐标和纵坐标上标明每个等级的人口所占总人口的百分比和其收入占社会总收入的百分比，连接各个等级的坐标点所形成的一条曲线，即洛伦兹曲线。例如，把全社会人口按家庭收入多少分为五个等级，各占人口的20%，根据每个等级的人口在收入中所占的比率可以作出社会收入分配平等程度表，见表5-1。

表 5–1 社会收入分配平等程度表

级别	占人口的百分比/%	合计	占收入的百分比/%	合计
1	20	20	6	6
2	20	40	12	18
3	20	60	17	35
4	20	80	24	59
5	20	100	41	100

根据表 5–1 可以作出图 5–3。

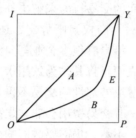

图 5–3 洛伦兹曲线

在图 5–3 中，横轴 OP 表示各级人口的百分比。纵轴 OI 表示收入的百分比。OY 为正方形 $OIYP$ 的 45°的对角线，在这条线上的任何一点都表示，人口的百分比与其收入的百分比相等，称为绝对平等线。OPY 表示不到 1% 的人口的收入占总收入的 100%，其余所有人口的收入为零，故收入分配绝对不平等，其称为绝对不平等线。OEY 即根据表 5–1 所作的反映实际收入分配情况的洛伦兹曲线。其介于绝对平等线与绝对不平等线两线之间。洛伦兹曲线与 OY 越近，收入分配就越平等；洛伦兹曲线与 OPY 越近，收入越不平等。如果将收入改为财产，洛伦兹曲线反映的即是财产分配的平等程度。而这种平均程度的大小，可以用基尼系数来衡量。

二、基尼系数

基尼系数（Gini coefficient）是根据洛伦兹曲线计算出来的反映收入分配的平均程度的指标，是由意大利统计学家基尼根据洛伦兹曲线提出的。

洛伦兹曲线 OEY 与绝对平等线曲线 OY 之间的面积为 A，洛伦兹曲线 OEY 与绝对不平等线曲线 OPY 之间的面积为 B，则基尼系数的计算公式为：

$$基尼系数 = \frac{A}{A+B}$$

当 A 等于 0 时，基尼系数为 0，表明收入分配处于绝对平均状态；当 B 等于零时，基尼系数为 1，表明收入分配处于绝对不平均状态。基尼系数在 0 与 1 之间，其数值越小，表明收入分配越平均。

◇ **同步检测**（单项选择题）

当收入分配绝对平均时，基尼系数（　　）。

A. 等于 0　　　　　　　　　　B. 等于 1

C. 大于 0 且小于 1　　　　　　D. 大于 1

任务二　了解洛伦兹曲线与基尼系数的运用

运用洛伦兹曲线与基尼系数可以对各国和各地区从空间上收入分配的平均程度进行对比，也可以对各种政策的收入效应在时间上进行比较。作为一种分析工具，洛伦兹曲线与基尼系数是非常有用的。洛伦兹曲线的运用，见图 5-4。

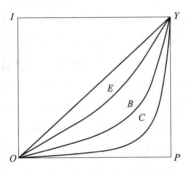

图 5-4　洛伦兹曲线的运用

在图中，OEY、OBY、OCY 三条洛伦兹曲线分别代表收入分配的不同平均程度。如果这三条曲线分别表示的是 E、B、C 三个国家的收入分配状况，则 E 国的收入分配最平均，C 国最不平均，B 国介于二者之间。如果这三条曲线分别表示一国在不同时期的收入分配状况，如某国家收入分配的平等程度，OEY 为 20 世纪 90 年代的洛伦兹曲线，OBY 为 80 年代的洛伦兹曲线，OCY 为 60 年代的洛伦兹曲线，则该国收入分配呈现出愈益均等化的趋势。如果把这三条曲线中任意两条线看作表示实行某项经济政策前后的收入分配状况，例如，OBY 为实行某项经济政策前的洛伦兹曲线，OEY 为实行该政策后的洛伦兹曲线，则说明该项政策的收入效应是趋向平均化的。

按国际通用标准，基尼系数小于 0.2 表示绝对平均，0.2～0.3 表示比较平均，0.3～0.4 表示基本合理，0.4～0.5 表示差距较大，0.5 以上表示收入差距悬殊。

我国在 1978—1990 年间，城镇个人收入的基尼系数从 0.185 提高到 0.23；农村个人收入的基尼系数从 0.212 提高到 0.310。这说明改革之后，我国改变了过去收入平均分配的格局，收入不平等程度加大，但仍属于比较平均的。

◇ **同步检测**（单项选择题）

根据基尼系数的大小，下列四个国家中哪一个国家的收入分配最为平均？（　　）

A. 甲国的基尼系数为 0.1　　　　B. 乙国的基尼系数为 0.15

C. 丙国的基尼系数为 0.2　　　　D. 丁国的基尼系数为 0.35

案例分析训练

大学生身边的经济学

集体宿舍中的个人就好比市场上的经济人，各人都在不断追求自身福利的最大化。表面看来每个人都搞好自己的事情就足够了，但结果并非如此。宿舍里公共领域的存在，如环境卫生，使得个人不可能仅仅关注本人福利而对此不闻不问。作为一项公共产品，环境卫生显然是没有哪个人愿意义务提供的。当然，在集体形成的初期，道德的力量会使大家维持一个阶段的自觉状态，然而只要有一个人偷懒，成为集体行动的"免费搭车"者，其他人也会逐渐发现偷懒并不减少自己的收益，这种情形很快扩散，卫生状况便每况愈下，总体福利下降，每个人的收益也都会降低。

接下来有两种办法可以解决这一尴尬局面：一是每个人仅对自己的垃圾负责，绕开这一公共领域，让环境卫生以私人产品的面貌出现；二是大家达成契约，实行轮流值日制度。就第一种办法来讲，为了清扫自己的垃圾，每个人都配备一套清扫工具，每天占用一定时间进行清扫——这无异于在一个城市里修建多条电话网，彼此分割而成本升高。理性人显然要放弃这种做法，寻求新的途径，建立一个契约：每个人付出一定代价（定期值日）提供大家都需要的公共物品——环境卫生。这种做法的好处是，每个人只需分摊一套清洁工具几分之一的成本，不必每天劳动，而且由于值日的是少数人，值日生的劳动会受到其他人监督，在一定程度上防止了"免费搭车"的发生。

问题与讨论：

分析一下你所居住的居民小区有哪些公共物品？在这些物品的供给上会出现哪些问题？解决的途径有哪些？

训练题

一、概念匹配题

1. 市场失灵（　　）
2. 纯公共物品（　　）
3. 准公共物品（　　）
4. 外部性（　　）
5. 正外部性（　　）
6. 科斯定理（　　）
7. 洛伦兹曲线（　　）
8. 基尼系数（　　）

A. 根据洛伦兹曲线计算出来的反映收入分配平均程度的指标
B. 具有完全的非竞争性和完全的非排他性的物品
C. 市场自身没有有效率地利用资源的状态
D. 人们的经济活动对他人造成的影响，而未将这些影响计入市场交易的成本与价格之中
E. 具有有限的非竞争性和非排他性的物品
F. 用来衡量社会收入或财产分配平均程度的曲线

G. 生产和消费行为给他人带来利益

H. 当市场交易费用为零时，无论权利如何界定，都可以通过市场的交易活动及当事人的契约行为而达到资源的最佳配置

二、判断题

1. 市场失灵之一可表述为每增加一单位商品的边际社会收益等于其边际成本。（　）
2. 市场失灵指私人理性无法导致社会理性的情形，即市场自身没有有效率地利用资源的状态。（　）
3. 公共物品的一个显著特点是非排他性。（　）
4. 公共物品绝对不可能由私人经济部门提供。（　）
5. 外部效应是指人们的经济活动对他人造成的影响而未将这些影响计入市场交易的成本与价格之中。（　）
6. 如果存在正的外部性，那么，社会从商品的私人消费中获益。（　）
7. 对垄断的公共管制就是由政府来直接经营。（　）
8. 垄断对社会造成的损害只在于企业获得了超额利润。（　）
9. 实际的基尼系数总是大于0而小于1。（　）
10. 甲、乙两国的基尼系数分别为0.1和0.2，那么甲国的收入分配要比乙国平等。（　）
11. 某项政策实施前，基尼系数为0.68，该政策实施后，基尼系数为0.72，所以说该政策的实施有助于实现收入分配平等化。（　）

三、单项选择题

1. 以下说法不正确的是（　　）。
   A. 如果价格能使市场出清，就不存在市场失效
   B. 在市场经济中，价格是首要的配置机制
   C. 不完全竞争导致市场失灵是因为生产不足
   D. 市场失效时，政府的某些管理是合适的，因为它能在其他人并不变糟的情况下，使某些人变得更好

2. 在以下哪种情况，"搭便车"问题会出现？（　　）
   A. 所有消费公共物品的个人都支付其费用
   B. 个人愿意支付他们的消费费用
   C. 所有消费和生产的商品都是私人物品
   D. 有些人消耗了公共物品，并不需要支付其全部费用

3. 市场失灵是指（　　）。
   A. 在私人部门和公共部门之间资源配置不均
   B. 不能产生任何有用成果的市场过程
   C. 市场对资源的低效率配置
   D. 收入分配不平等

4. 解决外部不经济可采取的方法是（　　）。
   A. 通过征税的办法　　　　　　　　B. 通过产权界定的办法

C. 通过将内部性外部化的方法　　　　D. 以上各项都可行

5. 当厂商的生产污染了环境，而又不负担其成本时，（　　）。

A. 其边际成本变低　　　　　　　　B. 其平均可变成本变低
C. 其平均总成本变低　　　　　　　D. 以上都对

6. 当人们无偿享有了额外收益时，称作（　　）。

A. 公共产品　　　　　　　　　　　B. 负外部经济效果
C. 交易成本　　　　　　　　　　　D. 正外部经济效果

7. 如果某种产品的生产正在造成污染，因而社会边际成本大于私人边际成本，采用适当的税收政策征税，征税额等于（　　）。

A. 治理污染设备的成本　　　　　　B. 私人边际成本
C. 社会边际成本与私人边际成本之差　D. 社会边际成本

8. 市场不能提供纯粹的公共产品，是因为（　　）。

A. 公共产品不具有排他性　　　　　B. 公共产品不具有竞争性
C. 消费者都想免费搭车　　　　　　D. 以上三种情况都是

9. 当收入分配绝对平均时，基尼系数（　　）。

A. 等于0　　　　B. 等于1　　　　C. 大于0且小于1

10. 在某种纯公共物品的总供给量保持不变的情况下，一个人增加该物品的消费，其他人对该物品的消费会（　　）。

A. 相应增加　　　　　　　　　　　B. 相应减少
C. 不受影响　　　　　　　　　　　D. 趋于平均

11. 消费者对某一种公共物品的消费并不影响其他人对该公共物品的消费，这是指公共物品的（　　）。

A. 竞争性　　　　　　　　　　　　B. 非竞争性
C. 排他性　　　　　　　　　　　　D. 非排他性

12. 产生外部经济的生产者产出水平低于社会最优产出水平的原因是（　　）。

A. 边际私人成本低于边际社会成本　　B. 边际私人成本等于边际社会成本
C. 私人收益等于社会收益　　　　　　D. 私人收益小于社会收益

13. 最典型的纯公共物品是（　　）。

A. 教育　　　　　　　　　　　　　B. 国防
C. 医疗卫生　　　　　　　　　　　D. 交通运输

14. 某造纸厂在其生产过程中，向附近的河流排放了大量的污水，并因此导致了附近某地粮食产量大幅度下降，但该厂却又不对附近种粮农民进行相应的赔偿。这种现象通常被称为（　　）。

A. 生产的正外部性　　　　　　　　B. 生产的负外部性
C. 消费的正外部性　　　　　　　　D. 消费的负外部性

15. 某村村民以种植有机蔬菜为主要经济来源。为保证新鲜蔬菜及时运送到城区，村中两名蔬菜种植大户合资修建了一条连通城市道路的村级公路，并允许其他村民免费使用。根据这一事例，下列说法错误的是（　　）。

A. 其他村民可以"免费搭车"

B. 允许未付费者使用，有损于社会资源配置的帕累托效率准则

C. 村级公路修建的成本不一定非由全体村民承担

D. 允许未付费者使用，可能会导致无人愿意修建村级道路

16. 公共部门应通过（　　）来集资，提供公共产品，增加社会福利。

A. 负债　　　　　B. 收费　　　　　C. 税收　　　　　D. 募捐

17. 市场失灵是指（　　）。

A. 市场机制没能使社会资源的分配达到最有效率的状态

B. 价格机制不能起到有效配置资源的作用

C. 根据价格所做的决策使资源配置发生扭曲

D. 以上都是

四、多项选择题

1. 经济中存在着正外部性时，（　　）。

A. 市场上该产品供给过量　　　　　B. 增加一个人消费的边际成本为零

C. 市场上该产品供给不足　　　　　D. 政府介入可以改善市场结果

2. 通过（　　）的方法可以减少环境污染。

A. 对污染排放征税　　　　　B. 对治理污染补贴

C. 发放可交易许可证　　　　　D. 对污染排放管理

3. 根据科斯定理，（　　）。

A. 当市场不能产生有效率的结果时，政府应当配置资源

B. 若交易成本为零，产权明确与否并不影响市场交易的效率

C. 当交易成本不为零时，市场交易不是有效率的

D. 若交易成本为零，则只要产权明确，市场交易的结果都是有效率的

4. 下面各选项中，属于纯公共物品的有（　　）。

A. 国防　　　　　B. 灯塔　　　　　C. 剧院　　　　　D. 高等教育

5. 下列描述正确的有（　　）。

A. 俱乐部物品因为不具有排他性，通常由政府提供或管理

B. 纯公共物品以及公共资源物品，由于技术上可以排他，可以收费，除了政府提供以外，私人也可以提供

C. 公共物品与纯公共物品之间的界限并非一成不变的

D. 纯公共物品指的是同时具有非排他性和非竞争性的物品

6. 公共物品的有效供给要求（　　）。

A. 政府清楚地知道每个社会成员可以从公共物品的消费中获得的真实收益

B. 公共物品对所有人的边际收益之和等于公共物品产出的边际成本

C. 按照谁受益谁负担的原则合理地分摊公共物品的成本

D. 每一个消费者支付的价格都等于生产该物品的边际成本

7. 以下哪种活动最能产生外部性？（　　）

A. 学生在家里看电视　　　　　B. 学生在宿舍聚会

C. 学生为了娱乐看小说　　　　　　D. 学生在餐厅吃汉堡
8. 垄断会降低经济效率，使资源配置不能实现帕累托最优状态，这是因为（　　）。
A. 垄断企业的生产规模过于庞大
B. 垄断厂商可以在一定程度上控制价格和产量，从而削弱市场机制的作用
C. 垄断会导致生产不足
D. 垄断利润是对消费者收益的剥夺，因而会导致分配不公
E. 垄断厂商缺乏竞争的外部压力

第六单元

解读 GDP

▶ **知识目标**
- GDP 的含义及核算方法；
- 实际 GDP 与名义 GDP 之间的关系；
- 国民收入中其他五个总量的概念及其相互关系；
- GDP 与 GNP、经济福利之间的关系；
- 决定国民收入的因素。

▶ **能力目标**
- 能够用收入法和支出法核算 GDP；
- 能通过网络等手段获取我国国民收入的相关数据；
- 能对我国国民收入的决定进行分析。

▶ **案例导入**

国内生产总值的意义有多大

美国著名的经济学家保罗·萨缪尔森认为："GDP 是 20 世纪最伟大的发现之一。"没有 GDP 这个指标的发明，就无法进行国与国之间经济实力的比较、贫穷与富裕的比较，也就无法知道我国的 GDP 总量已经排列在全世界的第二位，成为拉动世界经济增长的最大引擎；没有 GDP 也就无法知道我国人均 GDP 在 2019 年已经迈过 10 000 美元大关，距离世界平均线只有一步之遥，但距离发达国家水平还有较大距离；没有 GDP 这个总量指标，无法了解我国的经济增长速度是快还是慢，是需要刺激还是需要控制。因此，GDP 就像一把尺子、一面镜子，是衡量一国经济发展和生活富裕程度的重要指标。

如果要判断一个人在经济上是否成功，首先要看他的个人收入。高收入的人享有较高的生活水平。同样的逻辑也适用于一国的整体经济。当判断经济富裕还是贫穷时，要看人们口袋里有多少钱。这正是国内生产总值即 GDP 的作用。

项目一　GDP 及相关指标

国民收入核算是对国民经济运行过程的系统描述，是在一定经济理论指导下，综合应用统计、会计、数学等方法，衡量一国或一地区在一定时期内经济活动和经济成果而构成的一个相互联系的指标体系。该体系包括国内生产总值（GDP）、国内净产值（NDP）、国民生产总值(GNP)、国民生产净值(NNP)、国民收入(NI)、个人收入(PI)。其中国内生产总值是核心指标。

任务一 理解 GDP 的含义及其核算方法

一、国内生产总值的含义

国内生产总值(GDP)是指一个国家(或地区)在一定时期内(通常为一年)在本国(或地区)内所生产的最终产品和劳务价值的总和。

为了准确把握其定义,在理解、计算国内生产总值时应注意以下几个问题。

(1)国内生产总值指一国(或地区)在本国(或地区)内所生产的产品与劳务。它既包括本国企业在本国所生产的产品与劳务,也包括外国企业或合资企业在本国生产的产品与劳务。

(2)国内生产总值应避免对中间产品价值的重复计算。

国内生产总值包括最终产品和劳务价值的总和。这里说的最终产品是与中间产品相对的,其划分并不在于产品物质形态上存在差别,而在于购买者购买产品的目的。如果购买者对产品的购买是为了自己消费的需要,这种产品便是最终产品;反之,若购买者是要将购买的产品投入生产之中生产其他产品或用来转卖,这种产品就是中间产品。如果在计算国内生产总值时,不能有效地将中间产品剔除在外,就会造成中间产品在国内生产总值中被重复计算。例如,农民种植小麦,在市场上出售给面粉厂,得到 100 元的收入;面粉厂将小麦磨成面粉,以 200 元的价格出售给食品厂;食品厂用这批面粉制成蛋糕出售给消费者,得到 300 元,则这 300 元中已经包括了小麦和面粉的价值。若以最终产品的价值来计算国内生产总值,显然数额应为 300 元;但如果不能剔除中间产品将为 600 元。可见,计入中间产品的价值会造成国内生产总值的虚增,难以真实地反映出该国的经济运行水平。在现实经济生活中,由于多数产品既可以作为最终产品,又可以作为中间产品,准确地加以区分是非常困难的。在实践中,可以不直接计算最终产品的价值,而可以通过计算每一产品环节的增加值的方法来计算国内生产总值。表 6-1 为用增加值法计算国内生产总值。

表 6-1 用增加值法计算国内生产总值   元

生产阶段	产品价值	中间产品价值	增加值
棉花	8		8
棉纱	11	8	3
棉布	20	11	9
服装	30	20	10
合计	69	39	30

在此例中,服装为最终产品,其价值为 30 元,用增加值法计算增加值的总和也是 30 元,结果是一样的,但增加值法的可操作性较强。

(3)国内生产总值仅指一个会计年度所生产的最终产品和劳务的价值。凡是当年生产的最终产品与劳务,或市场上购买的本年度所生产的产品与劳务的支出,均应计入国内总产值。本年购买的上年度生产的产品与劳务则不计入本年度的国内生产总值,否则会引起国内总产值的重复计算，即把往年已计算的国内总产值重新计入本年的国内总产值。因此，国内生产总值＝当年售卖最终产品价格总额－上年库存价格额＋当年库存价格总额。

（4）国内生产总值是最终产品市场价值的总和。如果未加特别说明，国内生产总值是按商品、劳务生产期内的市场价格计算的，属于名义的国内生产总值。这样就会有两个问题要注意：第一，不经过市场销售的最终产品（如自我服务性劳务、自给性产品等）无法计入国内生产总值中；第二，价格是变动的。因此，国内生产总值不仅要受最终产品数量变动的影响，还要受价格水平变动的影响。

（5）国内生产总值中包括劳务价值。在国内生产总值中，除了包括当期生产最终有形产品外，还包括当期提供的劳务，即要把旅游、娱乐、卫生、教育等行业提供的劳务，按其所获得的报酬计入国内生产总值中。在计算劳务时，有些内容的计算是比较直接的，但有些劳务因难以计入当期国内生产总值中而容易被遗漏，如医生或律师为自己或家人提供服务、家庭主妇在自家的劳动等。对这个问题，目前还没有很好的解决方法。

▶ 资料链接

GDP 与 GNP

GDP 以地理上的国家（或地区）为统计标准，应包括本国与外国公民在本国所生产的最终产品和劳务的价值总和。

GNP 是指一个国家（或地区）在一定时期内（通常为一年）本国常住居民在国内外所生产的最终产品和劳务价值的总和。它以人口为统计标准。包括居住在本国的常住居民、暂居外国的本国居民、常住本国但未入本国国籍的居民。

国内生产总值与国民生产总值的关系为：

国民生产总值＝国内生产总值＋本国公民在国外生产的最终产品的价值总和－
外国公民在本国生产的最终产品的价值总和

如果本国公民在国外生产的最终产品的价值总和大于外国公民在本国生产的最终产品的价值总和，则 GNP＞GDP；反之，则 GNP＜GDP。由于发达国家对外投资较多，所以，通常情况下 GNP＞GDP；而发展中国家由于引进外资较多，因此，一般是 GDP＞GNP。

目前，世界各国在国民收入核算和统计中，越来越广泛采用的是 GDP，而不是 GNP。主要原因有两个：一是按国土原则计算总产值更为便利；二是 GDP 更能反映本国的就业和政府税收的基础。比如，有的国家虽然 GNP 数值很高，但很多来自对外投资，而对外投资只是增加了资金引进国的就业和税收，所以很多发达国家也认为用 GDP 统计更好。

二、国内生产总值的计算方法

国内生产总值的计算方法主要包括以下几种。

（一）支出法

支出法又被称为最终产品法。它根据最终产品和劳务的不同流向，从社会对产品的使用角度出发，将当期购买最终产品和劳务所支出的货币加总，得出当期最终产品和劳务流量的总和，并将其作为当期生产的最终产品和劳务价值的总和，即当期的国内生产总值。Q_1，Q_2，…，Q_n 表示最终产品和劳务的数量，以 P_1，P_2，P_3，…，P_n 表示其价格，那么以支出法来计算 GDP 的公式应为：
$$GDP = P_1 \cdot Q_1 + P_2 \cdot Q_2 + P_3 \cdot Q_3 + \cdots + P_n \cdot Q_n$$

支出法通常被看作是宏观经济中计算国内总产值的最有用的方法。在进行实际计算时，将最终产品所使用的方向归纳为消费、投资、政府购买、净出口四个方面，将这四类支出相加在一起就可计算出 GDP。

1. 个人消费支出

个人消费（consumption，即家庭消费）支出包括购买耐用品（如小汽车、电冰箱、洗衣机、电视机）、非耐用品（如食物、衣服之类）、劳务（如医疗、旅游、理发、看戏等）的支出，但建造住宅的支出不包括在内，尽管它类似耐用消费支出，但一般将它包括在固定资产投资中。

2. 投资

投资（investment）是增加或替换资本资产（包括厂房和住宅建筑、购买机器设备以及存货）的支出。投资是一定时期增加到资本存量中的新的资本流量，而资本存量则是经济社会在某一时点上的资本总量。投资一般指这种资本存量的变动，它不包括对债券、股票等的购买。

投资可分为固定资产投资和存货投资两大类。固定资产投资是用来增加新厂房、新设备、营业用建筑物以及住宅建筑物的支出。存货投资指的是企业持有的存货价值的增加（或减少），它的数值等于年末存货价值减去年初存货价值。如果年初全国企业存货为 2 000 亿美元而年末为 2 200 亿美元，则存货投资为 200 亿美元。

在总投资中，有一部分用于补偿旧资本的消耗，这部分投资是用来重置资本设备的，称为重置投资。总投资减去重置投资称为净投资。用支出法计算 GDP 时的投资，指的是总投资。

3. 政府购买

政府购买（government purchase）即政府对物品和劳务的购买，包括各级政府对产品和劳务进行购买所发生的全部货币支出，如政府对各种办公用品的购买，对各种国防物资的采购，对道路、桥梁、医院、学校等公共工程项目的建设及对政府雇员的薪金支出等。

政府购买包括消费和投资两种性质，具体统计时，往往无法区分政府和个人，因此统计部门一般笼统地分别计入最终消费支出（消费）和资本形成总额（投资）。

◇ 思一思

政府购买和政府支出有什么区别

政府购买支出只是政府支出的一部分。政府总支出中还有一些支出并不能计入 GDP，如转移支付和政府对个人支付的利息，因为并没有相应的产品与劳务的交换，收入就由一个经济单位转移到了另外一个经济单位的手中，所以这些不能计入 GDP 中，而应该计入个人可支配收入中。再如政府给失业人员发放的失业救济金，并不是因为这些人提供了劳务，创造了价值，而是因为他们失去了工作，没有经济来源，要靠救济生活。实际上，这部分转移支出被居民用于各种商品和劳务的消费，被包括在个人消费之中。

4. 净出口

国内生产总值要说明的是考察期内一个国家所生产的最终产品及劳务价值的总和,但其总产品除了在国内被用于个人消费、投资或被政府购买外,有一部分被国外购买,在前三个项目中得不到体现,因此应在前三项的基础上加上出口额。同时由于前三项中本经济单位购买的产品里都有部分进口产品包含在内,所以必须将这些由国外所创造的价值扣除,以准确计算出在本国创造的价值。由此可得出按支出法计算国内生产总值的第四部分内容:加上出口(X),减去进口(M),即为净出口($X-M$)。

以 C 表示个人消费支出,I 表示私人国内总投资,G 表示政府购买,从社会消费即支出的角度可得出以下公式:$GDP = C + I + G + (X - M)$。

▶ 资料链接

表6-2是2015—2019年中国按支出法计算的GDP。

表6-2　2015—2019年中国按支出法计算的GDP　　　　　　　　亿元

年度	最终消费		资本形成		净出口	GDP
	居民消费	政府消费	固定资本	存货增加		
2015	260 202.4	111 718.2	289 970.2	7 856.3	22 346.5	692 093.7
2016	288 668.2	122 138.3	310 144.8	8 053.7	16 975.6	745 980.6
2017	320 689.5	135 828.7	348 300.1	9 586.0	14 578.4	828 982.7
2018	354 124.4	152 010.6	393 847.9	8 737.3	7 054.2	915 774.4
2019	385 895.6	165 599.0	422 018.8	6 609.0	14 805.0	994 927.1

资料来源:中国国家统计局网站 http://www.stats.gov.cn/。

(二) 收入法

收入法被称为成本法、生产要素法、要素收入法或要素支付法。它从商品与劳务的市场价值应与生产这些商品与劳务所使用的生产要素的报酬之和相等的角度,将经济系统内各生产要素取得的收入相加,计算出考察期内一个国家生产的最终产品和劳务的价值总和。在采用收入法计算国内生产总值时,一般包括以下项目。

1. 工资

工资指税前工资,是因工作而取得的酬劳的总和,既包括工资、薪水,也包括各种补助或福利,如雇主依法支付雇员社会保险金、养老金等。它是国内生产总值中数额最大的组成部分。

2. 租金

在租金收入中,既包括个人出租房屋、土地而得到的租金收入、专利所有人的专利使用费收入,还包括使用自有房屋、土地等的估计租价。

3. 净利息

净利息是个人及企业因进行储蓄在本期内发生的利息收入与因使用由他人提供的贷款而在本期发生的利息支出之间的差额,不包括在以前发生但在本期收入或支付的利息,也不包括政府公债利息等转移性支出。

4. 非公司企业收入与公司税前利润

因为国家对公司与非公司企业在税收等方面有不同的规定，所以必须对这两类企业的利润收入分别进行考察。非公司企业是独资企业与合伙企业的总称，其收入是企业所有人的个人收入；公司税前利润是公司经营所得的全部收入，包括将向国家缴纳的公司所得税、将要分配给股东的股息、以企业存款形式留存的企业未分配利润、对存货及折旧要进行的调整等。

以上四大项目分别是对劳动、土地、资本、企业家才能这四类生产要素所支付的报酬，即生产要素收入的总和，它与一个国家最终产品和劳务的市场价格在金额上仍存在差别，其中最主要的因素是在商品与劳务的价格中，除包括生产要素报酬外，还包括其他一些费用。所以，若要准确核算国内生产总值，就要在要素收入的基础上再加上折旧和企业间接税。

5. 折旧

这部分费用与企业间接税一样不属于生产要素的收入，但由于折旧已被分摊在商品与劳务的价格中，所以在计算国内生产总值时要加上折旧。

6. 企业间接税

企业间接税包括营业税、消费税、进口关税等多个税种，其共同特点是生产企业可在向政府缴纳税金的同时，通过对商品或劳务加价的方式，将税负转嫁给消费者。因此，商品与劳务的价格中已包含企业的间接税，若要准确计算商品与劳务的市场价值，就必须将这部分税额与要素收入相加。

根据对以上各项目的分析，可得出采用收入法计算国内生产总值的公式：

GDP = 工资 + 租金 + 净利息 + 非公司企业收入与公司税前利润 + 企业间接税 + 折旧

◇ 议一议

采用收入法和支出法计算的 GDP 的值一样吗？为什么？

（三）增加值法

这种方法是首先将国民经济分成不同的部门，然后每个部门扣除其中间产品的价值额，计算出本部门的增值额，最后加总国民经济所有部门的增值额得出国内生产总值。这种方法可以弥补支出法（最终产品法）有时很难区分最终产品和中间产品的缺陷。不管是最终产品还是中间产品，只要计算出不同环节的增加值就能得出国内生产总值，使得统计 GDP 可操作性更强。

以上计算国内生产总值的三种方法——支出法、收入法和增加值法是从不同角度去测度同一经济总量，因此，最后的计算结果从理论上讲应该是一致的。但在实际中，这三种方法所得出的结果往往并不一致。在国内生产总值的核算中以支出法为基本方法，如果按收入法与增加值法计算出的结果与此不一致，就要通过误差调整项来进行调整，使之达到一致。

▶ 资料链接

产出、支出、收入的关系

由于每一次交易都有买者和卖者，所以经济中的总支出必定等于经济中的总收入。广义

来看，宏观经济中的产出、收入与支出完全等值，产出总量就是其收入总量，从而也就是其支出总量，即：总产出＝总收入＝总支出

（1）产出＝收入。产出增值＝投入要素的收入。

（2）产出＝支出。最终销售＝最终支出。

一般来说，总支出与总收入应当相等；但由于统计误差，即用支出法与收入法统计的结果可能不同；以支出法为准进行调整，用收入法核算GDP要额外加一个统计误差项。

总产出是最基本的宏观经济变量。其他宏观经济变量如消费、储蓄、投资、税收、财政支出、进出口等都是由它派生出来的。宏观经济学研究的主要问题只有通过总产出水平的变化才能得到最终说明，如就业水平、物价水平、经济增长、经济周期等。因此，"总产出＝总收入＝总支出"的恒等式是建立宏观经济模型的基本依据。

◇ **同步测试**（单项选择题）

1. 应该计入当年GDP的是（　　）。
   A. 用来生产面包的面粉　　　　　　B. 居民用来自己食用的面粉
   C. 粮店为居民加工面条的面粉
2. 下列项目中，计入国内生产总值的是（　　）。
   A. 出售股票的收入　　　　　　　　B. 拍卖张大千作品的收入
   C. 为他人提供家教的收入　　　　　D. 从政府部门获得的困难补助收入
3. 下列项目中，（　　）不计入国内生产总值。
   A. 经纪人收取一栋旧房买卖的佣金
   B. 银行办理转账收取的手续费
   C. 出口到外国的一批货物
   D. 政府给农民发放种粮补贴
4. 支出法应计入总投资的是（　　）。
   A. 个人购买小汽车　　　　　　　　B. 个人购买游艇
   C. 个人购买住房
5. 支出法计算GDP时不属于投资的是（　　）。
   A. 某公司购买了一台新机床
   B. 某公司建立了一条新装配线
   C. 某公司增加了500件存货
   D. 某公司购买政府债券

任务二　认识GDP相关指标

一、五个总量及其关系

进行国民收入核算时，经常使用五个含义不同的总量指标，即国内生产总值、国内净产值、国民收入、个人收入、个人可支配收入。这五个指标在衡量宏观经济运行时各有侧重，同时存在较为密切的关系。

国内净产值（NDP）是在国内生产总值中减去在生产过程中磨损的厂房、设备等

资本品的价值后的价值,可理解为一国国境以内在一年内创造出来的净增加值。其计算公式为:

$$NDP = GDP - 折旧$$

国民收入(NI)也就是通常所说的狭义国民收入,指一个国家在一年中因使用生产要素进行生产而对生产要素所支付的报酬总和,包括工资、租金、利息、利润四项内容。在计算时,只要在国内净产值中减去企业间接税即可,其计算公式为:

$$NI = NDP - 企业间接税$$

个人收入(PI)是个人在一定时期从各种来源所得到的收入总和。国民收入并不等于个人收入。在国民收入中公司所得税和公司未分配利润没有分配到个人手中;另外,个人还可从政府和企业等机构得到救济金、公债利息、退役金等转移支付而形成个人收入的组成部分。个人收入的计算公式为:

$$PI = NI - (企业所得税 + 企业未分配利润) + 政府转移支付$$

个人可支配收入(PDI 或 DPI)是指在一定时期内个人可以支配的全部收入。其计算公式为:

$$PDI = PI - 个人所得税 = 个人消费支出 + 个人储蓄(个人的投资也属于广义的储蓄)$$

国民收入核算中的五大总量关系可用图 6-1 来表示。

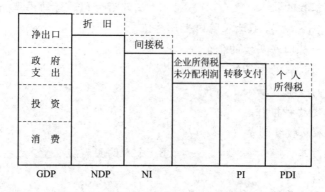

图 6-1 国民收入核算中的五大总量关系

应当注意,国民收入决定理论中所提及的国民收入就是指国内生产总值。

◇ 算一算

某年某国的最终消费为 8 000 亿元,国内私人投资 5 000 亿元(其中 500 亿元为弥补当年消耗的固定资产),政府税收为 3 000 亿元(其中间接税为 2 000 亿元,其他为个人所得税),政府支出为 3 000 亿元(其中政府购买为 2 500 亿元、政府转移支付为 500 亿元),出口为 2 000 亿元,进口为 1 500 亿元。计算 GDP、NDP、NI、PI、PDI。

$$GDP = 8\,000 + 5\,000 + 2\,500 + 2\,000 - 1\,500 = 16\,000(亿元)$$
$$NDP = 16\,000 - 500 = 15\,500(亿元)$$
$$NI = 15\,500 - 2\,000 = 13\,500(亿元)$$
$$PI = 13\,500 + 500 = 14\,000(亿元)$$
$$PDI = 14\,000 - (3\,000 - 2\,000) = 13\,000(亿元)$$

二、名义 GDP 和实际 GDP

◇ **思一思**

如果某国前年 GDP 为 6 000 亿美元，去年为 8 000 亿美元，通货膨胀率为 50%。那么，该国的经济规模是否有所扩大？

答案是否定的。在 8 000 亿美元的产值中，有 2 667 亿美元是虚假的，是由物价上涨引起的，只有 5 333 亿美元是实际产值。因此该国的经济规模不但没有扩大，反而萎缩了。

由上可见，把 GDP 区分为名义 GDP 和实际 GDP 很有必要。名义 GDP 是指按当年价格计算的 GDP。实际 GDP 是指确定某一年（基期）的价格为不变价格，按基期不变价格计算的 GDP。GDP 是最终产品市场上产品和劳务的货币价值总和。因此，GDP 的大小不仅受到最终产品和劳务数量的影响，而且受到价格水平的影响。相同数量的最终产品和劳务按不同价格计算会得出不同的 GDP。在进行国民经济分析时，不同年份的 GDP 要进行比较，就需要消除价格因素的影响。名义 GDP 没有剔除价格变动的影响，而实际 GDP 剔除了价格变动的影响。只有实际 GDP 才能准确反映一国经济增长情况，才是有意义的，而名义的 GDP 不能真实地反映生产活动的水平状况，有时甚至会造成一些假象，即名义增加，而实际减少，因为它可能是价格变动造成的结果。

计算价格水平可用价格指数，也称为压缩系数、折算指数或平减指数，计算公式为：

GDP 价格指数 = 名义国内生产总值/实际国内生产总值

实际 GDP = 名义 GDP/GDP 价格指数

▶ **资料链接**

克 强 指 数

克强指数，是英国著名杂志《经济学人》在 2010 年推出的用于评估中国 GDP 增长量的指标，源于国务院总理李克强 2007 年任职辽宁省委书记时，喜欢通过耗电量、铁路货运量和贷款发放量三个指标分析当时辽宁省经济状况。该指数是三种经济指标：工业用电量新增、铁路货运量新增和银行中长期贷款新增的结合。自推出后，受到花旗银行在内的众多国际机构的认可。

克强指数公式如下：克强指数 = 工业用电量增速×40% + 中长期贷款余额增速×35% + 铁路货运量增速×25%

其权重划分依据是三者增速与 GDP 增速拟合模型的一个简单的回归分析结果。

克强指数更能精确地反映经济现状。现代工业生产与能源消耗密切相关。其中，"耗电量"的多少，可以准确地反映我国工业生产的活跃度以及工厂的开工率。铁路作为承担我国货运的最大载体，"铁路货运量"的多少，既可反映经济运行现状，又可反映经济运行效率。而对于间接融资占社会融资总量高达 84% 的我国而言（银行贷款又占到我国间接融资的绝对大头），"贷款发放量"的多少，既可反映市场对当前经济的信心，又可判断未来经济的风险度。

克强指数反映经济现状的精确性,不仅体现在上述三个指标更切合我国经济特征,还体现在具体数据的易于核实上。与GDP的统计相比,由于耗电量、铁路货运量和贷款发放量三个指标涉及电网、铁路、银行的具体业绩核算,地方政府的GDP崇拜并不会干涉此指数,也近乎没有作假掺水的空间和动机,因此所取得的具体数据也更为真实,同时也更真实地反映经济的走势。

随着我国经济总量的不断增长,世界第二的体量也必将要求经济发展的关注点由规模速度转向质量效益,监测指标也应随之而变。2015年年底李克强总理为《经济学人》年刊撰文,提到"克强指数"三个指标"用电量""铁路货运量""新增银行贷款",与经济运行状况的关联系数已经发生变化。他强调,未来会更加关注就业、居民收入和生态环境的持续改善。也就是说,就业、居民收入和单位能耗等环保指标的加入构成了新版的"克强指数"。

三、GDP与人均GDP

GDP有助于了解一国的经济实力与市场规模,而人均GDP则有助于了解一国的富裕程度与生活水平。用当年的GDP除以同一年的人口数量,则可以得出当年的人均GDP。即:

$$某年人均GDP = 某年GDP/某年人口数$$

其中,某年人口数是指某年年初与年底的人口数平均值,或者是年中(当年7月1日0时)的人口数。

> **资料链接**

世界银行关于高、中、低收入国家的划分标准

世界银行按人均GNI(人均国民总收入,按照世界银行公开信息,实际上是人均GNP)对世界各国经济发展水平进行分组,通常把世界各国分成四组,即低收入国家、中等偏下收入国家、中等偏上收入国家和高收入国家。但以上标准不是固定不变的,而是随着经济的发展不断进行调整的。2020年7月,世界银行公布的最新收入分组标准如下:

人均GNI低于1 036美元为低收入国家;

1 036~4 045美元为中等偏下收入国家;

4 046~12 535美元为中等偏上收入国家;

高于12 536美元为高收入国家。

2019年中国GNP约为14.308万亿美元(是14.343万亿美元GDP的99.8%),按照14亿人口计算,人均GNP(或者说是人均GNI)略超1万美元,仍然属于中等偏上收入国家群体。

四、GDP与经济福利

作为国民收入核算体系中的核心指标,GDP代表了一国国民在一定时期内可以消费的产品和劳务的数量,因而能从总体上代表一国国民的经济福利水平,但GDP本身还存在着

诸多缺陷与不足。

第一，不能完全反映一国的真实产出。GDP 的统计数据是依据市场交换获得的，因此至少有两个方面的产出得不到反映：一是自给性产品和劳务的价值；二是地下经济活动产生的价值。可见，一国国民的总经济福利水平有可能比 GDP 要高。

第二，不能完全反映一国居民的真实生活水平。GDP 所衡量的实质上是一个国家的产出水平。一方面，产出并不等于消费；另一方面，闲暇、良好的工作条件是人们生活水平的重要组成部分，而 GDP 却不能反映这方面的状况。

第三，不能反映经济增长的代价及经济增长的效率。有些国家的经济增长带来了巨大的环境污染和生态破坏，GDP 却不能反映这种情况。有的国家的经济增长是低消耗高效率的，而有的国家的经济增长是高消耗低效率的。后一类国家为了发展经济，往往对资源采用低效的、掠夺式的利用，拼命地消耗资源，这样极有可能伤及一国的持续发展能力。

第四，无法反映一国的产品和劳务的分配情况。如果 A 国与 B 国 GDP 总量相同，但 A 国的收入分配比较均等，而 B 国的收入差距悬殊，显然这两国国民的生活水平是不尽相同的。

可见，GDP 并不能与一国国民的经济福利水平完全画等号。经济学家正在力图对现行国民收入核算体系进行改进和完善，但至今尚未发现比 GDP 更能说明问题的总量指标和核算方法。因此，尽管 GDP 还存在着诸多不足，还是被用作衡量一国经济总体发展水平和经济福利水平的总量指标。

▶ 资料链接

绿色 GDP

绿色 GDP，又称可持续发展国内生产总值，是指一个国家或地区在考虑了自然资源（主要包括土地、森林、矿产、水和海洋）与环境因素（包括生态环境、自然环境、人文环境等）影响之后经济活动的最终成果，即将经济活动中所付出的资源耗减成本和环境降级成本从 GDP 中予以扣除。改革现行的国民经济核算体系，对环境资源进行核算，从现行 GDP 中扣除环境资源成本和对环境资源的保护服务费用，其计算结果可称之为"绿色 GDP"。绿色 GDP 能够反映经济增长水平，体现经济增长与自然环境和谐统一的程度，实质上代表了国民经济增长的净正效应。绿色 GDP 占 GDP 的比重越高，表明国民经济增长对自然的正面效应越高，负面效应越低，经济增长与自然环境和谐度越高，反之亦然。实施绿色 GDP 核算，将经济增长导致的环境污染损失和资源耗减价值从 GDP 中扣除，是统筹"人与自然和谐发展"的直接体现，是对"统筹区域发展""统筹国内发展和对外开放"有力的推动。同时，绿色 GDP 核算有利于真实衡量和评价经济增长活动的现实效果，克服片面追求经济增长速度的倾向和促进经济增长方式的转变，从根本上改变 GDP 唯上的政绩观，增强公众的环境资源保护意识。

从 20 世纪 70 年代开始，联合国和世界银行等国际组织在绿色 GDP 的研究和推广方面做了大量工作。2004 年以来，我国也在积极开展绿色 GDP 核算的研究。2004 年，国家统计局和国家环保总局正式联合开展了中国环境与经济核算绿色 GDP 研究工作。2005 年，北京、天津、河北等 10 个省、直辖市启动了以环境污染经济损失调查为内容的绿色 GDP 试点工作。2006 年 9 月，国家统计局和国家环保总局联合发布了第一份经环境污染损失调整的绿色 GDP 核算研究报告。之后，由于各种原因，绿色 GDP 核算研究的实际工作处在停滞状态。2015 年 3 月，国家环境保护部重启绿色 GDP 研究项目，致力于把资源消耗、环境损害、生态效益等体现生态文明建设状况的指标纳入经济社会发展评价体系。中国多年来以切实行动支持区域和全球环境保护，已经从参与者、贡献者身份逐渐转变为引领者的角色。2016 年，首个国家层面的《生态文明建设目标评价考核办法》由中共中央办公厅、国务院办公厅联合印发。GEP（生态系统生产总值）核算作为生态考核量化的抓手，正与 GDP 一起成为衡量我国经济高质量发展的新标尺。

◇ **同步检测**（资料查询）

请同学们查一查最近年度名义国内生产总值与人均国内生产总值。

查询步骤：登录中国国家统计局网站首页→统计数据→数据查询→年度数据→指标→国民经济核算→国内生产总值→输入查询时间→单击【确定】。

项目二　GDP 与消费、储蓄与投资的关系

宏观经济学的核心是研究什么因素决定一国的国民收入水平。现代宏观经济学认为，总需求是国民收入决定的主要因素之一。经济学中所说的总需求是指最终产品的需求，是从货币价值量的角度分析全社会一年内花在最终产品和劳务上的货币支出总量，而影响总需求的因素主要是消费、储蓄与投资。

▶ **资料链接**

《蜜蜂的寓言》启发了凯恩斯

18 世纪初，一个名叫孟迪维尔的英国医生写了一首题为《蜜蜂的寓言》的讽刺诗。这首诗描述了一群蜜蜂的兴衰史。最初蜜蜂们追求豪华奢侈的生活，大肆挥霍浪费，结果社会兴旺，百业昌盛。后来，它们改变了原有的习惯，放弃奢侈的生活，崇尚节俭朴素，结果社会凋敝，经济衰落，最后被敌人打败逃散。这首诗因为宣扬"浪费有功"，当时被英国中塞克斯郡大陪审团判定为败类作品。但在 200 多年后，这部作品却启发凯恩斯建立了以总需求为中心的宏观经济理论。

在凯恩斯之前，经济学家相信"供给决定需求"。但 20 世纪 30 年代大危机时的供给过剩、失业严重使凯恩斯从供给转向需求，建立了以总需求为中心的宏观经济理论。凯恩斯认为，在短期中，总供给水平是既定的，因此，国民收入水平的大小取决于总需求。总需求增加，国民收入增加；总需求减少，国民收入减少。总需求不足正是引起供给过剩和失业的根本原因。这就是宏观经济学中简单的国民收入决定模型，或称凯恩斯国民收入决定模型。

任务一　掌握总需求的组成部分

一、总需求的含义及组成

总需求（aggregate demand，AD）是指在其他条件不变的情况下，在某一给定的价格水

平上人们所愿意购买的产出总量,也即所有生产部门所愿意支出的总量。在现实的经济中,总需求包括消费、投资、政府购买与净出口四个部分。

1. 消费

消费（C）主要取决于可支配收入,而可支配收入是指个人收入减去税收。其他影响消费的因素包括收入的长期趋势、居民财富、总体价格水平。总需求分析主要关注那些决定实际消费数量（即名义的或货币的消费量除以消费价格指数）的因素。

2. 投资

投资（I）支出包括对建筑物和设备的私人购买以及库存品的增加。决定投资的主要因素是产出水平、资本成本（取决于税收政策、利率和其他金融条件）,还有对将来的预期。经济政策赖以影响投资的主要渠道是货币政策。

3. 政府购买

总需求的第三个组成部分是政府在商品与服务上的开支（G）：如购买像坦克和筑路设备这样的商品,以及对法官和公立学校教师等支付的服务费用。与私人消费和投资不同,总需求的这一部分是直接由政府的支出政策所决定的。

4. 净出口

总需求最后一个组成部分是净出口（$X-M$）,它等于出口值减进口值。进口取决于国内的收入和产出、国内和国外价格的比率,还有本国货币的汇率。出口（即别国的进口）是由外国的收入和产出、相对价格和外汇汇率来决定。因此,净出口将取决于国内的和国外的收入水平、相对价格和汇率。

由于我们讲述的是简单的国民收入决定理论,假定对外贸易不占重要地位,一国的政府在经济活动中不起什么重要作用,对它们可以略去不计。这样,经济为居民户和企业的两部门经济,从需求方面看,两部门经济中一国的国民收入是一定时期内用于消费的支出和用于投资的支出的总和,即等于国内对消费品的需求和对投资品的需求的总和,即消费与投资的总和。

国民收入 = 消费 + 投资,用 Y 表示国民收入,等式为：$Y = C + I$。

二、决定总需求的消费需求

（一）消费函数

凯恩斯理论认为,在影响消费的各种因素中,收入是消费的唯一的决定因素,收入的变化决定消费的变化。

消费与收入之间的依存关系就是消费函数。以 C 代表消费,Y 代表收入,则消费函数就是：$C = f(Y)$。

一般来讲,在其他条件不变的情况下,消费随收入的变动而同方向变动,即收入增加,消费增加,收入减少,消费减少,但消费未必随收入同比例变动。

消费倾向指消费在收入中所占的比例。消费倾向可以分为平均消费倾向（average propensity to consume, APC）和边际消费倾向（marginal propensity to consume, MPC）。

1. 平均消费倾向

平均消费倾向是指在任一收入水平上消费在收入中所占的比率。平均消费倾向用公式表示为：$APC = C/Y$。

其中，APC 代表平均消费倾向，C 代表消费，Y 代表收入。

在短期内，当 APC = 1 时，表明全部收入用作消费；当 APC < 1 时，表明收入除消费外，剩余收入可用于储蓄；当 APC > 1 时，即消费大于收入，消费者为了维持一个起码的消费水平，可通过动用过去的存款或依靠社会救济等，使消费暂时超过收入。

2. 边际消费倾向

边际消费倾向是指在增加的一个单位收入中用于消费的部分所占的比率，即消费增量与收入增量的比率。边际消费倾向用公式表示为：$MPC = \Delta C / \Delta Y$

其中，MPC 代表边际消费倾向，ΔC 代表消费增量，ΔY 代表收入增量。由于消费增量只是收入增量的一部分，所以边际消费倾向的数值大于 0 而小于 1，并且边际消费倾向是消费函数 $C = f(Y)$ 的斜率。对于特定的线性消费函数来讲，这是一个固定的常数。

3. 线性消费函数

为了便于分析，假定收入和消费两个经济变量之间存在线性关系，边际消费倾向为一常数，则消费函数就可用下列方程式表示：$C = a + bY$

其中，C 表示消费，Y 表示收入，a 和 b 都是常数。a 表示自发消费或基本消费，即由人的基本需求决定的最必需的消费，它不随收入的变动而变动，是一个固定的量。b 表示边际消费倾向，b 和 Y 的乘积表示收入引致的消费，引致消费指收入所引起的消费，它的大小取决于收入与边际消费倾向。

$C = a + bY$ 的经济含义是：消费等于自发消费与引致消费之和。例如，$a = 500$，$b = 0.70$，则 $C = 500 + 0.70Y$。这就是说，如果收入增加一个单位，其中有 70% 用于消费。只要 Y 为已知，就可以计算出全部消费量。

当收入和消费之间呈现线性关系时，消费函数就是一条向右上方倾斜的直线。消费函数上每一点的斜率都相等，并且大于 0 而小于 1，如图 6-2 所示。

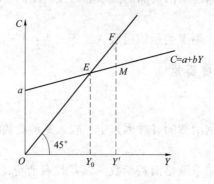

图 6-2 线性消费函数

在图 6-2 中，横轴表示收入水平，纵轴表示消费水平，F 线为 45°线，线上任何一点都表示 $C = Y$。C 为消费曲线，当 Y 为零时，消费为 a，表明这是不依存于收入的自发消费，曲线向右上方倾斜说明消费中由于包括引致消费而随收入的增加而增加。曲线 C 与 45°线相交于 E，表示收入为 Y_0 时，消费为 EY_0，收入与消费相等，所以 E 点为收支平衡点，即在这一点上，收入全部用于消费。在 E 点之左，消费 > 收入，表示有负储蓄；在 E 点之右，消费 < 收入，表示有正储蓄。当收入为 Y' 时，FM 为储蓄，MY' 为消费。

（二）储蓄函数

收入减去消费，余下的就是储蓄（S），所以，$S = Y - C$。储蓄受很多因素的影响，但凯恩斯假定收入是储蓄的唯一决定因素，收入的变化决定储蓄的变化。

储蓄与收入之间的依存关系就是储蓄函数，如果以 S 代表储蓄，Y 代表收入，则储蓄函数就是：$S = f(Y)$。

一般来讲，在其他条件不变的情况下，储蓄随收入的变动而同方向变动，但变动的幅度不一定是同比例的。并且由于储蓄为收入与消费之差，则在一定的收入条件下：消费增加，储蓄就要相应减少；消费减少，储蓄就要相应增加。假定储蓄和收入之间也存在线性函数关系，则线性储蓄函数就可根据线性消费函数推导出来。

因为 $S = Y - C$，而 $C = a + bY$

所以 $S = Y - (a + bY) = -a + (1 - b)Y$

其中，$(1 - b)$ 是边际储蓄倾向，$(1 - b)Y$ 表示收入引致的储蓄。

$S = -a + (1 - b)Y$ 的经济含义是：储蓄等于收入引致的储蓄减去自发消费或基本消费。例如，$a = 500$，$b = 0.70$，$(1 - b) = 0.3$，则 $S = -500 + 0.3Y$。这就是说，如果收入增加一个单位，其中就有 30% 用于储蓄。只要 Y 为已知，就可以计算出储蓄的数值。

当收入和储蓄之间呈现线性关系时，储蓄函数就是一条向右上方倾斜的直线，储蓄函数曲线上每一点的斜率都等于边际储蓄倾向，如图 6 - 3 所示。

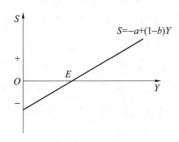

图 6 - 3　线性储蓄函数

图 6 - 3 中横轴表示收入水平，纵轴表示储蓄水平，S 线为储蓄曲线，E 点是收支相抵点，这时储蓄为零。储蓄曲线向右上方倾斜，表示储蓄与收入同方向变动。在 E 点之左表示有负储蓄，在 E 点之右，表示有正储蓄。

储蓄倾向指储蓄在收入中所占的比例。储蓄倾向也可以分为平均储蓄倾向（average propensity to saving，APS）和边际储蓄倾向（marginal propensity to saving，MPS）。

（1）平均储蓄倾向是指在任一收入水平上储蓄在收入中所占的比率。平均储蓄倾向用公式表示为：$APS = S/Y$。

其中，APS 代表平均储蓄倾向。一般来说，平均储蓄倾向是递增的。

（2）边际储蓄倾向是指在增加的一个单位收入中用于储蓄的部分所占的比率，即储蓄增量与收入增量的比率。边际储蓄倾向用公式表示为：$MPS = \Delta S/\Delta Y$。

其中，MPS 代表边际储蓄倾向，ΔS 代表储蓄增量，ΔY 代表收入增量。

由于储蓄增量只是收入增量的一部分，所以边际储蓄倾向的数值大于 0 而小于 1，且边际储蓄倾向是储蓄函数 $S = f(Y)$ 的斜率。对于特定的线性储蓄函数来讲，它是一个固定的常数。

（三）消费函数和储蓄函数的关系

（1）消费函数和储蓄函数之和等于收入。即：
$$C + S = a + bY - a + (1 - b)Y = Y$$
这样，两个函数有一个确立，另一个就随之确立。

（2）APC 和 APS 互为补数，二者之和永远等于 1；MPC 和 MPS 互为补数，二者之和也永远等于 1。即 APC + APS = 1，MPC + MPS = 1。

凯恩斯认为，对消费者个人与家庭来说，存在着边际消费倾向递减，而对全社会来说，这种递减也是存在的。因此，按照这一规律，随着社会收入的增加，增加的收入中，消费所占的比例越来越小，于是就引起对消费品需求的不足。

三、决定总需求的投资需求

（一）投资的含义

人们购买了有价证券、土地或其他财产，通常被看成投资。但在经济学中，这些都不能算是投资，而只是财产的转移，是把土地、证券或其他财产所有权从卖者手中转移到买者手中，并没有产生新的实际资本。经济学中的投资是指资本形成，即社会实际资本的增加，包括厂房、设备和存货增加、新住宅的建设等，其中主要是厂房、设备的增加。

凯恩斯认为，是否要对新的实物资本——机器、设备、厂房、仓库等进行投资，取决于资本家对这些新投资的预期利润率同利息率的比较。如果预期利润率大于利息率，投资被认为有利可图，他便进行投资；如果预期利润率小于利息率，投资会使其蒙受损失，则他必然不去进行投资。所以，要进行投资，投资的预期利润率即资本的边际效率至少应该等于利息率。

（二）自发投资与引致投资

按是否受国民收入的影响，投资可分为自发投资和引致投资。

自发投资（autonomous investment，I_0）是指仅仅由于经济体系外部因素所引发的投资，它不受国民收入变动的制约，如人口的增长、战争的爆发、资源的发现、技术的创新而引起的投资。国家的投资往往被认为是自发投资。在最简单的凯恩斯国民收入决定理论中，为了论述的方便，一切投资假设为自发投资。这种自发投资 I_0 的函数是 $I_0 = I$。

引致投资（induced investment，I_i）是随国民收入的变动而变动的投资。在其他条件相等的条件下，国民收入越高，投资量越大；国民收入越低，投资量越小。引致投资 I_i 是国民收入的递增函数，即 $I_i = VY$。式中，V 为边际投资倾向，$V = \Delta I / \Delta Y$，即每增加一单位国民收入所引起的投资量的增加。既包括自发投资，又包括引致投资，投资函数为 $I = I_0 + VY$（见图 6-4）。

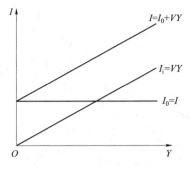

图 6-4 自发投资与引致投资

◇ 同步检测（判断题）

1. 储蓄函数研究储蓄与消费之间的关系。（　　）
2. 边际消费倾向与平均储蓄倾向之和等于 1。（　　）
3. 人们购买了有价证券、土地或其他财产，可以被认为是经济学中的投资。（　　）
4. 引致投资是随国民收入的变动而变动的投资。（　　）

任务二　学会分析国民收入的决定及变动

在对总需求与国民收入的决定及变动的分析中，首先从最简单的情况开始，并做两点假定：第一，利息率水平既定，仅就产品市场来研究国民收入水平的决定，也就是暂不考虑利息率变动对国民收入水平的影响；第二，假定投资水平是一个常数，不随国民收入水平变化。

一、总需求与国民收入的决定

总需求与总供给相等时的国民收入是均衡的国民收入，当短期内总供给不变时，均衡的国民收入水平就由总需求决定。

总需求包括消费与投资，假定投资为一常数，$I_0 = \bar{I}$，消费函数为 $C = a + bY$，则总需求 AD 为：

$$AD = C + I_0 = a + bY + \bar{I}$$

均衡国民收入决定的条件是总供给（国民收入）与总需求相等，即：

$$Y = AD = a + \bar{I} + bY$$

可得到均衡国民收入为：

$$Y = (a + \bar{I})/(1 - b)$$

其中，$a + \bar{I}$ 为总需求中不变的自发消费与投资，它不随收入的变动而变动，用 $\bar{A}$ 表示，即 $\bar{A} = a + \bar{I}$ 为一常数。

这样，如果知道了消费函数和自发投资量，就可计算出均衡的国民收入。

例如，消费函数 $C = 1\,000 + 0.8Y$，自发投资量始终为 600 亿美元，则均衡国民收入为：

$$Y = (1\,000 + 600)/(1 - 0.8) = 8\,000（亿美元）$$

总需求对国民收入的决定可用图形表示，如图 6-5 所示。

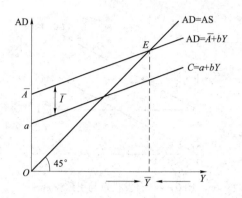

图6-5　总需求对国民收入的决定

图6-5中，横轴为国民收入，纵轴为总需求，45°线上的任何一点到纵轴和横轴的距离相等，表明总供给等于总需求。$C=a+bY$是消费曲线，$AD=\bar{A}+bY$是总需求曲线，由于自发投资$\bar{I}$是一常数，所以总需求曲线与消费曲线平行，二者的距离为$\bar{I}$。总需求曲线与45°线相交于E点，在E点上经济体系处于均衡状态。均衡点E决定的收入水平是均衡的收入水平，它表示国民收入在E点达到均衡，这时均衡国民收入为$\bar{Y}$，即总供给等于总需求。

在$\bar{Y}$之左，总需求大于总供给，社会上供给不足，产品供不应求，价格必然上升，生产势必扩大，从而总供给增加，国民收入如箭头所示，要向$\bar{Y}$增加；在$\bar{Y}$之右，总需求小于总供给，社会需求不足，产品卖不出去，价格必然下降，生产势必收缩，从而总供给减少，国民收入如箭头所示，要向$\bar{Y}$减少；只有在$\bar{Y}$时，国民收入既不增加，也不减少，处于均衡状态，这时的国民收入就是均衡的国民收入。

二、总需求与国民收入的变动

均衡的国民收入水平是由总需求决定的。因此，总需求的变动必然引起均衡的国民收入水平的变动。总需求的高低，决定了均衡的国民收入的大小。所以，总需求的变动会引起均衡的国民收入同方向变动：总需求增加，均衡的国民收入增加；总需求减少，均衡的国民收入减少。

总需求的变动有两种情况引起国民收入的增加或减少。

（一）边际消费倾向的变化对国民收入的影响

如图6-6所示，当边际消费倾向减少时，总需求曲线以$\bar{A}$点为中心顺时针转动，总需求减少，从而总需求曲线与45°线的交点决定的均衡的国民收入减少。当边际消费倾向增加时，总需求曲线以$\bar{A}$点为中心逆时针转动，总需求增加，从而总需求曲线与45°线的交点决定的均衡的国民收入增加。

如图6-6所示，原来的总需求曲线为$AD_0=\bar{A}+bY$，当边际消费倾向由b减少到b_1时，总需求曲线由AD_0转动到AD_1，均衡点由E移到E_1，从而使均衡国民收入由$\bar{Y}$减少为Y_1；当边际消费倾向由b增加为b_2时，总需求曲线转动到AD_2，均衡点由E移到E_2，从而使均衡的国民收入由$\bar{Y}$增加为Y_2。

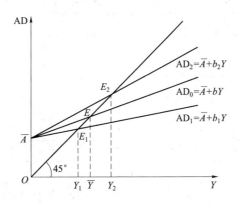

图 6-6 边际消费倾向的变化对国民收入的影响

(二) 自发总需求的变动对国民收入的影响

自发总需求包括自发消费和自发投资，自发总需求的变动表现为总需求曲线的平行移动。设自发总需求的变动量为 $\Delta \bar{A}$，则如图 6-7 所示的三条总需求曲线分别为：

$$AD_0 = \bar{A} + bY$$
$$AD_1 = \bar{A} - \Delta \bar{A} + bY$$
$$AD_2 = \bar{A} + \Delta \bar{A} + bY$$

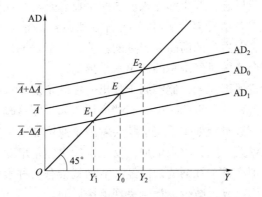

图 6-7 自发总需求的变动对国民收入的影响

当自发总需求由 $\bar{A}$ 减少到 $\bar{A} - \Delta \bar{A}$ 时，总需求曲线从 AD_0 平行向下方移动到 AD_1，表示总需求减少，均衡点由 E 移动到 E_1，使均衡的国民收入水平由 Y_0 减少到 Y_1；当自发总需求由 $\bar{A}$ 增加到 $\bar{A} + \Delta \bar{A}$ 时，总需求曲线从 AD_0 平行向上方移动到 AD_2，表示总需求增加，均衡点由 E 移动到 E_2，使均衡的国民收入水平由 Y_0 增加到 Y_2。

▶ 资料链接

"三驾马车"对我国 GDP 增长的影响见表 6-3。

表 6-3 "三驾马车"对我国 GDP 增长的影响

年份	最终消费支出		资本形成总额		货物和服务净出口	
	贡献率/%	拉动/(百分点)	贡献率/%	拉动/(百分点)	贡献率/%	拉动/(百分点)
2014	56.3	4.2	45.0	3.3	-1.3	-0.1
2015	69.0	4.9	22.6	1.6	8.4	0.6
2016	66.5	4.6	45.0	3.1	-11.6	-0.8
2017	57.5	4.0	37.7	2.6	4.8	0.3
2018	65.9	4.4	41.5	2.8	-7.4	-0.5
2019	57.8	3.5	31.2	1.9	11.0	0.7

注：1. "三驾马车"指的是拉动我国经济增长的三大需求，三大需求指支出法计算的国内生产总值的三大构成项目，即最终消费支出、资本形成总额、货物和服务净出口。
2. 贡献率指三大需求增量与支出法计算的国内生产总值增量之比。
3. 拉动指国内生产总值增长速度与三大需求贡献率的乘积。

资料来源：http://www.stats.gov.cn/。

三、节俭悖论概述

（一）漏出和注入

宏观经济学有一对重要概念：漏出和注入。这两个概念是对企业生产的商品和服务的消费与否而言的。如果进入或者增加对企业生产的商品和服务的消费（即需求），那就是注入；如果退出或减少对企业生产的商品和服务的消费，那就是漏出。漏出会使国民经济总的产出水平降低，注入则会使国民经济总的产出水平提高。

可以看出，消费和投资属于注入，储蓄属于漏出。在既定的收入中，消费与储蓄反方向变动。即：消费增加，储蓄减少；消费减少，储蓄增加。如果储蓄减少使消费增加，一般会提高企业产品和服务的供应数量，如供不应求就会刺激企业增加投资，扩大再生产，从而使就业人数扩大，社会呈现繁荣，国民收入增加；反之，如果储蓄增加，消费减少，储蓄不能及时转化为消费的力量，那么整个社会的国民经济活动就会有一种紧缩的压力，这种压力过大，就会造成通货紧缩，国民收入减少，社会呈现萧条局面。

必须注意，注入与漏出不单单指消费、投资和储蓄，还有其他很多因素。国民经济运行中，常见的三对注入与漏出为：

第一对：注入——企业投资 I，漏出——居民储蓄 S。
第二对：注入——政府支出 G，漏出——政府税收 T。
第三对：注入——出口 X，增加国内消费；漏出——进口 M，退出国内消费。

（二）节俭悖论

根据消费与储蓄对国民收入的不同影响，凯恩斯得出一个与传统的道德观相矛盾的推论：按照传统的道德观，节俭即增加储蓄是好的，减少储蓄是不好的。但按储蓄变动会引起国民收入反方向变动的理论，增加储蓄会减少国民收入，使经济衰退，是不好的；而减少储蓄会增加国民收入，使经济繁荣，是好的。这就是"节俭悖论"。《蜜蜂的寓言》所讲的就是这个道理。

"节俭悖论"尤其强调在萧条时期储蓄会使萧条更严重，并且储蓄过多很可能还会减少实际的储蓄。也就是说，储蓄越多越好是有条件的，越多越好的储蓄只有在正确的宏观经济政策的调节之下，即储蓄能及时转化为投资的条件下才能成立。在萧条时期一味强调储蓄，效果只能适得其反。

值得注意的是，任何理论的使用都有其前提条件（基本假设），即适用边界。国民收入决定理论只是一种经济理论，只能使用在"经济"范畴内，而且只有在资源未充分利用、社会有效需求不足时，才可通过刺激消费的方式促进经济增长。如果社会已达到充分就业，但资源紧缺，甚至存在膨胀缺口，节俭则能抑制过高的总需求，也有助于消除通货膨胀。

进入21世纪，人类面临的不仅是经济问题，人类的过度需求已经造成各种资源的紧缺和严重的环境污染。对于全人类而言，节俭是最重要的美德，因此把我们的需求限制在地球可循环供给的范围内是今后全人类面临的重大课题。

◇ **同步检测（课堂讨论）**

1. 查阅最近几年拉动经济增长的"三驾马车"数据与资料，与同学讨论当前哪一驾马车将能发挥更大的作用呢？
2. "节俭悖论"与中国勤俭节约的传统美德是否相矛盾？你是如何看待这个问题的？

任务三　认识乘数原理

◇ **思一思**

破窗经济

某商店的一块玻璃被打破了，店主花1 000元买了一块玻璃换上。玻璃店老板得到这1 000元收入，假设他支出其中的80%，即800元用于买衣服，服装店老板得到800元收入。再假设服装店老板用这笔收入的80%，即640元购买食物，食品店老板得到640元收入。食品店老板又把这640元中的80%用于支出……如此一直下去，你会发现，最初是商店老板支出1 000元，经过不同行业老板的收入与支出行为之后，总收入增加了5 000元。其原因何在呢？乘数原理回答了这一问题。

一、乘数原理的含义

总需求增加与国民收入增加之间量的关系如何，正是乘数原理（multiplier theory）所揭示的内容。

在存在闲置生产能力的条件下，如果自发投资一次性增加，必然会提高有效需求，引起国民收入增加，而且国民收入增加是自发投资增加的倍数，这就是乘数原理。投资增加所引起的收入增加的倍数，就是投资乘数。凯恩斯的乘数实际上就是表示投资增加会使收入增加到什么程度的系数。

上述资料中，最初的投资就是某商店老板购买玻璃的1 000元。这种投资的增加引起玻璃店、服装店、食品店等部门的收入增加之和为5 000元，所以乘数就是5（5 000元除以

1 000元）。一笔投资增加所引起的国民收入成倍增加就是宏观经济学中的乘数效应。

在经济中为什么会有乘数效应呢？国民经济中各部门之间是相互关联的，一个部门的支出就是另一个部门的收入。循环下去，一个部门支出的增加就会引起国民经济各部门收入与支出的增加，最终使收入的增加是最初支出增加的倍数。

在破窗经济中，乘数是5。为什么乘数是5而不是其他数呢？乘数效应的大小取决于边际支出倾向的大小。在该例子中，当边际支出倾向为0.8时，乘数是5，如果你把边际支出倾向改为0.5，乘数就变为2。可以看出，边际支出倾向越大，乘数越大。

当然，我们并不希望有玻璃被打碎，但如果把玻璃破碎换成增加一种有用的投资（如商店的扩大），乘数原理不是完全一样吗？破窗经济只是个例子，把这个例子换为财政支出增加，你就可以看出乘数效应多么重要了。假定政府支出100亿元用于基础设施建设，支出会带动建筑、水泥等各部门收入与支出的增加。近年来，我国政府加大基础设施投资支出，带动整个经济走向好转，正是乘数在发挥作用。

二、乘数公式

我们将上面的例子推及一般，就可以得出投资乘数公式。如果以 ΔY 代表收入的增加量，ΔI 代表投资的增加量，K 代表投资乘数，则：$K = \Delta Y / \Delta I$

也就是： 乘数 $= 1/(1 -$ 边际消费倾向$) = 1/$边际储蓄倾向

从投资乘数公式可以看出，K 的数值直接取决于边际消费倾向（MPC）和边际储蓄倾向（MPS）的数值。乘数与边际消费倾向按同一方向变化，与边际储蓄倾向呈反方向变化。乘数的大小取决于边际消费倾向的高低：边际消费倾向越高，乘数就越大；边际消费倾向越低，乘数就越小。这是因为，边际消费倾向越大，收入中用于消费的部分就越多，从而总需求越大，国民收入增加得也越多。

三、乘数效应

投资乘数是从正反两方面发生作用的。一方面，投资的增加会引起收入和就业量成K倍地增加；另一方面，投资的减少也会导致收入和就业量成K倍地减少。所以，经济学家把乘数形象地比喻为一把"双刃剑"。

通过对乘数原理的分析，我们清楚：乘数大小是由边际消费倾向决定的，乘数与边际消费倾向成正比，与边际储蓄倾向成反比。乘数的效应主要反映在最初几轮的消费上，因此最初几轮的实际边际消费倾向对国民收入的影响很大。乘数有正作用，也有反作用。一般来说，当国民经济呈现萧条的时候，要注意发挥乘数的正作用，以通过消费、投资等增量来实现国民经济的复苏；当国民经济增长过度，呈现通货膨胀的时候，则要利用乘数的反作用，以通过消费、投资等减量来使国民经济的高涨有所收敛。

以上所分析的是投资的乘数效应。实际上，总需求的任何变动，如消费的变动、政府支出的变动、税收的变动、净出口的变动等，都会引起收入若干倍的变动，都具有乘数作用，但它们乘数的大小，对国民收入的影响并不相等。

四、乘数原理发生作用的条件

乘数的作用不可否认，但乘数原理发生作用是需要有一定条件的。

第一,由于投资乘数取决于边际消费倾向和边际储蓄倾向,只有当消费函数或储蓄函数在相当长时期内保持稳定,投资的乘数作用才可以相当顺利地发挥出来,并且使投资乘数有一个稳定的数值,否则会引起一定程度的波动。

第二,要有一定数量的劳动力和存货可以被利用,也就是说,在社会上各种资源没有得到充分利用时,总需求的增加才会使各种资源得到利用,产生乘数作用。如果社会上各种资源已经得到了充分利用,或者某些关键部门(如能源、原料或交通)存在着制约其他资源利用的"瓶颈状态",乘数也无法发挥作用。

由此可见,凯恩斯经济学被人称为"萧条经济学",一个重要的理由是,唯有在萧条时期,才有闲置的设备和原料,才有过剩的劳动力,才有足够的消费品存货,从而才能使投资的乘数作用不受阻碍地发挥出来。

◇ **同步检测(判断题)**

1. 乘数的大小取决于边际消费倾向的高低:边际消费倾向越高,乘数就越大。(　　)
2. 在资源充分利用的情况下,乘数才能发挥作用。(　　)

▶ **案例分析训练**

案例1　绿水青山也能"定价"? GEP 了解一下

多年来,国内生产总值(GDP)作为重要经济指标,一直被广泛运用在对宏观经济运行的评价中。在新发展理念下,随着我国经济步入高质量发展阶段,单纯使用 GDP 来评估经济发展状况已不能满足实际需要。也正因为如此,2020 年 10 月,全国首个省级 GEP 标准在浙江一经发布,即引发了社会各界的广泛关注。GEP 是生态系统生产总值的简称,它与 GDP 之间既相互联系又有所差异。概括地说,GDP 核算的是人类经济活动增加值,GEP 核算的是自然生态系统提供的所有生态产品价值。作为"绿水青山就是金山银山"理念的发源地和实践地,浙江率先推出省级 GEP 核算技术规范,不仅为全国"绿水青山"高效转化为"金山银山"提供了一个可借鉴的技术方案,而且对于各地践行绿色发展理念、推进生态文明建设,具有重要示范效应。

人们对 GEP 关注度高,不仅因为它关系到我们的钱袋子,还与我们赖以生存的生态环境息息相关,影响着我们的获得感、幸福感、安全感。事实上,推动开展 GEP 核算的呼声已久,一些地方也开始了试点工作。目前,除浙江外,贵州、青海、内蒙古等省份,江西抚州市、贵州黔东南州、四川甘孜州、吉林通化市、深圳盐田区、云南普洱市等地市,分别从不同维度对 GEP 核算方法、转化路径等开展了有益探索,形成了一些可复制、可推广的经验。此前,内蒙古自治区公布了"2015—2019 年生态产品总值(GEP)核算结果"。数据显示,内蒙古自治区近 5 年 GEP 总值已从 3.94 万亿元增长到 4.48 万亿元,增长了 13.75%,生态环境保护成效显著。2020 年 10 月,全国首个生态产品价值核算统计制度在深圳获批实施,这意味着深圳开展常态化 GEP 核算有了制度保障。不仅如此,该核算体系作为城市实践案例,已纳入相关国家标准的研制中,并与联合国统计署相关核算标准实现了接轨。

GEP 核算让生态家底变得一目了然,对于各地因地制宜地推进生态经济化、经济生态化,具有积极的指挥棒作用。近年来,我国把生态文明建设摆在更加突出位置,从"绿水青山就是金山银山"重要论断的提出,到党的十八届三中全会明确建立生态文明制度,再到 2019 年首个国家层面《生态文明建设目标评价考核体系》发布,GEP 核算作为生态考核量化的抓手,正与 GDP 一起成为衡量我国经济高质量发展的新标尺。一方面,要让 GEP 核算进规划、入考核,以 GEP 核算为依据,指导各地编制好"十四五"区域绿色发展战略规划,强化 GEP 指标在领导干部离任审计、绿色发展绩效考核等方面的应用,引导各地在新发展理念下转变发展思路、改变发展方式,在推动 GDP、GEP 双增长的同时,不断促进 GEP 向 GDP 高效转化。另一方面,要让 GEP 核算进决策、入项目,把 GEP 核算引入生态优先、绿色发展的政策体系中,推动 GEP 核算成果应用到相关政策奖补、资源要素配置中,进一步提高决策的效能。同时,探索构建以 GEP 核算为基础的生态产品交易机制,推动形成生态产品价值实现机制等,真正实现"存入绿水青山,取出金山银山"。

评价标准的创新,提升了生态文明建设的精细化程度,也为呵护绿水青山、建设美丽中国打开了新思路。这折射出我国在治理体系和治理能力现代化方面的进步,也为探索全球生态治理做出了积极贡献。

需要指出的是,当前我国生态文明建设正处于压力叠加、负重前行的关键期,同时也到了有条件、有能力统筹解决发展与保护这一突出问题的重要窗口期。我们相信,随着 GEP 核算体系不断走向成熟,只要持之以恒地推进绿色发展,就一定能助力美丽中国建设从蓝图变为现实。

(资料来源:顾阳. 绿水青山也能"定价"? GEP 了解一下. 经济日报,2020 - 10 - 30.)

问题与讨论:

1. 习近平总书记在谈到生态环境保护问题时指出:"我们既要绿水青山,也要金山银山。宁要绿水青山,不要金山银山,而且绿水青山就是金山银山。"请同学们结合 GDP 指标的缺陷,谈谈你对习近平总书记这一科学论断的理解。

2. 谈谈你对 GEP 的理解,浙江 2020 年 10 月率先推出省级 GEP 核算技术规范有哪些有利影响?

案例 2 注重需求侧改革,为发展提供持久动力

2020 年 12 月 11 日召开的中共中央政治局会议,在分析研究 2021 年经济工作时提出,要扭住供给侧结构性改革,同时注重需求侧改革,打通堵点,补齐短板,贯通生产、分配、流通、消费各环节,形成需求牵引供给、供给创造需求的更高水平动态平衡,提升国民经济体系整体效能。中央首提需求侧改革,是推动形成以国内大循环为主、国内国际双循环相互促进新发展格局的重要举措,必将对 2021 年"十四五"开局之年乃至未来更长时期的改革与发展产生深远影响。

适时提出需求侧改革,是基于当前发展新形势做出的科学判断。目前,2015 年年底提出的供给侧结构性改革,已取得初步成效,也为工作重点转向需求侧改革准备了条件。更重要的是,随着国内外发展环境变化,市场的供需力量正在悄然发生变化,总需求不足、需求结构不合理、需求渠道不畅通的矛盾日益突出,并已成为影响未来经济社会持续稳定发展的重要障碍。因此,加快需求侧改革,是实现经济高质量发展、确保发展动力充足和持久的关键所在。

注重需求侧改革,须牢牢把握消费需求改革这个关键点。"十三五"以来,中国的消费

对经济增长的贡献率平均在 60% 以上，成为经济增长的最大拉动力。与此同时，中国庞大的消费群体造就了巨大的消费市场，而主要依托互联网带来的消费模式变革，大大激发了国内市场的消费需求热情。在新冠肺炎疫情对全球经济造成严重冲击的情况下，得益于中国首先控制住疫情，再加上各项扶持消费政策的出台，消费需求得到迅速恢复，并成为保增长的主要力量之一。

但也要看到，目前阻碍消费需求改革的因素也不少。主要表现在，居民收入水平总体来说并不高，收入分配差距仍较大，中等收入群体规模仍偏小，支持消费需求的金融创新仍不多，消费质量仍有待提高等。因此，加快消费需求改革，必须在提高居民收入方面下大力气，真正疏通民众消费不起、消费意愿低的最大瓶颈。同时坚持"提低、扩中、限高"原则，缩小收入分配差距，扩大中等收入群体规模，创新多层次的金融支持消费政策体系，最大限度地释放消费需求。

注重需求侧改革，要始终坚持对投资需求的支持和引导。尽管近些年来投资需求对经济增长的贡献有所下降，但仍是不可或缺的动力。为应对疫情冲击，从中央到地方均出台了鼓励投资政策，但目前投资结构仍不合理，民间投资积极性仍受到抑制，投资效益尚有待提高等，妨碍了投资需求的进一步扩张。这就要求尽快调整和优化投资结构，将更多投资引导到经济社会发展短板上去。营造更加公平、合理的市场环境，激发民间投资积极性，强化投资的效率和效益意识，防范重复投资、过度投机性投资等问题。

注重需求侧改革，还要高度重视国外需求的挖掘和激发。受新冠肺炎疫情影响，国外需求受到较大冲击，但在国内疫情向好后，也呈现出明显反弹，中国迅速成为满足全球需求的最大供给国。不过，贸易保护主义持续抬头、国内供给质量有待提高等问题，仍是影响国外需求的重要原因。这就需要我们继续坚持自由贸易和多边贸易规则，提高国内供给质量，提升中国制造的美誉度，创造更多国外需求。

需要强调的是，注重需求侧改革并不是平均用力，而应有所侧重。当前应更注重扩大内需，尤其是消费和投资需求，充分发挥内循环的主导和引领作用。尽快疏通供给和需求间的渠道，实现供给与需求的良性互动和循环。在此基础上，重视国内国际双循环相互促进，在需求牵引供给、供给创造需求的更高水平动态平衡中，不断扩大国内总需求，并使之成为推动经济社会持续稳定发展的持久性力量。

（资料来源：新京报，2020-12-13.）

问题与讨论：
请分析中央适时提出注重需求侧改革的意义及理论依据。

训练题

一、概念匹配题

1. 国内生产总值（   ）
2. 投资（   ）
3. 个人可支配收入（   ）
4. 总需求（   ）
5. 边际消费倾向（   ）
6. 投资乘数（   ）

A. 指在增加的一个单位收入中用于消费的部分所占的比率，即消费增量与收入增量的比率

B. 投资增加所引起的收入增加的倍数

C. 增加或替换资本资产（包括厂房和住宅建筑、购买机器设备以及存货）的支出

D. 指一个国家（或地区）在一定时期内（通常为一年）在本国（或地区）内所生产的最终产品和劳务价值的总和

E. 指在其他条件不变的情况下，在某一给定的价格水平上人们所愿意购买的产出总量，即所有生产部门所愿意支出的总量

F. 指在一定时期内个人可以支配的全部收入

二、判断题

1. 投资是国民经济循环的漏出，储蓄则是国民经济循环的注入。（   ）
2. 消费者居住自己的房屋，这部分房租已计算到 GDP 中。（   ）
3. 居民购买新的房屋是一种投资行为。（   ）
4. GDP 价格指数计算出来的实际 GDP 的数值排除了价格变动对 GDP 的影响。（   ）
5. 只有存到银行的钱才能算作储蓄。（   ）
6. 原材料、零配件都是最终产品。（   ）
7. GDP 是按国民原则计算出来的。（   ）
8. 如果两个邻居相互帮忙，一个为对方看孩子，一个为对方做饭，并都向对方付费，他们的行为不会对 GDP 产生影响。（   ）
9. 如果两个国家的 GDP 相同，他们的生活水平也相同。（   ）
10. 本年生产但未销售出去的最终产品的价值不应该计算在本年的国民生产总值之内。（   ）
11. 投资是自发投资与引致投资之和。（   ）
12. 如果边际消费倾向为 0.75，那么投资乘数为 4。（   ）
13. 乘数的大小取决于平均消费倾向的大小。（   ）
14. 投资乘数只具有正作用。（   ）
15. 如果边际消费倾向为正，则边际储蓄倾向就为负。（   ）

三、单项选择题

1. 一国的国民生产总值大于国内生产总值，说明该国的国外要素净收入（   ）。
   A. 小于零　　　　B. 大于零　　　　C. 等于零　　　　D. 不能判断

2. 2000 年的名义 GDP 大于 1999 年的名义 GDP，说明（   ）。
   A. 2000 年的价格水平高于 1999 年
   B. 2000 年的最终产品和劳务总量高于 1999 年
   C. 2000 年的物价水平和实际产量都高于 1999 年
   D. 以上三种说法都可能存在

3. 下列哪一项目不属于政府购买支出？（   ）
   A. 政府投资修建一座水库　　　　B. 政府订购一批小轿车
   C. 政府给低收入阶层提供一笔补贴　　D. 政府给公务员加薪

4. 在国民收入账户中，投资需求可能包括以下项目，除了（   ）。

A. 公司购买新的厂房和设备　　　　B. 在纽约证券交易所购买股票
C. 居民和房东购买新房　　　　　　D. 公司产品存货的增加

5. 在一般情况下，国民收入核算体系中数值最小的是（　　）。
A. 国民生产净值　　　　　　　　　B. 个人收入
C. 个人可支配收入　　　　　　　　D. 国民收入

6. 国内生产总值测度的是下面哪一项的市场价值？（　　）
A. 一定时期内一国的所有交易
B. 一定时期内一国中交换的所有商品和劳务
C. 一定时期内一国中交换的所有最终商品和劳务
D. 一定时期内一国中生产的所有最终商品和劳务

7. 在计算国内生产总值时，怎样做到扣除中间产品的价值？（　　）
A. 剔除金融转移　　　　　　　　　B. 计量 GDP 时使用增加值法
C. 剔除以前生产的产品的市场价值　D. 剔除那些未涉及市场交换的商品

8. 在下列项目中，不属于国民收入核算同一类的是（　　）。
A. 投资　　　　B. 利润　　　　C. 工资和薪金　　　　D. 不能确定

9. 在统计中，当社会保险税增加时，（　　）项会有直接变化。
A. 国内生产总值 GDP　　　　　　　B. 狭义的国民收入 NI
C. 国内生产净值 NDP　　　　　　　D. 个人收入 PI

10. 政府发放给公务员的工资属于（　　）。
A. 政府转移支付　　B. 政府购买　　C. 消费　　D. 投资

11. 如果个人收入为 960 美元，个人所得税为 100 美元，消费等于 700 美元，个人储蓄为 160 美元，则个人可支配收入为（　　）。
A. 860 美元　　　　B. 800 美元　　　　C. 760 美元　　　　D. 700 美元

12. 把所有厂商的收入加总，扣除使用的中间投入品成本来计算 GDP 的方法是（　　）。
A. 最终产品法　　B. 个人收入法　　C. 收入法　　D. 增加值法

13. 对 GDP 计算采用的收入法或支出法（　　）。
A. 是用来衡量 GDP 的不同方面，因此彼此并不关联
B. 是衡量同一事物的两种不同的方法
C. 如果以实际价格衡量，二者相等；如果按名义价格衡量，则二者不相等
D. 与流量循环模型毫无关系

14. 经济增长总是以实际 GDP 的数值来衡量的，这是因为（　　）。
A. 实际产出水平逐年变化
B. 价格水平逐年变化
C. 各年份的名义 GDP 差别很大
D. 用收入法和支出法两种不同方法得出的数据并不相同

15. 用（　　）计算 GDP 的方法中，包括净利息这一部分。
A. 增加值法　　B. 收入法　　C. 最终产品法　　D. 无法判定

16. 如果投资持续下降 100 亿元，边际消费倾向为 0.75，那么收入水平将（　　）。
A. 下降 400 亿元并保持在这一水平

B. 下降400亿元但又逐渐回复到原有水平

C. 下降130亿元左右并保持在这一水平

D. 下降100亿元,最后回到原有水平

17. 乘数等于（　　）。

A. 收入变化除以投资变化　　　　B. 投资变化除以收入变化

C. 边际消费倾向的倒数　　　　　D. （1－MPC）的倒数

18. 在短期,如果居民可支配收入等于零,则（　　）。

A. 居民消费等于零　　　　　　　B. 居民消费大于零

C. 居民储蓄等于零　　　　　　　D. 居民储蓄大于零

19. 边际消费倾向是（　　）。

A. 每一收入水平上家庭的消费意向

B. 在任何收入水平的总收入与总消费之比

C. 在任何收入水平的总消费与总收入之比

D. 在任何收入水平上的消费增量与收入增量之比

20. 以下判断正确的是（　　）。

A. 消费与储蓄之和等于收入　　　B. 消费与储蓄之和等于零

C. 消费与储蓄之和等于1　　　　 D. 消费与储蓄之和等于支出

21. 乘数的作用必须在（　　）条件下才可发挥。

A. 经济实现了充分就业　　　　　B. 总需求大于总供给

C. 政府支出等于政府税收　　　　D. 经济中存在闲置资源

22. 如果自发消费为150亿元,投资为50亿元,边际储蓄倾向为0.6,那么,在二部门经济中,均衡收入为（　　）亿元。

A. 500　　　　B. 400　　　　C. 600　　　　D. 800

23. 从宏观经济学的意义上讲,以下各项属于投资的是（　　）。

A. 某人购买了一台电视机　　　　B. 某人购买了一定数量的股票

C. 某人购买了一定数量的债券　　D. 某人购买了一栋别墅

四、多项选择题

1. 下列选项中,不符合GDP特征的选项有（　　）。

A. 它是用实物量测度的

B. 它只是测度最终产品和劳务的价值

C. 它只适用于给定的时点

D. 它测度所有参与交易的商品和劳务的价值

2. 如果2006年的名义GDP超过了2005年的名义GDP,则可以断定（　　）。

A. 2006年的实际产出一定大于2005年的实际产出

B. 2006年的实际GDP一定超过了2005年的实际GDP

C. 无法判定实际产量的变化

D. 若GDP平减指数（以2005年为基期）是100,则2006年实际产出大于2005年的实际产出

3. 在三部门经济收入流量循环模型中,注入项有（　　）。

A. 投资　　　　　B. 储蓄　　　　　C. 政府购买　　　　　D. 出口

4. 下列选项中，不能成为个人收入的选项有（　　　）。
   A. 公司未分配利润　　　　　　　B. 个人所得税
   C. 利息和租金收入　　　　　　　D. 社会保险税

5. 在国民收入核算中，下列选项属于最终产品的有（　　　）。
   A. 出口的原材料　　　　　　　　B. 进口的原材料
   C. 企业生产的成品　　　　　　　D. 企业增加的半成品库存

6. 按照支出法核算GDP，最终产品包括（　　　）。
   A. 个人消费和私人投资　　　　　B. 政府的转移支付
   C. 政府的消费和投资　　　　　　D. 出口

7. 按照收入法核算GDP，不能包括的项目有（　　　）。
   A. 投资和消费　　　　　　　　　B. 工资和薪金
   C. 间接税和折旧　　　　　　　　D. 政府购买和出口

8. 总需求由（　　　）构成。
   A. 消费　　　　　B. 投资　　　　　C. 政府购买　　　　　D. 净出口

9. 消费和收入之间如存在线性关系，那么（　　　）。
   A. 边际消费倾向不变　　　　　　B. 边际消费倾向为一常数
   C. 边际储蓄倾向不变　　　　　　D. 边际储蓄倾向为一常数

10. 在消费函数和储蓄函数关系中，（　　　）。
    A. $APC + APS = 1$　　B. $MPC + MPS = 1$　　C. $C + S = 1$　　D. $C + S = Y$

11. 以下引起均衡国民收入增加的选项有（　　　）。
    A. 自发消费的增加　　　　　　　B. 投资的增加
    C. 税收的增加　　　　　　　　　D. 政府购买的增加

12. 影响投资的因素很多，主要有（　　　）。
    A. 实际利率水平　　　　　　　　B. 预期收益率
    C. 投资边际效率　　　　　　　　D. 投资风险

五、计算题

1. 一个棉农一年生产 1 000 元籽棉，他售给轧棉厂加工成 1 400 元棉花，轧棉厂又将这些棉花售给纺纱厂加工成棉纱。根据表 6-4 分别计算总产值和总增加值，并分析为什么不宜用总产值来衡量一国的财富。

表 6-4　计算总产值和总增加值　　　　　　　　　　　　　　　　　　　　元

生产者	产品	总产出	增加值
棉农	籽棉	1 000	
轧棉厂	棉花	1 400	
纺纱厂	棉纱		600
织布厂	棉布		800
印染厂	花布	3 800	
服装厂	服装	5 000	

2. 根据下面的有关资料，用支出法计算该国的 GDP。

（1）购买汽车彩电等耐用消费品的支出 1 000 亿元。

（2）购买食品、服装非耐用消费品的支出 2 000 亿元。

（3）雇用保姆、家庭教师支出 200 亿元。

（4）厂商投资支出（包括厂房和设备）2 000 亿元。

（5）厂商支付工人工资 3 000 亿元。

（6）厂商支付银行利息和纳税 500 亿元。

（7）年初存货 1 500 亿元，年底存货 1 000 亿元。

（8）政府各项转移支付 2 000 亿元。

（9）中央政府国防与外交支出 500 亿元。

（10）中央与地方政府税收收入 2 500 亿元。

（11）出口收入 1 500 亿元。

（12）进口支出 1 000 亿元。

3. 已知投资增加 80 亿元，边际储蓄倾向为 0.2，试求乘数、收入的变化量及其方向、边际消费倾向。

六、问答题

1. 怎样全面理解 GDP 这一概念？

2. 在计算国内生产总值时，下列哪些项目应该计入？哪些项目不应该计入？为什么？

（1）面粉厂生产面粉所用的小麦。

（2）去年生产但未卖出去的服装。

（3）在拍卖市场上成交的唐伯虎的画。

（4）教师讲课的收入。

（5）警察的收入。

（6）居民买来自己消费的蔬菜。

第七单元

经济中的失业与通货膨胀

▶ 知识目标

- 失业和通货膨胀的含义、种类及原因;
- 失业和通货膨胀对经济的影响;
- 消费价格指数(CPI)和生产价格指数(PPI)的含义与核算方法。

▶ 能力目标

- 能初步运用失业和通货膨胀理论分析现实问题;
- 能分析失业和通货膨胀的原因,并正确解读宏观经济形势及政策。

▶ 案例导入

国际劳工组织2020年1月20日对外发布《世界就业和社会展望:2020年趋势》。该报告称全球体面劳动不足、失业增加、就业中持续存在的不平等,使得人们想要通过工作获得更美好的生活变得更加困难。

报告显示,2020年预计将增加250万失业人口。全球失业情况在过去的9年中大体保持稳定,然而随着全球经济增长放缓,一方面就业人口增加,另一方面却没有产生足够的新岗位来吸收这些新进入劳动力市场的劳动者。大约5亿人带薪工作时间低于预期或者缺乏有效途径获得带薪工作。报告表明,劳动力供求之间的不匹配所导致的问题从失业延展至更广泛的劳动力利用不足。除了1.88亿失业人口,全球还有1.65亿人未能充分带薪就业,1.2亿人或者放弃了积极寻找工作或者缺乏进入劳动力市场的途径。全球来看,劳动分配(而非其他生产要素)占国民收入的比例显著下降,从2004年的54%降至2017年的51%,这在经济不景气的欧洲、中亚和美洲下滑尤其明显。工作贫困(按购买力平价计算,每天收入少于3.20美元)影响超过6.3亿劳动者,即全球1/5的劳动力人口。报告显示,其他的不平等,如性别、年龄和地域分布,仍然广泛严重地存在于当今的劳动力市场,这不仅限制了个人发展,也阻碍了经济增长。特别是,惊人的2.67亿青年人(15~24岁)处于既未就业也未受教育和培训的状态,更多青年人则需忍受不合标准的工作条件。报告警告说,加强贸易限制和贸易保护会对就业产生直接和间接的显著影响。从经济增长的角度看,报告发现目前经济增长的速度和形式会阻碍低收入国家减少贫困和改善工作条件,建议通过结构转型、技术升级和多元化,转变增长方式,向高附加值领域转移来解决。

在现代社会中,失业和通货膨胀既是影响普通百姓生活状态的常见问题,也是困扰各国政府的两大经济难题,无论是发达国家还是发展中国家,都不同程度地存在失业与通货膨胀问题。因此,失业与通货膨胀就成为宏观经济学研究的主要问题。

项目一 失 业

任务一 掌握失业的界定与衡量

宏观经济学有四大目标，即充分就业、经济增长、物价稳定和国际收支平衡。其中，充分就业是宏观经济学的首要目标，由此可见宏观经济学对于就业问题的重视程度。

一、充分就业

对充分就业的理解有两种：一是广义的理解，指所有的生产要素都参与生产的状态，即各种经济资源得到充分利用；二是狭义的理解，专指劳动这种生产要素，即经济中消灭周期性失业的就业状态。由于衡量资本和自然资源的就业比较困难，所以通常所说的充分就业是指劳动这种生产要素参与生产的状态。

充分就业是指一切具有劳动能力和劳动愿望的劳动者，在现行工资水平下愿意工作的人都得到了工作。可以从两个方面分析充分就业。首先，从劳动力供求的相互关系看，充分就业是劳动力供给与劳动力需求处于均衡，国民经济的发展充分地满足劳动者对就业岗位需求的状态。其次，从总供给与总需求的相互关系看，充分就业是指总需求增加时，总就业量不再增加的状态。换言之，凡是接受市场工资水平愿意就业的人均能实现就业的状态。

充分就业是一个相对的概念。在动态的经济中，连续保持总供给与总需求、劳动力供给与劳动力需求在总量及其结构上的持续均衡是非常困难的。一般来说，充分就业是一种理想的状态，当充分就业实现时，并不意味着失业现象的消失，摩擦性失业及其他类型的自然失业的存在与充分就业并行不悖。通常把失业率等于自然失业率时的就业水平称为充分就业。目前，大多数经济学家认为存在3%～5%的失业率是正常的，此时社会经济处于充分就业状态。

◇ 议一议

充分就业是100%就业吗？

二、失业的界定与衡量

失业是指在劳动年龄范围内具有劳动能力的人，愿意接受现行工资水平但仍然找不到工作的一种社会现象。所有那些未曾受雇以及正在变换工作岗位或没按当时通行的工资水平找到工作的、在劳动年龄范围内、有劳动能力的人都是失业者。

各国对工作年龄和失业的范围有不同的规定。例如，在美国，工作年龄在16～65岁，如果在一周没有工作而在以前四周内努力寻找工作但没有找到工作的人，以及被暂时解雇正在等待重返工作岗位而连续7日未得到工资的人，那么他就被统计为失业者。我国劳动年龄范围的下限为16岁，上限为男60岁、女55岁。自2015年3月1日起，行政事业单位处级女干部和具有高级职称的女性专业技术人员退休年龄延至60周岁。"十四五"规划建议提出，实施渐进式延迟法定退休年龄，逐步延迟的基本目标是65岁。这是从我国经济社会发展全局出发做出的一个重大决策，既有助于我国人力资源的充分利用增加劳动的供给，也有利于增强社会保障制度的可持续性，更好地保障人民群众基本生活。

▶ 资料链接

不充分就业与灵活就业

在我国，将劳动者在劳动年龄内从事有报酬的工作、劳动报酬低于本地区最低工资标准、劳动时间少于法定工作时间，本人愿意从事更多工作的情况规定为不充分就业。

灵活就业是指非全日制、临时性和弹性工作等灵活形式就业的情况。灵活就业形式主要有两种。一种是非正规部门就业，即劳动标准（劳动条件、工时、工资、保险福利待遇）、生产组织管理及劳动关系运作等均达不到一般企业标准的用工和就业形式，主要是指小型企业、微型企业和家庭作坊式的就业。另一种是独立于单位之外的就业形式，包括：自雇型就业，有个体经营和合伙经营两种类型；自主就业，如自由职业者，律师、自由撰稿人、歌手、模特、中介服务工作者等；临时就业，如家庭小时工、街头小贩、其他类型的打零工者。灵活就业人员主要由以下三部分构成：自营劳动者，包括自我雇佣者（自谋职业）和以个人身份从事职业活动的自由职业者等；家庭帮工，即那些帮助家庭成员从事生产经营活动的人员；其他灵活就业人员，主要是指非全时工、季节工、劳务承包工、劳务派遣工、家庭小时工等一般劳动者。

失业率是评价一个国家或地区就业状况的主要指标。国际上通用的失业率概念是指失业人数占劳动力人数的比重。用公式表示为：

$$失业率 = 失业人数/劳动力人数$$
$$劳动力人数 = 就业人数 + 失业人数$$

各国的失业统计方法不尽相同。例如，在美国，由劳工部每月对大约6万个家庭进行调查，根据调查资料来估算失业率，并于每个月的第一周的星期五发布上个月的失业估算数字。在我国，目前实行的是登记失业制度，只有到当地人力资源和社会保障部门登记且符合失业条件的人员才被统计为失业人员。

◇ 同步检测（判断题）

1. 全日制大学生处于失业状态。（　　）
2. 放弃求职的"啃老族"处于失业状态。（　　）
3. 全职家庭主妇处于失业状态。（　　）
4. 有工作的公司职员因病住院，不能上班，这是就业状态。（　　）

任务二　了解失业的种类及原因

一、自然失业

自然失业是指在市场经济中难以避免的正常失业。实现了充分就业时也会存在一定的失业者和失业率。自然失业可以划分为以下几种。

1. 摩擦性失业

摩擦性失业是经济中由于正常的劳动力流动而引起的失业。

由于劳动力市场的动态属性及信息流动的不完善，致使失业者与职位空缺的匹配发生时滞。即使劳动供求总量相等，每个时期都会有一些人求职进入劳动力市场，而另一些人辞职退出劳动力市场。劳动需求的随机波动，一方面引起厂商解雇劳动者；另一方面又引起厂商扩大雇用量。可是需求单位不可能迅速获得或评价求职者的特征，而失业者又缺乏职位空缺的信息，失业者与潜在雇主之间的匹配需要时间，正是因为这种供求的"时间差"，致使摩擦性失业不可避免。一国或地方政府制定的某些经济制度如户籍制度、税收考核制度等也会造成摩擦性失业的产生。

2. 结构性失业

结构性失业是指由于技术进步、市场需求发生变化而引起的经济结构变化所造成的失业。

结构性失业产生的原因在于经济结构调整对劳动力需求发生了变化，而与此同时，劳动者的知识结构和劳动技能却没有作出相应的调整，即劳动者在短期内无法掌握新工作所要求的技术或无力承担技能培训或居住地转移所需的费用，从而造成岗位空缺，出现结构性失业。在这种情况下，一方面存在着有岗无人的"空位"，另一方面又存在着有人无岗的"失业"。如20世纪80年代中期，美国由于老年人口增加和其他原因，护士的需求急剧上升，但同期护士的增长却相当缓慢，导致这一时期护士严重短缺。等到护士的薪金上升、供给调整完成之后，这一结构性短缺才得到缓解。我国在20世纪末21世纪初也出现过类似的情形。由于高新技术产业在中国政府的大力支持下蓬勃发展，给电子设备行业注入了很大活力。此时便出现了计算机方面人才短缺的现象，全社会掀起了一股学习计算机的热潮。但随后的几年对计算机人才需求出现了饱和，大批计算机专业的学生失业或转而从事其他工作。

▶ **资料链接**

"招工难"与"就业难"并存

中国人力资源市场信息监测中心对部分城市的公共就业服务机构市场供求信息统计分析显示，2019年第三季度，用人单位通过公共就业服务机构招聘各类人员约404万人，进入市场的求职者约325.8万人，岗位空缺与求职人数的比率约为1.24，岗位空缺与求职人数的比率连续保持了自2017年第四季度以来在1.2以上的高位持续上升趋势。这表明在一定范围和程度上存在"招工难"，如上海市验光配镜人员岗位空缺与求职人数的比率为152，济南市营业人员、收银员岗位空缺与求职人数的比率为48……

与此同时，部分岗位空缺与求职人数的比率则非常低，呈现"就业难"状况，如济南市秘书、打字员岗位空缺与求职人数的比率为0.14，南京市财会人员岗位空缺与求职人数的比率为0.17……

"有活没人干"和"有人没活干"，"招工难"和"就业难"并存凸显了就业领域中的结构性矛盾。调查分析显示就业结构性矛盾之所以成为主要矛盾，主要原因在于：用人单位与求职者未能就薪酬达成一致；岗位需求与求职者就业意愿、就业技能存在差异；招工信息渠道不畅等。

3. 工资刚性失业

工资刚性失业又称为古典性失业，是指市场上由于劳动力供过于求而工资却无法下降（工资刚性）而引起的失业。

古典性失业的产生是由于工资下降存在刚性，商品市场总需求下降引起劳动总需求下降所致。如果工资具有完全的伸缩性，通过工资的调节能实现人人都有工作。劳动需求大于劳动供给，则工资提高，厂商减少劳动力的数量，劳动供给与需求达到均衡。劳动的需求小于供给，工资下降，则厂商会增加劳动力的数量，直至全部劳动者都被雇用为止，从而不会有人失业。但由于劳动者不愿工资下降，而工会的存在、最低工资法与效率工资论又限制了工资的下降，这就形成工资能升不能降的工资刚性。这种工资刚性的存在，使部分劳动者无法受雇，从而形成失业。

▶ **资料链接**

效率工资理论

效率工资理论在工会垄断和最低工资法之外提出了工资刚性的第三个原因。这种理论认为，高工资使工人的生产率更高。经济学家提出了各种理论来解释工资如何影响工人的生产率。虽然细节各不相同，但它们有一个共同点：向工人支付高工资就能使企业更有效地运行。当企业认识到工资率高于供求均衡的水平是有利的，他就会将工资率确定在这种较高水平上，从而使工人雇用量低于均衡水平。

运用效率工资理论最成功的例子是福特汽车公司。1914年福特汽车公司开始向其工人支付每天5美元的工资，远远高于当时流行的每天2美元到3美元之间的均衡工资水平。于是求职者在福特工厂门外排起了长队，都希望有机会赚到这种高工资。

有证据表明，福特支付如此高的工资有利于公司。根据当时写的一份调查报告："福特的高工资摆脱了惰性和生命力的阻力……工人绝对听话，旷工减少了75%，而且可以很有把握地说，从1913年的最后一天以来，福特工厂的劳动成本每天都在大大减少。"

4. 季节性失业

季节性失业是指由于某些行业生产的季节性变动引起的失业。

由于生产和需求的季节性变化，必然要导致对劳动力需求的季节性变化，从而产生在劳动力需求上的旺季和淡季，劳动力需求淡季必然要带来一部分劳动力失业。例如，在种植季节和收获季节，生产繁忙，农业劳动者的需求量上升，而在生产淡季，对劳动力的需求量减少，这样，就引起具有季节性变动特点的失业。在渔业、航运业、饮料业、旅游业、建筑业等"季节性行业"会有规律性地存在季节性失业。季节性失业同气候、节假日或习惯等有一定关系。

二、周期性失业

周期性失业又称需求不足的失业，是指随着经济发展周期的变化而形成的失业。根据凯恩斯的分析，就业水平取决于国民收入水平，而国民收入又取决于总需求。周期性失业是由于总需求不足而引起的失业,这种失业是由整个经济的总支出和总产出下降造成的,它一般出现在经济周期的萧条阶段,故称周期性失业。

总产出下降时失业率明显上升。美国在1982年衰退时期,50个州中有48个州的失业率都有较大幅度的上升。这种多个市场的失业率同时上升是一个信号,体现了失业率上升具有明显的周期性。从经济衰退低谷的1991年到经济繁荣高峰的2000年,美国各个州的失业率都在不断下降。2008年金融危机给全世界经济都带来了灾难性的打击。受此影响,各国经济严重受挫,直接导致了大量的失业。

▶ **资料链接**

隐蔽性失业

隐蔽性失业是指未在官方的失业统计中反映出来的潜在失业。表面上有工作,实际上对生产并没有作贡献的人,即有"职"无"工"的人。或者说,这些劳动者的边际生产力为零。当减少就业人员而产量仍没有下降时,就说明隐蔽性失业存在。例如,一个企业中有8 000名劳动者,如果减少2 000名劳动者,总产值并没有降低,则该企业存在25%的隐蔽性失业。隐蔽性失业的典型形式有两种:一是国有和集体企事业单位中的大量"人浮于事"的情况,二是农村中的大量剩余劳动力。

◇ **同步检测(单项选择题)**

1. 下列选项中,不属于自然失业的是(   )。
   A. 古典失业   B. 周期性失业   C. 结构性失业   D. 摩擦性失业
2. 结构性失业是指(   )。
   A. 经济中由于劳动力的正常流动而引起的失业
   B. 不满意现有工作,离职去寻找更理想的工作所造成的失业
   C. 由于某些行业的季节性变动所引起的失业
   D. 劳动力技能不适应劳动力需求的变动所引起的失业

任务三 分析失业的影响并掌握治理思路与对策

一、失业的影响

失业的经济影响可以用机会成本的概念来解释。失业意味着销毁掉那些本可由失业工人生产的商品和服务。在衰退期间,这种情形就好像是将无数的汽车、房屋、服装、食品和其他商品倒进了大海。高失业时期的经济损失是现代经济中有据可查的最大损失,美国在20世纪70年代和80年代的石油危机中的失业使得产出损失超过1万亿美元。这种经济损失比微观经济中由于垄断而引起的效率损失或关税和配额所引起的效率损失都要大许多倍。

高失业率不但是经济问题,而且是社会问题。失业是经济问题,因为它意味着失业要浪费有价值的、宝贵的劳动资源;其所以又是社会问题,是由于它使成千上万失业者面对收入减少的困境,在痛苦中挣扎。而且高失业率时期,经济压力笼罩着社会生活,影响着人们的情绪及家庭生活的安定,甚至造成社会动荡。

对个人和家庭而言，失业会使失业者及其家庭的收入减少，消费水平下降；降低人们生活质量的同时，失业还会影响人们的情绪和家庭和谐。心理学研究揭示，失业所造成的创伤不亚于亲友去世或学业失败，严重打击失业者的自尊心、自信心。此外，失业还会造成失业者的失望和不满，会提高社会犯罪率、离婚率，并有可能引起社会动乱。

对国家而言，失业是劳动资源的闲置和浪费。当实际失业率超过自然失业率时，国内生产总值减少。失业使政府的财政收入减少，而政府要为失业者提供失业救济和最低生活保障，转移支付的增加必将提高社会经济的运行成本。如果失业率过高，社会经济将不堪重负，一些国家为此出现巨额财政赤字。

过高的失业率会给经济、社会甚至政治方面带来严重恶果，因此几乎所有国家都把失业问题作为社会发展的头号敌人，把降低过高的失业率作为政府工作的重要内容，在制定宏观经济政策时必须考虑其对失业的影响。

▶ 资料链接

奥 肯 定 律

美国经济学家 A. 奥肯在 20 世纪 60 年代提出的奥肯定律，说明失业率与实际国民收入之间关系的经验统计规律。这一规律表明，失业率每增加 1%，则实际国民收入减少 2.5%；反之，失业率每减少 1%，则实际国民收入增加 2.5%。

理解这一定律时应该注意以下几个问题。

（1）它表明了失业率与实际国民收入增长率之间是反向变动的关系。

（2）失业率与实际国民收入增长率之间 1∶2.5 的关系只是一个平均数，是根据经验统计资料得出来的，在不同的时期有所不同。例如，在 20 世纪 60 年代，这一比率是 1∶3；在 70 年代，这一比率是 1∶（2.5～2.7）；在 80 年代，这一比率是 1∶（2.5～2.9）。

（3）奥肯定律主要适用于没有实现充分就业的情况，即是周期性失业率。在实现了充分就业的情况下，自然失业率与实际国民收入增长率的相关性就要弱得多，一般估算在 1∶0.76。

二、失业的治理

对于失业的治理，应针对不同原因引起的失业，采取不同的对策。

1. 增加总需求，减少周期性失业

凯恩斯主义认为，既然周期性失业起因于总需求不足，那么政府可以通过扩张性财政政策和货币政策来刺激总需求，减少或者消除周期性失业。经济萧条、失业出现时，增加政府采购和政府转移性支付、举办公共工程，或者降低税率减少税收，扩大货币供应量降低利率刺激消费和投资需求，最终增加总需求，达到增加国民收入和就业的目的。扩张性财政政策和货币政策在刺激总需求时，可能会引起通货膨胀率上升和汇率下跌。周期性失业也可以采取组织创新、结构调整、放松管制、减免税收等供给管理政策。

2. 降低自然失业率

自然失业率是指充分就业时的失业率。它是一国长期可维持的最低失业率。自然失业率并不是一成不变的，而且也不是最优失业率。对西方许多国家来说，目前的自然失业率是偏高的，降低自然失业率可以增加国民产出，增加社会福利。自然失业率不仅受客观经济条件的影响，而且受许多制度性因素和政策性因素的影响。因此，政府可以通过某些措施降低自然失业率。

（1）职业培训。在现代经济中，各种职业的专用性不断提高，因此，职业培训既对失业者转岗有意义，也对就业者提高自身素质有意义。从而使劳动力供给不仅在质量上，而且在结构上符合劳动力需求。从理论上讲，职业培训对消除结构性失业从而降低自然失业率具有特别重要的意义。

（2）完善劳动市场，消除劳动力流动壁垒，建立多种就业服务机构，全方位提供就业服务。比如建立就业平台，发布就业信息，可以使失业者更方便地找到新的工作，可以降低自然失业率。

（3）出台调控劳动力供求量的政策。主要措施如下。①降低最低工资水平，以减少劳动力的供给并增加劳动力的需求，从而减少失业。②建立和完善失业保险及失业救济金制度。一方面保障失业人口的基本生活，减轻就业压力；另一方面，严格失业救济领取条件、缩短救济时间、降低津贴金额，建立具有促进再就业的各种职业教育与培训机构，从简单地保护失业者转为促进他们再就业。③缩短就业者的劳动时间。一方面有利于吸收更多的劳动力就业；另一方面又增加了劳动者的休闲时间，从而提高劳动者的生活品质。④推迟就业年龄或提前退休年龄。延长人口受教育年限，从而延缓新增劳动力就业；或提前退休年龄，使劳动力提前退出劳动年龄人口，有效减少劳动力供给，减缓就业压力。⑤反对就业歧视。针对弱势群体出台就业扶持政策，有效促进弱势群体就业。

◇ **同步检测**（多项选择题）

1. 下列选项中，治理自然失业的对策有（　　）。
   A．提供就业指导　　　　　　　　B．加强技能培训
   C．推迟就业年龄　　　　　　　　D．推行带薪休假制度
2. 下列选项中，治理周期性失业的对策有（　　）。
   A．扩大出口　　　　　　　　　　B．增加政府支出
   C．降低利率　　　　　　　　　　D．减少税收

项目二　通　货　膨　胀

任务一　了解通货膨胀的界定

一、通货膨胀的含义

通货膨胀是一个被广泛使用的经济学概念。虽然在西方经济学界，关于通货膨胀的含义一直众说不一，但大多数当代西方经济学家认为，通货膨胀是指物价水平普遍而持续的上升。例如，弗里德曼的解释是："物价普遍的上涨就叫通货膨胀。"萨缪尔森则认为，"通货

膨胀的意思是：物品和生产要素的价格普遍上升的时期——面包、汽车、理发的价格上升；工资、租金等也都上升。"要想很好地理解通货膨胀的含义，必须注意以下三点。

第一，通货膨胀下的物价上涨不是指一种或几种商品的价格上涨，而是物价水平的普遍上涨，即物价总水平的上涨；也不是指所有商品的价格水平都上涨，而是指商品平均价格水平或一般物价水平的上涨。

第二，通货膨胀是指一般物价水平的持续上升，不是指物价水平一时的、暂短的上涨，如灾害或季节变化等（如节假日商品价格的上涨）引起的物价上涨，虽然暂时物价有一定的上涨，但从整个经济周期看（通常为一年）一般物价水平是稳定的，不能称为通货膨胀。

第三，通货膨胀下的物价上涨是指一般物价水平上涨相当的幅度或程度，不能把一般物价水平稍有上升就判定为通货膨胀。

▶ 资料链接

通 货 紧 缩

通货紧缩是与通货膨胀相反的一个概念，指因货币供应量少于流通领域对货币的实际需求量而引起的货币升值，从而导致商品和劳务的价格总水平持续下跌的现象。诺贝尔经济学奖得主保罗·萨缪尔森将通货紧缩定义为价格和成本正在普遍下降。长期的通货紧缩会抑制投资与生产，导致失业率升高及经济衰退。经济学者普遍认为，当消费者价格指数（CPI）连跌三个月，即表示已出现通货紧缩。

通货紧缩的危害在于：消费者预期价格将持续下跌，从而延后消费，打击当前需求，进而抑制生产，使价格进一步走低，形成通货紧缩的恶性循环；通货紧缩期间，资金成本较高，债务负担加重，回报率降低，可投资的项目减少，从而遏制投资。此外，通货紧缩使物价下降，货币越来越昂贵，意味着个人和企业的负债增加了，因为持有资产实际价值缩水了，而对银行的抵押贷款却没有减少。比如人们按揭购房，通货紧缩可能使购房人拥有房产的价值远远低于他们所承担的债务。

由于通货紧缩形成的原因比较复杂，并非由单一的某个方面的原因引起，而是由多种因素共同作用形成的混合性现象，因此治理的难度甚至比通货膨胀还要大，必须根据不同国家不同时期的具体情况进行认真研究，才能找到有针对性的治理措施。

二、通货膨胀的衡量

通货膨胀一般是用物价指数来衡量的，将价格指数的增长率称为通货膨胀率。

$$通货膨胀率 = \frac{报告期物价指数 - 基期物价指数}{基期物价指数} \times 100\%$$

例如，2020年8月我国物价指数为102.4%，该数据以2019年8月为基期，基期物价指数为100%，则相应的通货膨胀率为［(102.4% - 100%)/100%］×100% = 2.4%。

物价指数是综合反映物价变动趋势和程度的相对数。常用的物价指数主要有消费价格指数（CPI）、生产者物价指数（PPI）和国内生产总值平减指数（IPD）三种。

（一）消费价格指数（CPI）

CPI是衡量一定时期家庭和个人消费的商品和劳务市场价格水平变动程度的指标。它反映居民货币收入购买力的升降和商品与劳务价格变化对居民生活的影响。一般采用以下公式计算：

$$CPI = \frac{一组固定商品按当期价格计算的价值}{一组固定商品按基期价格计算的价值} \times 100\%$$

例如：一组商品在2019年卖1 000元，2020年卖1 200元，则以2019年为基期的CPI就是120%。

消费物价指数是在特定时段内度量一组代表性消费商品及服务项目的价格水平随时间而变动的相对数，涵盖全国城乡居民生活消费的食品、烟酒及用品、衣着、家庭设备用品及服务、医疗保健及个人用品、交通和通信、娱乐教育文化及服务、居住八大类262个基本分类的商品与服务价格。

（二）生产者物价指数（PPI）

生产者物价指数（PPI）是衡量一定时期内生产者原材料购进价格和产成品出厂价格变动趋势及变动程度的指数，是反映生产领域价格变动情况的重要经济指标，也是制定有关经济政策和国民经济核算的重要依据。

生产者物价指数共调查九大类商品：燃料、动力类；有色金属类；有色金属材料类；化工原料类；木材及纸浆类；建材类（钢材、木材、水泥）；农副产品类；纺织原料类；工控产品。其计算公式如下：

$$I_P = \frac{\sum p_{1i} q_i}{\sum p_{0i} q_i} \quad i = 1, 2, \cdots, n,$$

生产者物价指数并不仅仅是一个指数，它是一组指数，是生产的三个渐进过程的每一个阶段的价格指数：原材料、中间品和产成品。生产者物价指数是用来衡量生产者在生产过程中所需采购品的物价状况，因而这项指数包括了原料、半成品和最终产品等（美国约采用3 000种东西）三个生产阶段的物价资讯。理论上来说，生产过程中所面临的物价波动将反映至最终产品的价格上，因此观察PPI的变动情形将有助于预测未来物价的变化状况，因此这项指标受到市场重视，被视作经济周期的指示性指标之一，受到各国政策制定者及企业经营决策者的密切关注。

▶ **资料链接**

PPI与CPI之间的区别和联系

与CPI不同，PPI主要是衡量企业购买的一篮子物品和劳务的总费用。由于企业最终要把它们的费用以更高的消费价格的形式转移给消费者，所以，通常认为PPI的变动对预测CPI的变动是有用的。

根据价格传导规律，PPI对CPI有一定的影响。PPI反映生产环节价格水平，CPI反映消费环节的价格水平。整体价格水平的波动一般先出现在生产领域，然后通过产业链向下游产业扩散，最后波及流通领域消费品。以工业品为原材料的生产即工业品价格向CPI的传导途径为：原材料—生产资料—生活资料。

由于CPI不仅包括消费品价格，还包括服务价格，CPI与PPI在统计口径上并非有严格的对应关系。因此，CPI 与 PPI 的变化在某一时期出现不一致的情况是有可能的。但 CPI 与 PPI 如果长期持续处于背离状态，不符合价格传导规律。若发生价格传导出现断裂的现象，其主要原因在于工业品市场处于买方市场以及政府对公共产品价格的人为控制等。目前，可以顺利完成传导的工业品价格（主要是电力、煤炭、水等能源原材料价格）主要属于政府调价范围。

（三）国内生产总值平减指数（IPD）

国内生产总值平减指数又称 GDP 折算数，是衡量一国在一定时期内所生产的最终产品和劳务的价格总水平变化程度的指标，是按现行价格计算的国内生产总值（名义国内生产总值）与按基期价格计算的国内生产总值（实际国内生产总值）的比率。

$$国内生产总值平减指数 = \frac{名义国内生产总值}{实际国内生产总值} \times 100\%$$

$$通货膨胀率 = 国内生产总值平减指数 - 100\%$$

上述三种物价指数由于观察角度不同、统计范围不同，所计算的通货膨胀率数值也不同，但其变动趋势基本相同。从理论的角度来看，IPD 反映了国内生产的所有商品和劳务的价格，统计范围全面，并且各种商品和劳务的权重随着时间的推移而自动变化，从而比前两种指数更为全面、客观与准确；从实践的角度来看，PPI 和 CPI 的针对性更强，PPI 反映生产环节的价格水平，CPI 反映消费环节的价格水平，较 IPD 更为具体与明确。

◇ **算一算**

已知某国在 2020 年的国内生产总值按当年价格计算为 15 000 亿元，按 2019 年基期价格计算为 12 000 亿元，则通货膨胀率为多少？

$$国内生产总值平减指数 = 15\,000/12\,000 \times 100\% = 125\%$$

$$通货膨胀率 = 125\% - 100\% = 25\%$$

三、通货膨胀的分类

（一）按通货膨胀严重程度分类

1. 温和的通货膨胀

温和的通货膨胀是指年通货膨胀率在较长时期内维持在 10% 以下的状态。在这种通货膨胀下物价呈现较稳定的上升，货币不会快速贬值，对经济不会构成明显的不利影响。一些经济学家还把这种通货膨胀看作是实现充分就业的一个必要条件，看作刺激经济增长的润滑剂。

2. 奔腾的通货膨胀

奔腾的通货膨胀是指在较长时间内物价水平较大幅度地持续上升，年通货膨胀率维持在两位数甚至出现三位数。在这种情况下，出现抢购、囤积和较为严重的经济扭曲，但不至于引起金融崩溃和经济秩序紊乱。这种通货膨胀对经济产生日益严重的不利影响，如果得不到及时治理，最终会对经济带来灾难性后果。

3. 恶性通货膨胀

恶性通货膨胀是指物价水平急剧快速上涨，货币购买力急剧下降，通货膨胀率在三位数以上并加速上升。恶性通货膨胀导致人们对本国货币完全失去信任，本币完全失去交易功能，金融体系崩溃，经济生活混乱，甚至政权更迭。第一次世界大战后的德国、奥地利，第二次世界大战后的匈牙利、希腊，近年的津巴布韦、委内瑞拉均发生过这类通货膨胀。

> 资料链接

国民党统治期的恶性通货膨胀

1935年的法币改革为国民党政府推行通货膨胀政策铺平了道路。由于国民党政府过分依赖增长货币来为巨额的政府预算赤字融资，在从1935年的法币改革至1949年期间，法币经历了一个持续而且不断加速的贬值，最后完全形同废纸。且看100元法币购买力：

1937年　可买大牛两头
1941年　可买猪一头
1945年　可买鱼一条
1946年　可买鸡蛋一个
1947年　可买油条1/5根
1948年　可买大米两粒

贬值速度简直超乎人们的想象。从1946年至1949年，国民党政府曾多次采取措施，试图缓解日益失控的通货膨胀，但最终都归于失败。

1946年春，由于物价上涨加剧，南京政府决定采取抛售黄金的办法稳定物价和币值。但那些手握巨资的官僚资本家根本不相信物价能稳定下来，趁机在市场上大量买进黄金进行投机，这种投机行为导致黄金价格急速上升。金价与物价相互刺激，进一步促进了物价的直线上升。试图通过抛售黄金控制通货膨胀的措施最后不得不以冻结黄金买卖而告终。

抛售黄金的改革失败后，南京政府采取了"经济紧急措施"，加强金融管制。但由于物价上涨的浪潮持续不断，法币的印刷成本已经超过其自身所代表的价值，失去了正常货币的一切职能，给人民群众带来的只是恐慌和不满。1948年8月，南京政府宣布以中央银行所存的黄金和证券作保，发行金圆券来代替法币。以300万元法币折合金圆1元，金圆的含金量为纯金0.222 17克，发行总额以20亿元为限，并规定流通中的金圆券可随时兑换成金圆。这一规定形同虚设，因为南京政府并没有说明金圆券兑换金圆的办法。借助于政治高压的强制手段，金圆券得以推行。但财政赤字的扩大使得金圆券的发行额很快突破了20亿元的上限，此时美国已经关上了援助的大门，蒋介石政府只能把军事开支的来源都压在增发的货币上，国统区很快变成了金圆券的世界。从1948年8月到1949年5月，金圆券的发行额就增加了30多万倍，金圆券的购买力跌至原来的五百多万分之一。金圆券改革不到1年便以失败告终。

1949年7月4日，国民党政府又推出了银圆券的改革，在广州发行所谓无限制兑现的"银圆券"，银圆券1元折合金圆券5亿元。但是中国的老百姓此时已经对国民党政府的任何改革都没有兴趣了。

（二）按通货膨胀预期分类

1. 未预期的通货膨胀

未预期的通货膨胀指人们没有预料到价格会上涨，或者价格上涨的速度超过了人们的预计。例如，国际市场原料价格的突然上涨所引起的国内价格的上升，或者在长时期中价格不变的情况之后突然出现的价格上涨等。

2. 预期的通货膨胀

预期的通货膨胀，指人们预料到价格会上涨，又称惯性的通货膨胀。如 2019 年，某国的物价水平按 5% 的速度上升时，人们便会预计到，2020 年的物价水平将以同等比例继续上升，即物价按 5% 的比例增长，则该国居民在日常生活中进行经济核算时，就会把物价的这一上升比例考虑在内。

（三）按市场机制作用分类

1. 开放的通货膨胀

开放的通货膨胀的特点是市场机制对物价的调节作用是充分的、有效的。那么，一般物价水平就是总供给和总需求的函数，任何过度需求，即商品或要素缺口，都将表现为物价或工资的上升，这种通货膨胀就是开放性的。

2. 隐蔽的通货膨胀

政府对价格进行某种形式的控制使得物价同市场供求脱离关系，过度需求不会引起物价水平上升，或物价上涨又没反映出过度需求的真实水平。此时的通货膨胀被抑制。在抑制性通货膨胀中，过度需求不会因政府对价格的控制而消失，而是转化成商品短缺和供应紧张，形成隐蔽的通货膨胀。隐蔽的通货膨胀严重到一定程度，物价最终还将突破限制而有所上涨。不过，这种上涨一般是滞后的、有限的。

◇ 同步检测（单项选择题）

1. 在以下情况下，可称为通货膨胀的是（　　）。
   A. 农贸市场多种商品价格逢节必涨，节后回落
   B. 物价总水平的上升而且持续一年
   C. 物价总水平的下降而且持续一年
   D. 物价总水平的上升持续一星期后又下降了
2. 一般用（　　）来衡量通货膨胀水平。
   A. 劳动生产率
   B. 物价指数变动率
   C. 商品和劳务的价格
   D. 经济增长率
3. 以下对 CPI 的认识正确的是（　　）。
   A. CPI 是反映一定时期内居民所购生活消费品的价格变化程度的绝对数
   B. CPI 用来分析消费品非零售价对居民生活费用支出的影响程度
   C. CPI 反映居民所购生活消费品的价值和服务项目价格变动趋势
   D. CPI 是采取指数商品价格加权平均的方法算出来的

任务二　分析通货膨胀的原因

一、需求拉动的通货膨胀

需求拉动的通货膨胀，又称为超额需求通货膨胀，是指总需求超过总供给引起的一般价

格水平的持续显著上涨。需求拉动通货膨胀是西方经济学中流传较早的、比较重要的一种理论,把通货膨胀的原因归结为社会总需求过度增长,即"过多的货币追逐过少的商品"。对于总需求过大引起通货膨胀有两种解释:凯恩斯主义的解释和货币主义的解释。

根据凯恩斯理论,总需求超过充分就业的总供给时,对物品和劳务的需求会超过按现行价格可以得到的供给,就会出现通货膨胀缺口,为了填平这一缺口则产生通货膨胀。无论总需求的过度增长是来自投资需求、消费需求、政府需求还是国外需求,都会引起需求拉动的通货膨胀。需求拉动的通货膨胀可用图7-1来说明。

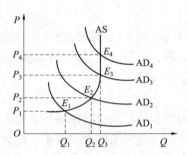

图7-1 需求拉动的通货膨胀

图7-1中,横轴Q表示总产量,纵轴P表示一般物价水平。AD与AS曲线分别表示总需求曲线和总供给曲线。AS开始一般呈水平状态,说明在总产量较低时,总需求的增加不会引起物价上升,总产量增加到Q_1前,一直保持稳定的物价水平。AD_1与AS相交于E_1时,决定了P_1、Q_1组合。当总产量达到Q_1而继续增加总供给时,就会遇到生产过程中的所谓瓶颈现象,即由于劳动、原料、生产设备等的不足而使成本提高,从而引起一般物价水平上涨。AD_1继续提高,向右上方移动时,AS便开始逐渐向右上方攀升,一般物价水平也逐渐上升。AD_2与AS相交于E_2,决定了较高的产量和物价水平Q_2、P_2组合。当总产量达到最大时,整个社会经济资源全部得到利用,这时的产量叫作充分就业产量。图中AD_3与AS相交于E_3,决定了Q_3、P_3组合,Q_3就是充分就业的产量。一般物价水平由P_1到P_3的上升现象叫作瓶颈的通货膨胀(或称半通货膨胀)。当总需求达到Q_3后,如果总需求继续增加,而总供给却不能再增加了,AS过E_3点后变成垂直状态。总需求曲线从AD_3提高到AD_4与AS相交于E_4时,一般价格水平上升到P_4,而总产量没有增加,仍然是Q_3,价格由P_3上升到P_4,这就是需求拉动的通货膨胀,也就是凯恩斯所说的真正的或纯粹的通货膨胀。

现代货币主义学派强调货币因素对总需求的影响,认为只有当需求过度是由于货币过量发行引起时才会导致通货膨胀,即通货膨胀的根源是货币供给量过多。其代表人物弗里德曼认为,通货膨胀无论何时何地都只是一种货币现象。他进一步分析了货币过量发行的三大原因。第一,政府开支迅速增加。为弥补日益大量增长的财政开支,政府可以采取增税、发公债或增加货币发行等手段。前两种手段的运用虽然对物价的影响不大,但会引起公众的不满,因此,最可行的办法是增发货币。第二,充分就业政策。虽然充分就业是一个极具吸引力的政策目标,但在实际动态经济发展中是难以实现的。政府总是想实现不切实际的充分就业目标,必然采取大量增加财政支出,而同时减少税收的办法,赤字财政要靠货币发行支撑。第三,中央银行的政策失误。中央银行的首要任务是控制货币供应量,然而,它却未能实现有效控制;利率变动本应由市场供应决定,而中央银行却力图加以控制。结果一事无成，货币供应量与利率大幅度波动，导致通货膨胀出现。

二、成本推进的通货膨胀

成本推进的通货膨胀又称供给通货膨胀，是指在不存在需求过度的情况下，由于供给方面生产成本的提高所引起的一般物价水平的上涨。成本上升，总供给减少，总供给曲线向左上方移动。在总需求曲线不发生变化的情况下，会引起国内生产总值减少，价格水平上升。

如图 7-2 所示，原来的总供给曲线 AS_0 与总需求曲线 AD 相交决定了国内生产总值为 Y_0，价格水平为 P_0。成本增加，总供给曲线向左上方移动至 AS_1，这时总需求没变，决定了国内生产总值为 Y_1，价格水平为 P_1，经济中出现了通货膨胀。

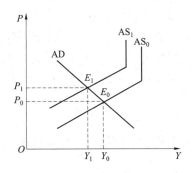

图 7-2　成本推进的通货膨胀

成本推进的通货膨胀分为以下两种。

1. "工资推进"的通货膨胀

"工资推进"的通货膨胀论认为，由于工资提高，引起成本增加，从而导致物价上涨；物价上涨后，工人又要求提高工资，因而再度引起物价上涨。如此循环往复，就造成了工资—物价的螺旋式攀升，或称"通货膨胀势头"。这种理论还进一步认为，在完全竞争的劳动市场上，工资率的升降变化完全取决于劳动力供求的变化，工资的提高不会导致通货膨胀；只是在不完全竞争的劳动市场上，由于有了工会组织的垄断作用，迫使工资提高幅度超过劳动生产率增长，从而造成"工资推进"的通货膨胀。

2. "利润推进"的通货膨胀

"利润推进"的通货膨胀论认为，正像工会因垄断了劳动市场而能迫使工资提高一样，垄断和寡头企业为了追求更大利润，可以控制和操纵价格，使价格上涨的速度大大超过生产成本增长的速度，导致一般物价水平上涨。在西方经济学中，利润也是成本的一个组成部分，因此，因追求更大利润而使商品价格上升，也属于成本推进的通货膨胀。这一理论还认为垄断和寡头厂商之所以提高价格，赚取更多利润，是由于工会要求提高工资引起的，当工会要求提高工资时，有"操纵价格"能力的厂商自然会相应地要求提高利润，从而将商品价格上升到补偿工资提高的水平以上。

三、供求混合推进的通货膨胀

在实际社会经济生活中，需求拉动的通货膨胀和成本推进的通货膨胀是紧密联系和相互作用的。供求混合推进通货膨胀是把需求拉动和成本推进两方面结合起来分析，即通常所说的"拉中有推，推中有拉"。

一方面，在需求拉动通货膨胀过程中，除了已达到充分就业水平以后的情况外，供给方面不会完全停止不变。总需求的增高将刺激总供给的增大，即总供给曲线向右移动，这就会出现各种不同的结果：如果二者增加幅度相等，就不存在通货膨胀；如果供给增加大于需求增加，反而可以使价格水平降低；如果需求的增加大于供给的增加就会出现某种程度的通货膨胀。但这是就一般情况而言，与成本推进无关。如果需求拉动价格水平上升，则工人势必要求提高工资或生产者要求增加利润，于是成本推进的通货膨胀也发生了，从而加剧了通货膨胀。另一方面，在成本推进通货膨胀过程中，总需求也不会保持不变，因为当价格上升，假定总需求不变，就会出现产量下降，相当数量的劳动力失业和资本闲置。此时政府必然采取各种政策以扩大总需求，从而增加产量和就业。这样通货膨胀就会在成本推进和需求拉动的相互作用下发生。总之，在每次通货膨胀中，需求拉动和成本推进均会不同程度地起作用，但二者所起的作用既不必是对称的，也不必是前后交替的，更不必是相等的。二者是交织在一起的，有时是其中的一种起着更主要的作用，有时是其中的另一种起更主要的作用。

四、结构性通货膨胀

在经济活动中，经济结构因素的变化而导致一般物价水平显著上涨，这就是结构性通货膨胀。

这里所说的结构性因素，是指社会经济各部门在生产增长的速度、劳动生产率等方面具有不同的经济特点，这些经济特点的变动会引起物价普遍、持续上涨。例如，轻工业部门与重工业部门不仅在生产增长速度上存在着差别，而且在劳动生产率上也有差别。但这两个部门的工资却有一致增长的趋势，而工资的增长往往是由生产增长较快或劳动生产率较高的部门来决定的。于是，生产增长较慢或劳动生产率较低部门的工人便会要求向高工资看齐，即通过所谓的"赶上"过程使工资增加，从而使得整个社会的工资增长率超过了劳动生产率的提高程度以及经济增长的程度，引起通货膨胀。此外，产品需求结构的变化、劳动力市场结构的变化等也有可能引发结构性通货膨胀。

当然，通货膨胀是现代经济社会中常见的、复杂的社会经济现象，其产生的根源往往不仅仅是上述原因中的某一种，通货膨胀经常是许多因素一起发挥作用的结果，可能某种因素的作用会更重要，但却很难确定每种因素在引起通货膨胀中的重要程度。所以，各种通货膨胀理论是相互补充的。

◇ **同步检测（判断题）**
1. 当总供给相对稳定时，总需求过度增加时便形成需求拉动的通货膨胀。（   ）
2. 成本推进的通货膨胀又称供给通货膨胀。（   ）

任务三　分析通货膨胀的影响并掌握治理对策

一、通货膨胀对经济的影响

经济学家通常认为，预期到的温和、稳当的通货膨胀对经济效率或是对收入和财富的分配几乎没有什么影响，价格仅仅成为人们调整自己行为的可以变动的标准。在通货膨胀不能完全预期的情况下，因为人们无法准确地根据通货膨胀率来调整各种名义变量及相应的经济行为，通货膨胀将影响收入分配、资源配置、产出、就业等。

1. 通货膨胀对收入和财富分配的影响

一般来说，通货膨胀会使货币收入和财富从固定收入者手中转移到非固定收入者手中，从消费者手中转移到生产者手中，从债权人手中转移到债务人手中，从居民户手中转移到政府手中。在通货膨胀时期，工资和薪金的增长慢于并小于物价水平的上升，实际工资下降，利润增加，工资收入者受损失，利润收入者得益处。通货膨胀对领取租金、利息、退休金等固定收入的人们来说，要降低他们的实际收入，使其收入和财富都减少。通货膨胀使债权人和债务人之间收入再分配，债权人要受到损失，而债务人却会获得利益。通货膨胀使政府的税收增加，公众的实际收入却减少。同时，通货膨胀对储蓄者不利而对股票持有者比较有利。

▷ 资料链接

通货膨胀税

政府因向银行透支、增发纸币来弥补财政赤字，降低人民手中货币的购买力，被喻为"通货膨胀税"。它一般是市场经济国家政府执行经济政策的一种工具。

还有一种观点认为，通货膨胀税是指在通货膨胀条件下的一种隐蔽性的税收。在经济出现通货膨胀时，由于受通货膨胀的影响，人们的名义货币收入增加，导致纳税人应纳税所得自动地划入较高的所得级距，形成档次爬升，从而按较高适用税率纳税。这种由通货膨胀引起的隐蔽性的增税，也被称为"通货膨胀税"。

2. 通货膨胀对经济资源配置的影响

通货膨胀会改变各种商品、劳务和各生产要素的相对价格，引起相对价格体系的变动，最终会使原来的资源配置状况和方式发生变动，导致资源进行重新配置。一些在通货膨胀期间价格上升快于成本上升的行业将得到扩张；而价格上升慢于成本上升的行业会相应收缩。当价格上涨是对经济结构、生产率提高的反映时，价格变动和资源配置将趋于合理；反之，当通货膨胀使价格信号扭曲、无法正常反映社会供求状况、价格失去调节经济的作用、引起资源配置的失调时，会破坏正常的经济秩序，降低经济运行效率。

在通货膨胀中受影响最大的价格是现金的价格。人们手中的现金不会带来任何利息收入，或者说现金的名义利率为零。由于实质利率等于名义利率减去通货膨胀率，因此在通货膨胀时期，现金的实质利率为负值。手持现金越多，则所遭受的损失就越大。在这种情况下，人们会急于将现金脱手，增加存货，从而造成资源浪费。在恶性通货膨胀中，甚至会使人们回到以物易物的低效率交换形式。

3. 通货膨胀对产出和就业的影响

需求拉上的通货膨胀在一定条件下，会刺激厂商增加投资、扩大生产规模、增雇工人，增加国民产出。通货膨胀使得银行的实际利率下降，这又会刺激消费和投资需求，促进资源的充分利用和总供给的增加。但是，当通胀率可预料时，就不会对国民收入水平和就业发生直接的影响。如果发生成本推进的通货膨胀，则原来总需求所能购买的实际产品的数量将会减少。也就是说，当成本推进的压力抬高物价水平时，总需求只能在市场上支持一个较小的实际产出。所以，实际产出下降，导致厂商缩小生产规模，减少雇工，失业率上升。

二、通货膨胀的治理

经济学家对通货膨胀影响的看法，虽然各不相同，但也有一些共同之处，即都认为，严重的通货膨胀对经济的发展和国家稳定是有害的。经济学家提出的反通货膨胀的政策主张，往往与他们对产生通货膨胀原因的分析是密切相关的。

（一）需求管理

1. 凯恩斯主义的政策

凯恩斯主义者提出，在经济高涨时期，总需求大于总供给，出现膨胀性缺口，经济中通货膨胀严重，政府要采取紧缩性的财政政策和货币政策来解决通货膨胀问题。美国在20世纪50年代采取紧缩性的财政政策和货币政策，在稳定物价、抑制通货膨胀方面，取得良好的效果。

2. 货币主义的政策

货币主义者主张采取稳定货币供给增长率的单一规则，建议货币当局把年货币供应增长率固定在4%～5%的水平上，压缩货币供给，抑制通货膨胀。同时坚决反对依靠财政政策来反通货膨胀的主张。因为在货币主义者看来，通货膨胀就是由于货币供应量过多而引起的一个"货币现象"，因而采取财政政策是无济于事的。20世纪70年代末80年代初英国撒切尔夫人保守党政府和美国里根共和党政府，先后采取货币主义的政策，控制货币供应量的增长，使通货膨胀率从原来的两位数降到4%左右。

（二）供给管理

1. 增加总供给

通过增加总供给，特别是有效供给来治理通货膨胀。主要措施有：① 采取扩张性的财政政策和货币政策，通过降低税率及利率等刺激厂商增加总供给；② 改善产业结构，通过减免税收，给予财政补贴或低息、无息贷款等，支持短缺商品的生产；③ 鼓励技术创新，以提高资源利用率，降低成本；④ 减少或取消供给管制，鼓励竞争，增加有效供给。

2. 指数化政策

指数化就是以条文规定的形式把工资和某种物价指数联系起来：当物价上升时，工资也随之而上升。指数化被分为两种：一种为全部指数化，另一种为部分指数化。两种指数化都只能减轻通货膨胀在收入分配上的后果，却不能消除通货膨胀本身的原因。如果通货膨胀的原因是货币量的增加所致，那么，工资的指数化可以补偿由于货币增加而导致的物价上涨。如果通货膨胀是由于生产原料短缺、劳动生产率下降等原因所造成的价格上涨，工资指数导致实际工资随着原料价格的上升而上升，工资的上升又会导致物价水平进一步上升，结果是指数化使通货膨胀恶化。

3. 收入政策

收入政策是通过控制工资与物价来制止通货膨胀的政策，其控制的重点是工资收入，故称为收入政策。收入政策一般有三种形式：一是工资—物价冻结；二是工资与物价指导线；三是税收政策。

> 资料链接

幸福指数与痛苦指数

幸福指数最早是由美国经济学家萨缪尔森提出来的，他认为幸福等于效用与欲望之比，即：幸福＝效用/欲望。从这个等式来看，当欲望既定时，效用越大越幸福；当效用既定时，欲望越小越幸福。幸福与效用同方向变化，与欲望反方向变化。如果欲望无穷大，则幸福为零。我们经常会说人的欲望是无限的，那是指人们常常会表现为一个欲望满足之后又会产生新的欲望，而在一个欲望满足之前，我们可以把这个欲望当作是既定的，当欲望既定时，人的幸福就取决于效用了。因此可以简单地把追求幸福最大化等同于追求效用最大化。幸福指数衡量的是个人的主观愿望，每个人认为自己幸福与否和自己的欲望及效用有关。

痛苦指数是用来衡量宏观经济状况的一个指数。它等于通货膨胀率加上失业率。例如，通货膨胀率等于6%，失业率等于5%，则痛苦指数等于11%。这个指数说明人们对宏观经济状况的感觉，指数越大人们就会感到越是遗憾或痛苦。

在失业与通货膨胀中人们往往更注重失业状况。根据美国耶鲁大学的学者调查，人们对失业的重视程度是通货膨胀的6倍，因此表示人们对政府不欢迎程度的指数就等于6乘以失业率加通货膨胀率。在前面的例子中，政府不受欢迎程度的指数为6×5%＋6%＝36%。这一指标越高，政府越不受欢迎，该届政府获得连任的机会就越少，所以各国政府都把降低失业率当作非常重要的工作目标。

◇ 同步检测（多项选择题）

1. 以下选项中，可能在通货膨胀中利益受损的有（　　）。
   A. 债权人　　　　B. 固定收入者　　　C. 货币持有者　　　D. 政府
2. 以下选项中，（　　）是治理通货膨胀的对策。
   A. 控制货币供应量　　　　　　　B. 指数化政策
   C. 增加总供给　　　　　　　　　D. 抑制总需求
3. 抑制需求拉动的通货膨胀，应采取的宏观经济政策有（　　）。
   A. 降低利率　　　B. 提高利率　　　C. 减少政府支出　　　D. 增加政府支出
4. 痛苦指数是将（　　）结合运用而形成的。
   A. 失业率　　　　B. 物价指数　　　C. 通货膨胀率　　　D. 不受欢迎指数

任务四　认识失业与通货膨胀的关系

失业与通货膨胀是现代市场经济的两大难题和顽症，两者之间的关系是经济学家所关心的问题。

一、失业与通货膨胀的交替关系

▶ 资料链接

沃尔克反通货膨胀的代价

1979年10月,当石油输出国组织在10年内第二次提高石油价格,从而给世界经济带来不利的供给冲击时,美国的通货膨胀达到了让人无法接受的水平,1980年2月其通货膨胀率达14.9%。当时的美联储主席保罗·沃尔克感到除了实行反通货膨胀的政策之外别无选择。为此,联邦储备委员会采取了强有力的行动,紧缩信贷,同时提高利率。当时的利率甚至达到了超过20%的创纪录水平。由于美联储的这些行动,企业削减了它们的投资,居民减少了他们对汽车和住房等物品的购买。美联储所采取行动的结果是,通货膨胀率从1980年的14.9%下降到1983—1984年的4%左右。随后美国经济进入20世纪80年代的复苏与繁荣。

应该说,沃尔克在降低通货膨胀方面确实取得了成功。另外,这一反通货膨胀的胜利却以经济衰退所造成的高失业为代价。1982—1983年,美国的失业率为10%左右。同时,按实际GDP衡量的物品和劳务的生产大大低于正常水平,沃尔克的反通货膨胀引起了美国自20世纪30年代大萧条以来最严重的衰退。

经济学家把通货膨胀减少1%的过程中每年产量(GDP)减少的百分比称为牺牲率。对牺牲率大小的估算并不相同,但都承认有牺牲率的存在。产量的减少则会引起失业率上升,既要降低通货膨胀又要减少失业的好事是不现实的。这也说明了菲利普斯曲线的存在。

菲利普斯曲线(Philips curve),就是表示通货膨胀率同失业率之间关系的曲线。这条曲线因英国经济学家菲利普斯提出而得名。

1. 早期的菲利普斯曲线——货币工资变动率与失业率的交替关系

菲利普斯在1958年发表了一篇《1861—1957年英国失业和货币工资变动之间的关系》的著名论文,根据近百年的统计资料分析,得出了一个结论:货币工资增长率与失业率之间存在一定的反比例关系。当失业率较低时,劳动需求的增加,必将推动工资迅速增长;失业率较高时,劳动需求的减少,本应促使工资成比例地下降,但由于劳动者不愿接受低工资,使工资下降较慢;失业与工资变动率关系的轨迹,便是一条凸向原点的曲线。早期的菲利普斯曲线如图7-3所示。当失业率为4.5%,即菲利普斯曲线与横轴相交时,工资增长率为零,工资保持稳定不变。当失业率超过4.5%时,菲利普斯曲线在横轴的下方,工资增长率为负值。但工资的下降总会有一定限度的,因为工人要求有最低的生活标准。所以当失业率升高到一定程度后,工资不会再有显著的降低,基本保持在一个水平线上。

2. 修改的菲利普斯曲线——通货膨胀率与失业率的交替关系

20世纪60年代以后,"工资推进"通货膨胀论者,又把通货膨胀与菲利普斯曲线联系起来,并认为,当失业率下降、工资率上升到超过劳动生产率的增长幅度时,便会引起通货膨胀。这时的通货膨胀率就等于工资增长率减去劳动生产率增长率。因此,菲利普斯曲线经过修改后,便被用来表示通货膨胀率与失业率之间的交替关系。如图7-4所示。

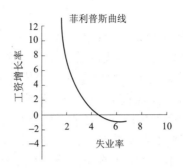

图7-3 早期的菲利普斯曲线

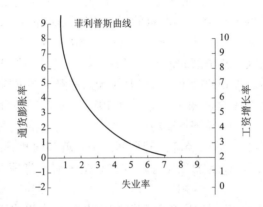

图7-4 通货膨胀率与失业率之间的交替关系

图7-4中,横轴表示失业率,右纵轴表示工资增长率,左纵轴表示通货膨胀率。三者都用百分比计量。菲利普斯曲线从左上方向右下方倾斜。这里假定劳动生产率每年递增2%。当工资增加2%时,不会使产品成本增加,所以物价并不上涨,通货膨胀为0。在工资增长率超过2%以后,就会引起物价相应的上涨,即工资增加3%,物价上涨1%,工资增加4%,物价上涨2%,以此类推。而工资上涨,就意味着对劳动力需求的增加,失业率减少。因此通货膨胀率与失业率之间存在反比例关系,也就是替代关系。

菲利普斯曲线意味着可以用较高的通货膨胀率为代价,来降低失业率;而要遏制通货膨胀和稳定物价,则需要付出较高失业率的代价。因此,政府在实施经济干预、进行总需求管理时,就陷入了进退两难的境地。解决此难题的方法是首先确定一个临界点(被政府认可的失业率和通货膨胀率),由此确定一个失业与通货膨胀的组合区域。如果实际的失业率和通货膨胀率组合在组合区域内,则政策的制定者不采用调节措施,如果在区域之外,则可根据菲利普斯曲线所表示的关系进行调节。

菲利普斯曲线所反映的失业与通货膨胀之间的交替关系基本符合20世纪五六十年代西方国家的实际情况。70年代末期,由于滞胀的出现,失业与通货膨胀之间又不存在这种交替关系了。

二、停滞膨胀

停滞膨胀是失业和通货膨胀同时并存的现象，简称滞胀。

从20世纪60年代中期起特别是70年代以后，在西方国家中出现一种奇特而又复杂的经济综合征：生产停滞（大规模失业）与通货膨胀（物价普遍上涨）并发，即比以往单纯的经济危机更难对付的失业和通货膨胀同时并存的"滞胀"。"滞胀"包括两方面的内容：一方面是经济停滞，包括危机期间的生产下降和非危机期间的经济增长缓慢和波动，以及由此引起的大量失业；另一方面是持久的通货膨胀，以及由此引起的物价上涨。这两种现象互相交织并发，贯穿于资本主义再生产周期的各个阶段，并成为所有发达资本主义国家的共同经济现象。

"滞胀"并非直线上升，而是波浪式地发展。形式也是不断变化的，"滞胀"大体上有以下三种形式。一是严重的经济停滞与严重的通货膨胀同时并发，即高停滞与高膨胀相结合，这是"滞胀"的严重形式，对发达资本主义国家的经济危害最大。1973—1975年的世界经济危机期间美国及西欧一些国家的情况就是这样。二是"滞"与"胀"此起彼伏互为消长，有时是严重的停滞、缓的膨胀，有时是缓和的停滞、严重的膨胀，这是发达资本主义国家交替实行膨胀政策与紧缩政策的结果。如1980—1982年的世界经济危机后期，美、英等国的通货膨胀率下降了，但经济停滞却更加严重。三是缓和的停滞与缓和的膨胀同时出现。正如1980—1982年危机以后的经济回升期间，美、英等国暂时出现的情况那样，这是"滞胀"的比较缓和的形式。以上无论哪种形式，只是表明"滞胀"的严重程度不同，但"滞胀"却并未消失。

按照凯恩斯经济学的观点，在需求大于供给时出现通货膨胀，失业减少，而当供给大于需求时则会发生经济衰退与失业增加，面对经济停滞、失业增加、通货膨胀加剧同时并存这种新的经济现象，凯恩斯经济学遇到了严峻挑战，经济自由主义思潮重新活跃与兴起。

关于"滞胀"的解释，不同学派有不同的观点，不少观点有一定的合理成分，对研究我国改革开放过程中经济发展中出现的各种问题有重要的参考价值。停滞膨胀的深刻根源在于资本主义的基本矛盾及其引起的结构性危机。从第二次世界大战后到20世纪70年代，主要西方资本主义国家都长期实行凯恩斯主义，实施通过增加政府支出、坚持赤字财政、扩大金融信贷等刺激有效需求的经济政策。这些政策虽然在短期内能刺激经济增长，缓和经济危机，但是财政赤字和债务的不断扩大，货币供应长期超量，必然要引起通货膨胀。加之凯恩斯主义长期忽视供给，世界资源短缺与石油冲击、科技发展与经济结构矛盾的深化等，给资本主义带来了更严重的问题，停滞膨胀是资本主义各种矛盾运动的集中体现和必然结果。

◇ 同步检测（判断题）

1. 菲利普斯曲线说明通货膨胀率同失业率之间为正相关关系。　　　　　　（　　）
2. 失业和通货膨胀同时并存的现象叫滞胀。　　　　　　　　　　　　　　（　　）

案例分析训练

案例1　您身边的统计指标——消费价格指数

CPI 是 consumer price index（消费价格指数）的英文简称，我国称之为居民消费价格指数，是度量消费商品及服务项目价格水平随着时间变动的相对数，反映居民购买的商品及服务项目价格水平的变动趋势和变动程度。其按年度计算的变动率通常被用来反映通货膨胀或紧缩的程度。CPI 及其分类指数还是计算国内生产总值以及资产、负债、消费、收入等实际价值的重要参考依据。

1. 编制方法

首先，国家统计局和地方统计部门分级确定用于计算 CPI 的商品和服务项目以及调查网点。国家统计局根据全国城乡居民家庭消费支出的抽样调查资料统一确定商品和服务项目的类别，设置食品、烟酒及用品、衣着、家庭设备用品及服务、医疗保健及个人用品、交通和通信、娱乐教育文化用品及服务、居住 8 大类 262 个基本分类，基本涵盖了城乡居民的全部消费内容。全国抽选约 500 个市县，确定采集价格的调查网点，包括食杂店、百货店、超市、便利店、专业市场、专卖店、购物中心、农贸市场、服务消费单位等共 6.3 万个。

其次，按照"定人、定点、定时"的方式，统计部门派调查员到调查网点现场采集价格。价格采集频率因商品而异，对于 CPI 中的粮食、猪牛羊肉、蔬菜等与居民生活密切相关、价格变动相对比较频繁的食品，每 5 天调查一次价格；对于服装鞋帽、耐用消费品、交通通信工具等大部分工业产品，每月调查二至三次价格；对水电等政府定价项目，每月调查核实一次价格。

最后，根据审核后的原始价格资料，计算单个商品或服务项目，以及 262 个基本分类的价格指数；然后根据各类别相应的权数，再计算类别价格指数及 CPI。

我国 CPI 的权数，主要是根据全国城乡居民家庭各类商品和服务的消费支出详细比重确定的。CPI 汇总计算方法采用链式拉式公式，编制月环比、月同比及定基价格指数。

2. 如何解读和使用 CPI

如今，腰包日益鼓起来的人们对通货膨胀等宏观经济现象越来越关注，加入理财大军的投资人士关注 CPI 的热情更是明显升温。但如果不了解 CPI 数据的内容和性质，很容易造成误解和误用。

（1）CPI 不包含投资品和隐性收费。CPI 是反映居民购买并用于消费的商品和服务价格变动情况的宏观经济指标，反映的是消费品而不是投资品的价格变化情况，不包括房价和农业生产资料。另外，CPI 中也不包括乱收费和一些没有明码标价的隐性收费项目。

（2）CPI 不是绝对价格。CPI 反映的是当前的物价水平相对于过去某个时期上涨（或下降）的幅度，而不是绝对价格的高低。CPI 涨幅高并不意味绝对价格高，反之亦然。

（3）CPI 是一个平均数。在使用 CPI 时，既要看价格总水平的变化，也要看其内部不同类别价格的变动。总水平的上涨并不意味着所有商品和服务项目价格的全面上涨，反之亦然。

另外，CPI 并不是越低越好。目前，我国经济正处于高速增长和结构快速转型时期，较低的 CPI 并不利于经济的增长。这是因为如果商品、服务价格不断走低，可能使企业效益下降，从而造成就业机会减少、居民收入下降、市场消费不足等一系列问题，整个国民经济体系将陷入一种互相牵制的非良性循环中。

问题与讨论：

根据所学知识，查找近一年我国 CPI 的数据，谈谈如何正确解读和使用 CPI，分析一下当前的通货膨胀率属于哪种类型，形成原因是什么。

案例2 2020史上最难就业季——80万海归遇上874万国内应届毕业生

一到毕业季的新闻，往往都是类似"史上最难就业季""史上更难就业季"的标题。因为一年比一年的毕业生人数多，大学生就业形势逐年严峻。从2001年开始，我国的大学毕业生人数每年都创新高，2001年只有114万，2020年却高达874万，翻了几乎7倍。在线职业教育平台 UniCareer 调查显示，由于新冠肺炎疫情的影响和移民、就业政策收紧，2020年中国留学生归国人数较2019年增长了70%，有超过80万的留学毕业生回国就业，让本已形势严峻的就业市场压力更大。一方面，就业总量压力依然很大；另一方面，就业的结构性矛盾进一步加剧，企业"招工难"与大学生"就业难"问题并存，且有常态化趋势。作为教育方，高校和教育部门已经对冷门及就业率低下的专业进行了调整。作为毕业生自己，是否也已调整好心态？

问题与讨论：

1. 请你联系所在地区和学校的实际，分析大学毕业生就业难的原因。
2. 面对大学生"就业难"问题，你准备如何定位与应对？

▶ 训练题

一、概念匹配题

1. 充分就业（   ）
2. 摩擦性失业（   ）
3. 自然失业（   ）
4. 结构性失业（   ）
5. 周期性失业（   ）
6. 通货膨胀（   ）
7. 消费价格指数（   ）
8. 生产者物价指数（   ）

A. 经济中由于正常的劳动力流动而引起的失业

B. 衡量一定时期家庭和个人消费的商品和劳务市场价格水平变动程度的指标

C. 指一切具有劳动能力和劳动愿望的劳动者，在现行工资水平下愿意工作的人均能实现就业的状态

D. 指随着经济发展周期的变化而形成的失业

E. 指由于技术进步、市场需求发生变化而引起的经济结构变化所造成的失业

F. 指实现了充分就业时的失业

G. 衡量一定时期内生产者原材料购进价格、产成品出厂价格变动趋势和变动程度的指数

H. 指物价水平普遍而持续的上升

二、判断题

1. 无论什么人只要没有找到工作就属于失业。（　）
2. 衡量一个国家经济中失业情况的最基本指标是失业率。（　）
3. 充分就业意味着失业率为零。（　）
4. 在一个国家里，自然失业率是一个固定不变的数。（　）
5. 因不满工资待遇而不愿就业的人属于自愿失业。（　）
6. 只要存在失业劳动者，就不可能有工作空位。（　）
7. 新加入劳动力队伍，正在寻找工作而造成的失业属于摩擦性失业。（　）
8. 周期性失业就是总需求不足所引起的失业。（　）
9. 根据奥肯定理，在经济中实现了充分就业后，失业率每增加1%，则实际国民收入就会减少2.5%。（　）
10. 通货膨胀是指物价水平普遍而持续的上升。（　）
11. 一般都用消费价格指数来衡量通货膨胀。（　）
12. 凯恩斯认为，引起总需求过度的根本原因是货币的过量发行。（　）
13. 经济学家认为，引起工资推动的通货膨胀和利润推动的通货膨胀的根源都在于经济中的垄断。（　）
14. 如果通货膨胀率相当稳定，而且人们可以完全预期，那么通货膨胀对经济的影响就很小。（　）
15. 没有预料到的通货膨胀有利于债务人，而不利于债权人。（　）

三、单项选择题

1. 失业率是（　　）。
A. 失业人数占劳动力总数的百分比　　B. 失业人数占整个国家人口的百分比
C. 失业人数占就业人数的百分比
2. 充分就业的含义是（　　）。
A. 人人都有工作，没有失业者　　B. 消灭了周期性失业时的就业状态
C. 消灭了自然失业时的就业状态
3. 引起摩擦性失业的原因是（　　）。
A. 工资能升不能降的刚性　　B. 总需求不足
C. 经济中劳动力的正常流动
4. 周期性失业是指（　　）。
A. 由于某些行业生产的季节性变动所引起的失业
B. 由于总需求不足而引起的短期失业
C. 由于劳动力市场结构的特点，劳动力的流动不适应劳动需求变动引起的失业
5. 隐蔽性失业是指（　　）。
A. 表面有工作，实际对生产没有作贡献的人
B. 实际失业而未去有关部门登记注册的人
C. 被厂商解雇而找不到工作的人
6. 由于经济萧条而形成的失业属于（　　）。

A. 摩擦性失业　　　　　　　　B. 结构性失业
C. 周期性失业　　　　　　　　D. 永久性失业

7. 由于纺织行业不景气而失去工作，这种属于（　　）。
A. 摩擦性失业　　　　　　　　B. 结构性失业
C. 周期性失业　　　　　　　　D. 永久性失业

8. 失业出现在（　　）。
A. 现行工资水平下，劳动需求大于劳动供给时
B. 劳动市场处于均衡状态时
C. 实际工资低于名义工资时
D. 在现行工资水平下，劳动供给大于劳动需求时

9. 下列哪类人员不属于失业人员？（　　）
A. 季节工
B. 对待遇不满而愿意待业在家的大学毕业生
C. 全职太太
D. 跳槽而未开始新工作的人

10. 菲利普斯曲线表明（　　）。
A. 通货膨胀是失业造成的
B. 通货膨胀引起失业
C. 通货膨胀与失业无关
D. 通货膨胀与失业率之间呈负相关

11. 在以下三种情况中，可称为通货膨胀的是（　　）。
A. 物价总水平的上升持续了一个星期之后又下降了
B. 物价总水平上升而且持续了一年
C. 一种物品或几种物品的价格水平上升而且持续了一年

12. 一般用来衡量通货膨胀的物价指数是指（　　）。
A. 消费价格指数　　　　　　　B. 批发物价指数
C. 国内生产总值折算数

13. 可以称为温和通货膨胀的情况是指（　　）。
A. 通货膨胀率在10%以上，并且有加剧的趋势
B. 通货膨胀率以每年5%的速度增长
C. 在数年之内，通货膨胀率一直保持在2%～3%的水平

14. 凯恩斯所说的需求拉上的通货膨胀发生的条件是（　　）。
A. 资源得到了充分利用，而总需求仍然在增加
B. 资源得到了充分利用，但总需求并不增加
C. 资源未得到充分利用，总需求仍然在增加

15. 在通货膨胀不能完全预期的情况下，通货膨胀将有利于（　　）。
A. 债务人　　　　B. 债权人　　　　C. 工人

16. 按照通货膨胀严重程度，可以分为（　　）。
A. 需求拉动的通货膨胀和成本推进的通货膨胀

B. 温和的通货膨胀、急剧的通货膨胀、超速的通货膨胀和受抑制的通货膨胀

C. 未预期的通货膨胀和预期的通货膨胀

D. 开放的通货膨胀和隐蔽的通货膨胀

17. 治理需求拉上的通货膨胀，应该（　　）。

A. 降低工资　　　　　　　　　　B. 控制货币供应量

C. 治理垄断　　　　　　　　　　D. 减税

18. 充分就业情况下，哪种因素会导致通货膨胀？（　　）

A. 出口减少　　　　　　　　　　B. 进口增加

C. 工资不变但劳动生产率提高　　D. 政府支出不变但税收减少

19. 下列因素中，哪一个最可能是成本推进型通货膨胀的原因？（　　）

A. 投资率的下降　　　　　　　　B. 银行贷款的扩张

C. 预算赤字　　　　　　　　　　D. 世界性商品价格的上涨

20. 通货膨胀会（　　）。

A. 使国民收入提高到超过其正常水平

B. 使国民收入提高或下降，主要看产生这种通货膨胀的原因

C. 只有在经济处于潜在产出水平时才会促进国民收入的增长

D. 使国民收入下降到低于其正常水平

四、多项选择题

1. 下列关于自然失业率说法正确的有（　　）。

A. 自然失业率是历史上最低限度水平的失业率

B. 自然失业率恒定不变

C. 自然失业率是变化的

D. 自然失业率包括摩擦性失业

2. 降低自然失业率的措施有（　　）。

A. 降低最低工资标准　　　　　　B. 人力培训计划

C. 促进经济增长　　　　　　　　D. 提高通货膨胀率

3. 如果实际工资具有向下刚性，则在衰退中，当对劳动的需求减少时，会出现（　　）。

A. 较高的就业量　　　　　　　　B. 较低的就业量

C. 较高的实际工资　　　　　　　D. 实际工资没有降低

4. 治理失业的经济政策主要包括（　　）。

A. 财政政策　　　　　　　　　　B. 货币政策

C. 收入政策　　　　　　　　　　D. 人力政策

5. 衡量通货膨胀的尺度一般有（　　）。

A. 消费价格指数　　　　　　　　B. 批发物价指数

C. GDP 折算数　　　　　　　　　D. 食物价格指数

6. 成本推动的通货膨胀（　　）。

A. 通常用于描述某种供给因素所引起的价格波动

B. 通常用于描述某种总需求的增长所引起的价格波动

C. 一般包括工资推进的通货膨胀和利润推进的通货膨胀
D. 是由于结构因素而导致的通货膨胀

7. 通货膨胀的影响表现为（   ）。
   A. 政府税收增加   B. 有利于利润收入者
   C. 政府税收减少   D. 债权人所得收入减少

8. 通货膨胀的成因有（   ）。
   A. 需求拉动因素   B. 成本推进因素
   C. 周期性因素   D. 结构性因素

9. 下列各项属于凯恩斯对通货膨胀成因分析的有（   ）。
   A. 货币发行量过多
   B. 总需求超过了充分就业的生产能力
   C. 出现实际总需求大于充分就业总需求的"膨胀缺口"
   D. 生产成本增加

五、计算题

1. 某国总人口为 3 000 万人，就业 1 500 万人，失业 500 万人。该国失业率为多少？

2. 如果某国的价格水平 1950 年为 54，1960 年为 69，1970 年为 92，1980 年为 178。该国 20 世纪 60 年代、70 年代和 80 年代的通货膨胀率各为多少？

第八单元

经济能平稳增长吗

▷ **知识目标**

- 经济周期的含义、阶段与类型；
- 经济周期的特点与成因；
- 经济增长的含义与特征；
- 经济增长的决定因素；
- 经济周期理论、经济增长理论及乘数 – 加速数模型、哈罗德 – 多马经济增长模型的主要内容。

▷ **能力目标**

- 能通过信息搜索工具，查阅有关世界各国和中国经济周期和经济增长的资料；
- 学会应用基本概念与理论分析经济周期、经济增长的原因，思考我国经济增长的对策；
- 能根据相关资料与理论正确判断当前的经济形势，并能合理预测未来的趋势，为自己的经济决策提供参考。

▷ **案例导入**

中国的经济周期与经济增长

自 1978 年改革开放以来，中国经济呈现周期性波动，在过去的 41 年间，经济周期的峰值出现过三次，分别在 1984 年、1992 年和 2007 年；而从谷底看，则出现了四次，分别为 1981 年、1990 年、1999 年和 2019 年。1979—2019 年中国的经济周期如图 8 – 1 所示。

图 8 – 1　1979—2019 年中国的经济周期

改革开放以来,中国经济进入高速增长阶段,2010年国内生产总值首次超越日本,成为世界第二大经济体,2019年我国人均GDP迈上1万美元的台阶,作为世界上人口规模最大的国家,能在经济底子薄、内外部环境复杂多变的形势下,在更短时间内实现人均收入水平提高,并实现更具包容性的经济增长(减贫),确实来之不易。相同增速代表的增量规模更大,宏观调控的空间更灵活,投资和消费也会进一步增长,不仅消费规模将继续扩张,消费升级态势也越来越明显,有助于培育新的经济增长点,实现产业结构和需求结构在更高层次上形成新的动态平衡。经济发展的内生动力增强,推动中国经济走向内需拉动型增长模式,增强抵御外部冲击的能力,提高经济韧性,带动经济持续增长。中国经济结构不断优化,产业转型升级正走向成长期,已进入高质量增长阶段。

什么是经济周期?经济周期各阶段有什么特点?什么是经济增长,经济增长的引擎是什么?一国的经济是否能一直保持稳定增长?本单元正是要讨论这些问题。

项目一 经济周期

任务一 掌握经济周期的含义及阶段

一、经济周期的含义

自1825年英国爆发了世界上第一次生产过剩性经济危机以来,每隔10年左右就有一次这样的危机出现,在资本主义经济中繁荣与萧条的交替出现已成为引人注目的经济现象。迄今为止,没有任何一种经济能够始终维持繁荣,每种经济都是在衰退与复苏的周期性波动中不断发展的。这种经济从繁荣走向衰退、再从衰退中复苏而反复出现的现象带有一定的规律性。我们把总体经济活动的经济扩张和收缩交替反复出现的过程称为经济周期。

经济周期过程可以用实际国内生产总值(GDP)的波动或国内生产总值增长率的波动来描述。现代经济发展的实际情况告诉我们,实际国内生产总值的绝对量下降的情况是很少见的,因此,衰退不一定表现为实际国内生产总值绝对量的下降,只要实际国内生产总值增长率下降,即可称之为衰退,故而在经济学中有"增长性衰退"之说。

经济周期有以下三个特点:① 经济周期是经济活动围绕其总体长期趋势所经历的有规律的扩张和收缩,是不可避免的客观存在;② 经济周期是总体经济活动的波动,如GDP、失业率、物价水平、利率、对外贸易等的波动;③ 虽然每个经济周期在持续时间和变化幅度上可能有很大差别,但它们发展过程却是一致的,每个周期都包括一个扩张阶段和一个收缩阶段。

二、经济周期的阶段

一个典型的经济周期通常可细分为四个阶段和两个转折点。四个阶段分别是衰退、萧条、复苏、繁荣。其中:衰退与萧条阶段属于收缩,复苏与繁荣阶段属于扩张;衰退是从繁荣到萧条的过渡阶段,复苏是从萧条到繁荣的过渡阶段。两个转折点分别是顶峰和谷底。峰谷底对应整个经济周期的最高点和最低点,是收缩阶段与扩张阶段的转折点。以横轴T表示时间，纵轴 Y 表示国民收入，直线表示经济活动的正常水平，曲线表示经济活动的实际水平，经济周期的阶段如图 8-2 所示。在图 8-2 中，向右上方倾斜的直线代表经济的长期稳定增长趋势，曲线部分则用来表示经济活动围绕"长期趋势"上下波动的实际水平，图中 $A—E$ 部分代表了一个完整的经济周期，其中 $A—B$ 为繁荣阶段，$B—C$ 为衰退阶段，$C—D$ 为萧条阶段，$D—E$ 为复苏阶段，B 点为扩张阶段到收缩阶段的转折点，是整个经济周期的顶峰，D 点为收缩阶段到扩张阶段的转折点，是整个经济周期的谷底。

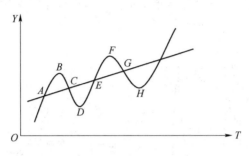

图 8-2 经济周期的阶段

经济周期波动的直线是经济长期稳定的增长趋势，表现为潜在国内生产总值水平，也称为经济活动的正常水平。经济周期发生在实际国内生产总值相对于潜在国内生产总值上升或下降的时候，表现为经济中的实际国内生产总值对潜在国内生产总值呈现出来的阶段性偏离。从图 8-2 我们可以看出经济周期的各个阶段具有各自不同的特点。

1. 繁荣阶段

繁荣是经济扩张和持续增长达到高峰的阶段。在这一阶段，经济总量与经济活动高于正常水平，生产迅速增加，投资增加，信用扩张，价格水平上升，就业增加，公众对未来乐观。繁荣的最高点为顶峰，这时就业与产量水平达到最高。

2. 衰退阶段

衰退处于收缩阶段，经济下行，是经济由繁荣转为萧条的过渡阶段。在这一阶段，生产急剧减少，投资减少，信用紧缩，价格水平下降，企业破产倒闭，失业急剧增加，公众对未来悲观。

3. 萧条阶段

萧条是经济收缩和衰退继续导致的不景气的低谷阶段。萧条的最低点称为谷底，这时就业与产量跌至最低。在这一阶段，生产、投资、价格水平等不再继续下降，失业人数也不再增加。此时，经济总量与经济活动低于正常水平。

4. 复苏阶段

复苏处于扩张阶段，是经济由极度不景气转回升阶段。在这一阶段，经济形势向好，投资不断增加，商品价格水平、股票价格、利息率等逐渐上升，信用逐渐活跃，就业人数也在增加，公众的情绪逐渐高涨。需要指出的是，这时的经济仍未达到正常水平。当经济指标恢复到衰退前的最高水平时，就进入了新一轮的繁荣高涨阶段。

> 资料链接

美国 1919—2000 年的经济周期

图 8-3 所描述的是美国 1919 年以来的经济情况，20 世纪 30 年代的大萧条既深又宽，1919 年的那一次衰退既浅又窄。美国经济周期的历史显示出 1940 年以前有许多次的危机和萧条，并都存在持久的衰退。然而，自 1945 年以来，经济周期的波动变得不那么频繁，而且也温和了许多。主要在于政府能够运用货币手段和财政手段来防止各种冲击转化成衰退，防止经济像滚雪球一样从衰退跌进萧条。

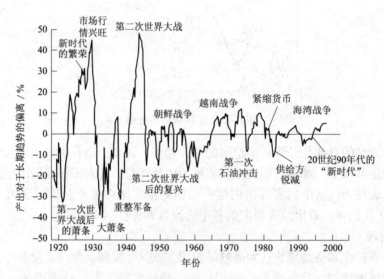

图 8-3 美国 1919—2000 年的经济周期

◇ 同步测试（单项选择题）

1. 经济周期中的主要阶段是（　　）。
   A. 顶峰和谷底　　　　　　　　B. 顶峰和扩张
   C. 谷底和衰退　　　　　　　　D. 衰退和扩张
2. 下列选项中，（　　）在经济衰退中不会发生。
   A. 产量增长下降　　　　　　　B. 每位工人工作小时数增加
   C. 通货膨胀率降低　　　　　　D. 实际工资降低
3. 一国总体经济活动的长期变动趋势称为（　　）。
   A. 经济周期　　B. 季节变动　　C. 经济增长　　D. 经济发展
4. 经济周期波动的中心是（　　）。
   A. 国民收入　　B. 利率　　　　C. 就业率　　　D. 价格

任务二　了解经济周期的类型

西方经济学家根据一个周期的长短将经济周期划分为以下几种类型。

第八单元 经济能平稳增长吗

1. 朱格拉周期（中波）

关于中波的研究较早。法国经济学家 C. 朱格拉于 1860 年对较长时期的工业经济周期进行了研究，并根据生产、就业人数、物价等指标，提出经济周期的平均长度为 8～10 年，这一时间跨度的经济周期被称为朱格拉周期。这是后来各种经济周期理论所着重研究的周期。

2. 基钦周期（短波）

1923 年，英国经济学家 J. 基钦在《经济因素中的周期与趋势》中研究了 1890—1922 年英国与美国的物价、银行结算、利率等指标，认为经济周期为 3～4 年一次的短周期，又称基钦周期。A. 汉森根据统计资料计算出美国 1807—1937 年共有 37 个这样的周期，其平均长度为 3.51 年。

3. 康德拉季耶夫周期（长波）

1925 年，俄国经济学家 N. 康德拉季耶夫在《经济生活中的长期波动》中研究了美国、英国、法国和其他一些国家长期的时间序列资料，认为资本主义社会有一种为期 50～60 年、平均长度为 54 年左右的长期波动，这就是长周期，又称康德拉季耶夫周期。现在有许多经济学家仍然重视对长周期的研究，称之为长波理论。

4. 熊彼特对三种经济周期划分的综合

奥地利经济学家熊彼特在 1939 年出版的《经济周期》中认为三种划分经济周期的方法尽管不同，但实际上并无矛盾，可加以综合。熊彼特认为长周期的不同阶段（指扩张阶段和收缩阶段）仍然存在中周期的波动，而中周期的不同阶段仍然存在短周期的波动。每个长周期包括 6 个中周期，每个中周期包括 3 个短周期。

5. 库兹涅茨周期

1930 年，美国经济学家 S. 库兹涅茨在《生产和价格的长期运动》中提出了存在一种与房屋建筑业相关的经济周期，这种周期长度在 15～25 年，平均长度为 20 年左右。这也是一种长周期，被称为库兹涅茨周期，或建筑业周期。库兹涅茨提出的长周期受到了经济学界的重视。

◇ **同步测试**（单项选择题）

1. 中周期的每个周期时间是（　　）。
   A. 7～8 年　　　　　　　　　　B. 8～10 年
   C. 3～4 年　　　　　　　　　　D. 50～60 年

2. 建筑周期指的是（　　）。
   A. 基钦周期　　　　　　　　　B. 朱格拉周期
   C. 康德拉季耶夫周期　　　　　D. 库兹涅茨周期

3. 50～60 年的经济周期为（　　）。
   A. 熊彼特周期　　　　　　　　B. 朱格拉周期
   C. 康德拉季耶夫周期　　　　　D. 库兹涅茨周期

任务三　认识经济周期的成因

经济学家力图寻找引起经济周期的原因，建立起一套经济周期理论。自从19世纪中期以来所提出的经济周期理论有几十种之多。

一、经济周期理论概况：外因论与内因论

1. 外因论

外因论是在经济体系之外的某些要素的波动中寻找经济周期的根源——如战争，革命，选举，发现金矿，移民，新土地和新资源发现，科学突破和技术创新，甚至太阳黑子活动和气候等。它们并不否认经济中内在因素（如投资等）的重要性，但强调引起这些因素变动的根本原因在经济体系之外，而且，这些外生因素本身并不受经济因素的影响。

2. 内因论

内因论是在经济体系内部寻找经济周期原因的机制。这种理论认为，任何一次扩张都孕育着新的衰退和收缩，任何一次收缩也都包含着可能的复苏和扩张。经济生活正是以这种近乎规律的方式不断循环往复。一个重要理论是乘数-加速原理。经济周期的内因论显示了一种类似钟摆运动的机制，外部冲击通过一种循环方式在经济内部延绵传递。

二、几种主要经济周期理论

（一）纯货币理论

该理论认为货币是影响需求的最基本因素。当银行体系降低利率、信用扩大、贷款增加时，生产扩张，供给增加，收入和需求进一步上升，物价上涨，经济活动水平上升，经济进入繁荣阶段。由此引发通货膨胀，银行体系被迫收缩银根，停止信用扩张，贷款减少，订货下降，供过于求，经济进入萧条阶段。在萧条期，资金逐渐向银行集中，银行采取措施扩大信用，促进经济复苏。货币理论认为，货币量的扩张和收缩对经济周期有普遍的影响，这一理论的代表人物是拉尔夫、霍特里、米尔顿和弗里德曼。

（二）政治性周期论

自20世纪60年代以来，有的美国总统在争取连任之前的一两年中或是大幅度增加财政支出或是减税，形成扩张性的需求冲击，以刺激经济，提高就业，造成能使选民投票支持在职总统连任的经济繁荣局面。选举胜利以后，政府面对着先前形成的膨胀性缺口，转而实行紧缩性政策压制物价上涨，使该国经济转向衰退阶段。该理论的代表人物诺德豪斯和塔夫特将经济波动归因于政治家为重新当选而对财政政策和货币政策的操纵。

（三）均衡经济周期理论

该理论宣称，对价格和工资变动的错觉使人们提供的劳动总是过多或过少，从而导致产出和就业的周期性波动。该理论的代表人物卢卡斯、巴罗和萨金特认为：衰退期间失业率的升高是因为劳工们所期望的工资太高。

（四）真实经济周期理论

该理论的支持者认为某一部门的创新或劳动生产率变动所带来的影响会在经济中传播，

并引起波动。该理论的代表人物 20 世纪初的熊彼特和近年来的普雷斯科特、基德兰德认为，经济周期主要是由总供给冲击造成的，而总需求对于经济周期来说并不重要。

（五）供给冲击理论

当经济周期是由于总供给的改变而引起的时候，供给冲击理论便出现了，代表人物是高登。典型的例子是 20 世纪 70 年代的石油危机。油价的飞涨紧缩了总供给，助长了通货膨胀，并降低了产出和就业量。一些经济学家认为，1994—1997 年间美国通货膨胀率较低和经济的快速增长可以用有利的供给冲击来解释。在这一期间，成本增加缓慢。一方面由于美元汇率升高，降低了进口的成本；另一方面也是因为医疗保健业的改革削减了企业的劳动成本。

（六）创新周期理论

该理论认为，采用新技术、新材料、新能源、新市场组合和企业管理方法，开发一种新的产品或新的产品功能，这一切会给创新者带来巨大盈利，使其他企业竞相仿效，形成创新浪潮。创新浪潮使银行信用扩张，投资膨胀，引发经济繁荣。随着创新的普及，盈利机会消失，银行信用收缩，投资下降，直至经济衰退。创新理论的发明者熊彼特，因其理论的独特性，至今仍备受关注。

（七）心理周期理论

英国经济学家庇古和凯恩斯认为，人们对经济前景乐观和悲观预期的交替引起了经济周期中繁荣与萧条的交替。庇古认为，经济高潮时，人们总是对未来有乐观的预期，引起经济过度繁荣，而当过度乐观的情绪及其后果被察觉后，又会变成不合理的过度悲观的预期。由此出现投资的过度下降，造成经济萧条。凯恩斯认为，预期收益下降和重置成本上升导致资本边际效率下降，资本边际效率递减导致社会总投资、总需求不足，总需求不足形成紧缩缺口，缺口大到一定程度时，就出现经济萧条。萧条期间，获利机会减少，储蓄倾向得到强化。所以，凯恩斯指出：要复苏经济，花钱比储蓄更重要，获利前景取决于需求的增长。

（八）乘数-加速数相互作用原理

美国经济学家保罗·萨缪尔森用"乘数-加速数相互作用原理"来解释经济周期。他认为，外部冲击通过乘数作用以及加速原理得以传导，导致总需求发生有规律的周期波动。该模型是解释经济周期的少数几个内生模型之一。

本书已经在第六单元介绍了乘数原理，因此，在这里就从介绍加速原理开始。

1. 加速原理（acceleration principle）

在国民经济中，投资与国民收入是相互影响的。乘数原理说明了投资变动对国民收入变动的影响，而加速原理要说明国民收入变动对投资变动的影响。加速原理是论证投资取决于国民收入（或产量）变动率的理论。可用下列公式来说明加速原理：

$$I_t = I_0 + D = a(Y_t - Y_{t-1}) + D$$

式中，I_t 代表总投资，它分为净投资即新增加的投资 I_0 和重置投资即折旧 D。净投资 I_0 取决于加速系数 a 和本期收入 Y_t 与上期收入 Y_{t-1} 的差异，这种投资是由国民收入的变动而诱发出来的，就是在乘数原理中介绍过的"引致投资"。

为什么收入变动会引起投资的变动呢？因为收入（或产量）的增加或减少，与投放的资本设备有密切关系。比如在技术不变的情况下，产量增加就需要增加厂房、设备等，因而必须相应地增加投资。不难看出，在这种情况下，投资的增加与收入的增加并不是按同一比例进行的，即由于现代化机器大生产必须使用大量固定资本这一技术特点，因此投资的增加是按快于收入增加的若干倍的速度进行的，或者说是加速增加的。

例如，假定技术条件不变，生产 100 万美元的产品，需要 200 万美元的资本设备，于是资本与收入（产量）之比为 2∶1。这就是说，如果收入增加 100 万美元，就需要投资 200 万美元。在此，投资增量与收入增量（或产品增量）之比，称为加速系数或资本系数，也叫资本产量比率。

设 a 为加速系数，ΔI 为投资增量，ΔY 为收入增量，则：

$$a = \frac{\Delta I}{\Delta Y}$$

这就说明，加速系数（a）等于投资增量与收入增量之比。但必须明确，这里说的投资增量，是指引致投资，或称净投资，而非投资总量。只有在产量增长的情况下，净投资（即资本存量的增量）才能实现。因此繁荣阶段不仅仅是在销售量下降时，而且是在销售量保持在高水平不变动时即告结束。

下面举例说明加速原理（见表 8-1）。设 $a=2$（资本-产量比率也为 2），折旧率为 10%，则每年补偿折旧的重置投资是资本量的 10%。

表 8-1 加速原理表 100 万元

年	产量	资本量	净投资	重置投资	总投资
1	100	200	—	20	20
2	120	240	40	24	64
3	140	280	40	28	68
4	160	320	40	32	72
5	160	320	0	32	32
6	150	300	-20	30	10

表 8-1 可以说明加速原理的基本含义。

第一，投资是产量变动率的函数，而不是产量变动的绝对量的函数。这也就是说，投资的变动取决于产量变动率，而不是产量变动量。

第二，投资的变动大于产量的变动。当产量增加时，投资的增加率大于产量的增长率。当产量减少时，投资的减少也大于产量减少，这就是加速的含义。投资的变动大于产量的变动是因为现代生产是一种"迂回生产"，即采用了大量的机器设备，这样，在开始时必然引起大量的投资。同样，在产量减少时，投资也会减少得更多。加速原理所反映的正是这种现代化大生产的特点。

第三，要使投资增长率保持不变，产量就必须维持一定的增长率。如果产量维持原水平，投资一定要下降。这说明经济发展到一定阶段时，要再实现高增长率就是一件困难的事。

第四，加速作用是双重的。当产量增长速度加快时，投资增长是加速的；当产量增长减慢或停止增长甚至减少时，投资则加速度地减少。

总之,加速原理说明了产量(即国民收入)水平的变动是影响投资水平变动的重要因素,还应该指出两点。

(1)影响投资的因素不仅有产量,还有其他,诸如资本家的预期、风险、投资成本、利息率、技术进步等。加速原理没有考虑这许多因素,它实际是在假定这些因素不变的条件下,分析产量对投资的影响。

(2)加速原理只适用于设备得到充分利用的情况,如果设备没有得到充分利用,则加速原理无法发挥作用。

2. 乘数-加速模型(multiplier-accelerator model)

乘数-加速模型就是把两种原理结合起来,以说明经济周期的原因。这一模型表述为这样一个公式:

$$Y_t = C_t + I_t + G_t \tag{1}$$

(1)式中 Y_t 为现期收入,C_t 为现期消费,I_t 为现期投资,G_t 为现期政府支出。这个公式说明了,根据凯恩斯主义的国民收入决定理论,现期收入等于现期消费、现期投资与现期政府支出之和(不考虑开放经济中的净出口)。现期消费取决于边际消费倾向(c)和前期收入 Y_{t-1}:

$$C_t = c \cdot Y_{t-1} \tag{2}$$

现期投资取决于加速系数(a)和消费的变动($C_t - C_{t-1}$):

$$I_t = a \cdot (C_t - C_{t-1}) = a(c \cdot Y_{t-1} - c \cdot Y_{t-2}) = a \cdot c(Y_{t-1} - Y_{t-2}) \tag{3}$$

(3)式说明了在考虑消费时,投资最终仍取决于收入的变动,即加速原理所说明的关系。

再设现期政府支出为既定的,即:

$$G_t = \overline{G_t} \tag{4}$$

把式(2)、式(3)、式(4)代入式(1)则得出:$Y_t = C_t + I_t + G_t$

$$Y_t = c \cdot Y_{t-1} + a \cdot c(Y_{t-1} - Y_{t-2}) + \overline{G_t} \tag{5}$$

现在设 $c = 0.5$,$a = 1$,$\overline{G_t} = 1$,则可根据式(5)作出表8-2。

表8-2 经济波动表

t	G_t	C_t	I_t	Y_t	经济变化趋势
1	1	0	0	1	—
2	1	0.5	0.5	2	复苏
3	1	1.0	0.5	2.5	繁荣
4	1	1.25	0.25	2.5	繁荣
5	1	1.25	0	2.25	衰退
6	1	1.125	-0.125	2	衰退
7	1	1.0	-0.125	1.875	萧条
8	1	0.937 5	-0.062 5	1.875	萧条

续表

t	G_t	C_t	I_t	Y_t	经济变化趋势
9	1	0.937 5	0	1.937 5	复苏
10	1	0.968 75	0.031 25	2	复苏
11	1	1	0.031 25	2.031 25	繁荣
12	1	1.015 625	0.015 625	2.031 25	繁荣
13	1	1.015 625	0	2.015 625	衰退
14	1	1.007 812 5	−0.007 812 5	2	衰退

根据表 8-2 可以作出经济周期波动图，如图 8-4 所示。

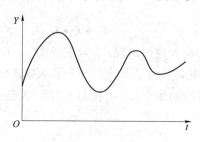

图 8-4　经济周期波动图

3. 乘数-加速模型的含义

乘数-加速模型说明以下几点内容。

第一，在经济中投资、国民收入、消费相互影响，相互调节。如果政府支出为既定（即政府不干预经济），只靠经济本身的力量自发调节，那么，就会形成经济周期。周期中各阶段的出现，正是乘数与加速原理相互作用的结果。而在这种自发调节中，投资是关键的，经济周期主要是投资引起的。

第二，乘数与加速原理相互作用引起经济周期的具体过程是，投资增加引起产量的更大增加，产量的更大增加又引起投资的更大增加，这样，经济就会出现繁荣。然而，产量达到一定水平后由于社会需求与资源的限制无法再增加，这时就会由于加速原理的作用使投资减少，投资的减少又会由于乘数的作用使产量继续减少。这两者的共同作用又使经济进入萧条。萧条持续一定时期后由于产量回升又使投资增加、产量再增加，从而经济进入另一次繁荣。正是由于乘数与加速原理的共同作用，经济中就形成了由繁荣到萧条又由萧条到繁荣的周期性运动。

第三，政府可以通过干预经济的政策来减缓经济周期的波动。在上例中，假设 G_t、a、c 都是不变的，从而有周期性波动。如果政府运用经济政策改变这些变量，则经济周期波动可以减缓，甚至消除。政府对经济进行干预可以考虑如下几方面：

（1）调节投资。根据经济波动情况，及时改变政府支出或采取经济政策影响私人投资，以缓和经济波动。

（2）影响加速系数。该模型表明，加速系数越大，波动幅度越大，因此，应采取措施缩小加速系数。假定不考虑收益递减问题，加速系数等于资本产量比率，所以提高投资效果便可以降低加速系数。

（3）影响边际消费倾向。通过这种方法可以影响下一期的消费和收入。而且，边际消费倾向也是导致经济波动的因素之一，因此，缩小边际消费倾向也会减缓经济波动。

但在上述三方面中，加速系数受技术水平决定，边际消费倾向也相对稳定，而且缩小边际消费倾向也会抑制需求增加，从而引起投资的下降。只有政府支出比较容易改变，因而这种方法使用较多。

◇ **同步测试**（单项选择题）

1. 下列选项中将经济周期归因为内生因素的是（　　）。
   A. 政治性周期论　　　　　　　　B. 创新周期理论
   C. 乘数-加速数相互作用原理　　D. 心理周期理论
2. 若加速系数 $a=3$，收入增量为300万元，则投资增量是（　　）。
   A. 100万元　　B. 200万元　　C. 600万元　　D. 900万元

项目二　经济增长

经济学对经济增长问题的研究始于17世纪亚当·斯密的时代，但将其作为一个中心课题和特定的研究领域进行研究的现代经济增长理论，却是在20世纪40年代末才形成的。

现代经济增长理论以国民收入的长期增长趋势为中心，研究揭示经济增长的影响制约因素，分析经济长期稳定增长的条件，寻求经济长期稳定增长的途径。

任务一　掌握经济增长的含义与特征

一、经济增长的含义

1971年，美国经济学家库兹涅茨给经济增长下了一个比较完整的、令现在许多经济学者仍普遍接受的定义："经济增长就是给居民提供品种日益增多的经济物品的能力的长期增长，而这种生产能力的增长所依靠的是技术的进步，以及这种进步所要求的制度上和意识形态上的调整。"

这个定义包含了以下三个含义。

（1）经济增长集中表现在经济实力的增长上，而这种经济实力的增长就是商品和服务总量的增加，即国民生产总值的增加。若考虑人口的增加和价格的变动，也可以说是实际人均国民生产总值的增加。

（2）技术进步是实现经济增长的必要条件。只有依靠技术进步，经济增长才是可能的。

（3）制度与意识形态的相应调整是实现经济增长的充分条件。只有社会制度与意识形态适合经济增长的需要，技术进步才能发挥作用，经济增长才是可能的。

二、经济增长的特征

库兹涅茨根据英、美、法等14个国家近百年的经济增长统计分析，总结出了现代经济增长的以下六大特征。

(1) 人均国民生产总值和人口呈加速增长的趋势，但人均产值的增长率要高于人口的增长率。

(2) 受技术进步的推动，生产率不断提高。

(3) 经济增长过程中经济结构的变革速度不断提高。经济增长不断改变着产业结构、产品结构、消费结构、收入分配结构和就业结构等，而经济结构的转变反过来又推动了经济更快的增长。

(4) 社会结构和意识形态迅速改变。经济增长使过去僵化的社会结构变得比较灵活，使传统的思想观念转变为增长、工业化、城市化和国际化等新意识。

(5) 经济增长在世界范围内迅速扩大，成为各国追求的目标。发达国家凭借其技术力量，尤其是运输和通信，通过各种方式向世界其他地方伸展，使世界卷入增长之内，成为一个统一体。

(6) 经济增长在世界范围内是不平衡的，贫富差距在拉大。目前，全球约有75%的国家处于落后状态，发达国家和落后国家之间人均产出水平有很大差距，全球贫富差距正在不断扩大。

▶ **资料链接**

产业结构升级

产业结构升级是指产业结构从低级形态向高级形态转变的过程或趋势，是经济增长方式的转变与经济发展模式的转轨。如国民经济结构由第一产业为主向第二产业为主，进而向第三产业为主的升级；由以轻纺工业为主上升到以重化学工业为主的经济结构；由以原材料为主上升到以加工组装为主的经济结构；由以低附加值的劳动密集型产业为主上升到以高附加值的技术密集型产业为主。

三、经济增长与经济发展的区别

需要指出的是，经济增长与经济发展是两个相互区别而又相互联系的概念。一般认为，经济增长是一个量的概念，是指实际国内生产总值（或人均国内生产总值）的持续增加，经济增长的程度用实际国内生产总值的增长率来衡量；而经济发展则是一个比较复杂的质的概念，除包含经济增长外，还包含：经济结构的变化（如产业结构的优化升级、消费结构的改善和升级），社会结构的变化（如人口文化教育程度的提高、寿命的延长、婴儿死亡率的下降），环境的治理和改善，收入分配的变化（如社会福利的增进、贫富差距的缩小）等，是反映一个经济社会总体发展水平的综合性概念。经济增长是经济发展的基础和手段，没有经济增长就不会有经济发展；而经济发展是经济增长的目的和结果，当然也有可能出现有增长而无发展的情况。因此，只有把经济发展作为目标，经济增长与经济发展相配合，才能实现国民经济持续、健康、全面的发展。

▶ **资料链接**

各国百年的经济增长参见表8-3。

第八单元　经济能平稳增长吗

表 8-3　各国百年的经济增长

国别	时期	期初人均实际GDP/美元	期末人均实际GDP/美元	增长率（每年%）
日本	1890—1997	1 196	23 400	2.82
巴西	1900—1997	619	6 240	2.41
墨西哥	1890—1997	922	8 120	2.27
德国	1870—1997	1 738	21 300	1.99
加拿大	1870—1997	1 890	21 860	1.95
中国	1900—1997	570	3 570	1.91
阿根廷	1900—1997	1 824	9 950	1.76
美国	1870—1997	3 188	28 740	1.75
印度尼西亚	1900—1997	708	3 450	1.65
印度	1900—1997	537	1 950	1.34
英国	1870—1997	3 826	20 520	1.33
巴基斯坦	1900—1997	587	1 590	1.03
孟加拉国	1900—1997	495	1 050	0.78

注：实际 GDP 按 1997 年的美元价值。

资料来源：曼昆. 经济学原理：下册. 3 版. 北京：机械工业出版社，2003.

表 8-3 中，日本的经济增长速度最快，达到 2.82%，在一百年前，日本并不是一个富裕的国家，其人均 GDP 只比墨西哥略高，远远低于同时期的阿根廷。但是日本的经济增长速度相当快，在 2000 年已经成为世界第二大经济强国，其人均 GDP 不仅超过了阿根廷，还超过了一百年前的经济强国英国，反观孟加拉国，在一百年前其水平与中国相当，但由于其缓慢的经济增长速度，在 2000 年已经被中国远远抛在身后。

▶ 资料链接

经 济 下 行

经济下行，是指衡量经济增长的各项指标都在不断降低，如 GDP、PPI、CPI 等，也就是经济从一个增长趋势变成一个下降趋势。

◇ **同步测试（多项选择题）**

1. 下列属于经济增长的表现有（　　）。
   A. 人均产值的增长　　　　　　　B. 物质财富的公平分配
   C. 劳动生产率的提高　　　　　　D. 经济结构的优化
2. 经济发展包括（　　）。
   A. 人们生活更加美好　　　　　　B. 贫富差距进一步扩大
   C. 人均收入水平提高　　　　　　D. 人口的受教育年限增加
3. 关于经济增长与经济发展之间关系的说法，正确的有（　　）。

A. 经济增长是实现经济发展的手段和基础
B. 经济增长必然导致经济发展
C. 经济增长是经济发展最基本的部分
D. 两者是同一概念的两种表述

任务二　了解经济增长的决定因素

无论是发展中国家还是发达国家，经济增长必须依靠以下四个要素：人力资源（劳动力的供给、教育、纪律、激励）、自然资源（土地、矿产、燃料、环境质量）、资本形成（机器、工厂、道路）、技术进步和创新（科学、工程、管理、企业家才能），它们被称为经济增长的四个轮子。

一、人力资源

在生产中劳动投入包括劳动力数量和质量。劳动力的数量增加主要来源于三方面：人口的增加；人口就业率的增加；劳动时间的增加。劳动力质量的提高主要来源于人力资本投资。一般而言，在经济发展的初期阶段，经济增长所需的劳动增加主要依靠劳动力数量的增加；当经济发展到一定阶段后，人口增长率下降，劳动时间缩短，就要依靠提高劳动力质量来弥补劳动力数量的不足。许多经济学家认为，劳动力的质量是一国经济增长的最重要的因素。一个国家可以购买先进的通信设备、计算机、发电装置和战斗机。但是，这些资本品只有那些有技术的、受过训练的高素质技术技能人才能使用并使它们充分发挥效用。在经济全球化的大背景下，一般的技术和机器设备都可以买到，但买不来核心技术和某些先进设备。核心技术要掌握在自己手中，也需要有一批高素质技术技能人才不断开发新产品。

▶ 资料链接

培养更多高技能人才和大国工匠

当今世界，综合国力的竞争归根到底是人才的竞争、劳动者素质的竞争。劳动者素质对一个国家、一个民族的发展至关重要。中国特色社会主义已进入新时代，而新时代是一个改革创新的时代，无论是实现伟大梦想，还是推进深化改革、实现高质量发展，不仅需要一大批拔尖创新人才，也需要数以亿计的一线技术技能人才。教育基石培养的人才分为两大类：一类是学科研究型，另一类是技能应用型。然而，与世界上发达国家相比，我国应用型的人才在结构上还是倒挂的。以 2019 年的统计数字为例，欧洲研究型和应用型两大类人才的比例为 2:8，美国为 3.5:4.6，而中国学科研究型人才占大头，技术技能型人才只占 30%。目前我国技能劳动者已经超过 2 亿，高技能人才超过 5 000 万，应该说是一个庞大的群体。但从整个就业和经济发展需求看，我国技能人才总量仍然不足，特别是结构不优、素质不高问题比较突出。技能劳动者占就业人口总量仅为 26%，高技能人才仅占技能人才总量的 28%，这个数据与发达国家相比，仍然存在很大差距。

党的十八大以来，以习近平同志为核心的党中央高度重视提升劳动者素质和职业技能工作，深入实施人才强国战略，围绕建设知识型、技能型、创新型劳动者大军，作出一系列重大决策部署。习近平总书记指示职业教育是国民教育体系和人力资源开发的重要组成部分，是广大青年打开通向成功成才大门的重要途径，肩负着培养多样化人才、传承技术技能、促进就业创业的重要职责。2019年1月，国务院印发《国家职业教育改革实施方案》，开宗明义地指出："职业教育与普通教育是两种不同教育类型，具有同等重要地位。"2020年12月10日，习近平总书记为全国第一届职业技能大赛发贺信并强调，技术工人队伍是支撑中国制造、中国创造的重要力量，要求各级党委和政府要高度重视技能人才工作，大力弘扬劳模精神、劳动精神、工匠精神，激励更多劳动者特别是青年一代走技能成才、技能报国之路，培养更多高技能人才和大国工匠，为全面建设社会主义现代化国家提供有力人才保障。党的十九届五中全会审议通过《中共中央关于制定国民经济和社会发展第十四个五年规划和二〇三五年远景目标的建议》，明确了"建设高质量教育体系"的政策导向和重点要求，提出"加大人力资本投入，增强职业技术教育适应性，深化职普融通、产教融合、校企合作，探索中国特色学徒制，大力培养技术技能人才"，强调了加强创新型、应用型、技能型人才培养。

二、自然资源

这里所指的自然资源包括耕地、石油、天然气、森林、水力和矿产资源等。一些高收入国家，如加拿大和挪威，就是凭借其丰富的资源，在农业、渔业和林业等方面获得高产而发展起来的。与它们类似，美国由于拥有广袤的良田，所以成为当今世界最大的谷物生产和出口国。

但是，自然资源拥有量并不是经济发展取得成功的必要条件。许多自然资源贫乏的国家，如日本，通过大力发展劳动密集型和资本密集型的产业而获得经济的高速增长，成为世界经济强国。

三、资本形成

资本可分为物质资本和货币资本。在对经济增长的分析中，涉及的是物质资本，即设备、厂房、存货、政府投资的基础设施等存量；资本积累是经济增长的基础，亚当·斯密认为资本的增加是国民财富增加的源泉。现代经济学认为，人均资本量提高是人均产量提高的前提。经济学家大都把资本积累占国民收入的10%～15%作为经济起飞的先决条件，把增加资本积累作为实现经济增长的首要任务。资本积累的增加，使人均资本量提高。经济快速增长的国家一般都在新资本品上大量投资；大多数经济高速发展的国家，10%～20%的产出都用于净资本的形成。一般来说，在经济增长的开始阶段，资本增加所做的贡献比较大，在以后的增长中，资本的相对作用下降了。

四、技术进步和创新

技术进步在经济增长中的作用是提高生产率，即同样的生产要素投入量能提供更多更好的产品。蒸汽机、发电机、飞机、电子计算机等的发明都极大地提高了劳动生产率。技术进步不仅极大地提高了生产效率，而且改变了人们的生产生活方式，是推动经济发展与社会进步的巨大力量，也因此成为影响经济增长速度和质量的最重要的因素。

技术进步不仅包括新的生产技术，还包括新的管理方法和新的企业组织形式等。一般情况下，技术进步与新知识的发现紧密相连，这些新知识使得企业能够利用新的方法来组合使用稀缺的资源，以实现更大规模的产出。美国、日本、德国等发达国家技术进步在国民经济增长中所占比重越来越大。在我国转向高质量发展的今天，我国也更加注重技术进步和创新，技术进步和创新对经济增长的贡献率也日益提高。

▶ 资料链接

贵州逆袭

曾经的贵州，"天无三日晴，地无三里平，人无三分银"，生态环境脆弱，产业发展滞后，人均GDP一直处于倒数第一的位置，是我国经济社会发展最落后的地区之一。自1999年西部大开发战略启动以来，不甘贫穷落后的贵州人民，在党中央和国务院的关怀下，艰苦奋斗、自力更生，逐渐撕掉了贫穷落后的标签。

西部大开发已经走过20周年，西部地区经济社会发展取得了巨大进步，1999年西部经济总量为15 690.12亿元，2019年增加到205 185.15亿元，其中贵州经济规模增长倍数高达17.5倍，以明显优势位居西部之首。这20年，贵州的经济发展可以说实现了逆袭：2019年，贵州全省地区生产总值达16 769.34亿元，比2018年增长8.3%。而在1999年，贵州的经济总量仅为907亿元。2010年10月26日，贵州召开史上第一次工业发展大会，推出"工业强省"战略；同年12月26日，108家央企投资贵州47个项目，总投资达2 929亿元。在工业强省、大力承接产业转移的同时，近年来贵州强力推进大扶贫、大数据、大生态三大战略行动，尤其是大数据产业发展相当突出。作为国家首个大数据综合试验区，贵州加快发展电子信息制造产业、软件与信息服务产业、通信业，完善"一网一云一平台"，着力构建产业培育、政府治理、服务民生的大数据发展体系，积极开展大数据与实体经济融合，推进以大数据为代表的数字经济建设，为全省经济社会高质量发展提供有力支撑，数字经济正成为全省经济增长的主引擎、市场活力提升的动力源和新增就业的容纳器。从全国来看，贵州省大数据产业发展指数为76，仅次于北京和广东，位列全国第三位。中国信息通信研究院发布的《中国数字经济发展白皮书（2020年）》显示，2019年贵州数字经济增速达22.1%，连续5年排名全国第一，数字经济吸纳就业增速连续两年排名全国第一。最能体现贵州奔跑速度的，也是最重大的经济变化，当然属经济增长速度。截至2020年10月21日，贵州省地区生产总值增速自2011年以来已经连续39个季度位居全国前列，农业增加值、城乡居民人均可支配收入、金融机构人民币各项贷款余额等主要指标增速继续高于全国，位居全国前列。

贵州经济快速增长主要是地方政府准确把握了政策和时机，抓住了发展的机遇。贵州高速公路、高速铁路等基础设施大规模建设，极大地改善了贵州发展的环境，同时积极对接东部沿海地区人才优势和先进理念，抓住了东部沿海产业转移的机会，抓住了产业发展的规律。通过制度创新，支撑大数据产业发展，数字经济的加速突破有效推进了传统经济的转型升级，成为拉动GDP增长的重要力量和保持发展韧性的关键所在。此外，烟酒产业、旅游业等独特资源的发挥，实现了经济快速增长。

（资料来源：

1. 林小昭. 西部大开发20年12省份GDP变化：四川居首位 贵州逆袭. 第一财经，

2020 – 05 – 18.

2. 乔雪峰. 数字经济建设的"贵州速度"是怎样炼成的. 人民网，2020 – 12 – 18.）

◇ **同步测试（多项选择题）**

1. 经济增长的决定因素包括（　　　）。
   A．人力资源　　　　B．自然资源　　　　C．资本形成　　　　D．技术进步与创新
2. 劳动力数量增加的途径主要有（　　　）。
   A．职业技能提高　　　　　　　　　　B．人口增加
   C．增加劳动时间　　　　　　　　　　D．提高人口就业率
3. 下列影响经济增长的因素中，可归纳为技术进步的有（　　　）。
   A．规模经济　　　B．资本积累　　　C．资源配置改善　　　D．劳动增加

任务三　认识经济增长理论

一、经济增长理论的发展

在近代经济学史上，最早系统研究经济增长问题的是英国古典经济学家亚当·斯密。斯密在1776年出版的《国富论》中论述了分工引起的劳动生产率的提高，以及资本积累使劳动者人数增加，是使一国真实财富与收入增加的途径。另一个英国古典经济学家大卫·李嘉图也强调了资本积累在经济增长中的重要性。以后的新古典学派研究的重点从经济增长转向资源配置，这一时期熊彼特关于创新与企业家重要性的论述，在经济增长理论发展过程中是十分重要的。

但经济增长理论的真正发展是在第二次世界大战以后。以凯恩斯主义为基础的现代增长理论的中心是生产能力的长期增长。现代经济增长理论的内容十分广泛。我们可以把第二次世界大战后增长理论的发展大致分为三个时期：第一个时期是20世纪50年代，这一时期主要是建立各种经济增长模型，探讨经济长期稳定发展的途径；第二个时期是20世纪60年代，这一时期主要是对影响经济增长的各种因素进行定量分析，寻求促进经济增长的途径；第三个时期是20世纪70年代之后，这一时期研究了经济增长的极限，即经济能不能无限增长，与应不应该无限增长的问题。此外，美国经济学家W. 罗斯托关于经济增长阶段的研究、美国经济学家S. 库兹涅茨关于经济增长统计资料的整理分析和关于社会经济制度与经济增长关系的研究，在经济增长理论中也有相当大的影响。

经济增长理论的迅速发展是在20世纪五六十年代，这一时期，经济学家建立了许多增长模型。这些模型广泛探讨了经济增长中的各种问题。有些经济学家，例如，由于建立了新古典增长模型而在1987年获诺贝尔经济学奖的美国经济学家R. 索洛，断言经济增长理论已经相当完善，以后不会有什么突破了。这样，20世纪60年代之后经济增长理论实际上进入停滞时期。到20世纪80年代之后，经济增长理论才又有了新的突破。

这种突破主要体现在两点上。第一，增长理论与发展理论是有区别的。前者以发达国家为对象，以国民生产总值的增加为中心，称为增长经济学；后者以发展中国家为对象，以从不发达状态过渡到发达状态为中心，称为发展经济学。但在现实中，发展经济学并没有指导

发展中国家经济成功,无论在发达国家还是发展中国家,国家干预经济的改革都引起了不同程度的问题。这样,发展经济学陷入了困境,逐步与增长问题融合。同时,国家干预所引起的问题,使人们重新认识到市场机制的重要性。于是新古典学派的传统理论在增长问题研究中成为主流。第二,经济增长模型中技术因素的内在化。尽管所有经济学家都十分重视技术进步对经济增长的重要作用,但并没有把技术进步作为经济模型的一个内生变量。20世纪80年代之后,一批青年经济学家如美国保罗·罗默等人,建立了把技术作为经济增长模型内生变量的新经济模型,说明了技术因素与资本和劳动的关系,以及在经济增长中的作用,该模型被认为是经济增长理论的一次重大突破。

二、哈罗德-多马经济增长模型

经济增长的模型有哈罗德-多马经济增长模型、新古典经济增长模型、新剑桥经济增长模型及新经济增长模型。这里仅介绍哈罗德-多马经济增长模型。

这一模型简称哈罗德-多马模型,是在20世纪40年代分别由英国经济学家R.哈罗德和美国经济学家E.多马提出来的。他们所提出的模型基本相似,故称哈罗德-多马模型。下面以哈罗德模型为主来介绍这一模型的内容。

(一)哈罗德模型的基本假设

哈罗德模型是以一些严格的假设条件为前提的。

第一,社会只生产一种产品,这种产品既可以作为消费品,也可以作为资本品。

第二,生产中只使用两种生产要素:劳动与资本,这两种生产要素为固定技术系数,即它们在生产中的比率是固定的,不能互相替代。

第三,规模收益不变,即生产规模扩大时不存在收益递增或递减。

第四,不考虑技术进步,即生产技术水平是既定的。

(二)哈罗德模型的基本公式

哈罗德模型的基本公式是:

$$G = \frac{S}{C}$$

式中,G代表国民收入增长率,即经济增长率。S代表储蓄率,即储蓄量在国民收入中所占的比例。C代表资本-产量比率,即生产一单位产量所需要的资本量。根据这一模型的假设,资本与劳动的配合比率是不变的,从而资本-产量比率也就是不变的。这样,经济增长率实际就取决于储蓄率。例如,假定资本-产量比率C为3,如果储蓄率S为15%,经济增长率G则为5%。在资本-产量比率不变的条件下,储蓄率高,则经济增长率高(在上例中,储蓄率增加到21%,则经济增长率为7%);储蓄率低,则经济增长率低(在上例中,储蓄率减少到12%,则经济增长率为4%)。可见这一模型强调的是资本增加对经济增长的作用,分析的是资本增加与经济增长之间的关系。

多马模型是$G = S \cdot a$,其中a是资本生产率,即一单位资本的产出量,$a = \frac{1}{C}$,所以这一模型与哈罗德模型基本相同。

(三)经济长期稳定增长的条件

哈罗德模型还用实际增长率、有保证的增长率与自然增长率这三个概念分析了经济长期稳定增长的条件与波动的原因。

实际增长率（G）是实际上所发生的增长率，它由实际储蓄率（S）和实际资本-产量比率（C）决定，即：

$$G = \frac{S}{C}$$

有保证的增长率（warranted rate of growth）（G_w）又称合意增长率，是长期中理想的增长率，它由合意的储蓄率（S_d）和合意的资本-产量比率（C_r）决定，即：

$$G_w = \frac{S_d}{C_r}$$

自然增长率（natural rate of growth）（G_n）是长期中人口增长和技术进步所允许达到的最大增长率，它由最适宜的储蓄率（S_0）和合意的资本-产量比率（C_r）决定，即：

$$G_n = \frac{S_0}{C_r}$$

哈罗德模型认为，长期中实现经济稳定增长的条件是实际增长率、有保证的增长率与自然增长率相一致，即 $G = G_w = G_n$。

如果这三种增长率不一致，则会引起经济中的波动。具体来说，实际增长率与有保证的增长率的背离，会引起经济中的短期波动。当实际增长率大于有保证的增长率（$G > G_w$）时，会引起累积性的扩张，因为这时实际的资本-产量比率小于合意的资本-产量比率（$C < C_r$），资本家会增加投资，使这两者一致，从而就刺激了经济的扩张。相反，当实际增长率小于有保证的增长率（$G < G_w$）时，会引起累积性的收缩，因为这时实际的资本-产量比率大于合意的资本-产量比率（$C > C_r$），资本家会减少投资，使这两者一致，从而引起了经济收缩。在长期中，有保证的增长率大于自然增长率（$G_w > G_n$）时，由于有保证的增长率超过了人口增长和技术进步所允许的程度，将会出现长期停滞。反之，当有保证的增长率小于自然增长率（$G_w < G_n$）时，由于有保证的增长率不会达到人口增长和技术进步所允许的程度，将会出现长期繁荣。所以，应该使这三种增长率达到一致。

哈罗德-多马模型是最早的经济增长模型，它虽然比较简单，而且有缺点，但以后的经济增长模型都是在此基础上建立起来的，是对它的发展与改进。

◇ **同步测试**（单项选择题）

1. 如果资本与产量的比率是5，储蓄率为30%，按照哈罗德-多马模型，要使储蓄全部转化为投资，经济增长率应该是（　　）。
    A. 4%　　　　　B. 5%　　　　　C. 6%　　　　　D. 10%
2. 根据哈罗德的分析，当有保证的增长率小于自然增长率时，将会出现（　　）。
    A. 短期经济收缩　　　　　　　　B. 短期经济扩张
    C. 长期经济停滞　　　　　　　　D. 长期经济繁荣

▶ **案例分析训练**

案例1　发展数字经济　推动形成新发展格局

十九届五中全会指出："发展数字经济，推进数字产业化和产业数字化，推动数字经济和实体经济深度融合。"数字经济是以数据为关键生产要素、以现代信息网络为重要载体、以数字技术应用为主要特征的经济形态。发展数字经济，不仅有利于强化市场动力和产业支撑作用，而且有利于强化国内循环与国际循环间的纽带，是加快形成新发展格局、推动实现高质量发展的重要途径。

数字经济它不像某一个产业，如化工产业、金融产业或半导体产业，是一个相对独立的体系，而它是一个更加复杂的系统，是用数字技术进行经济活动的经济范式。数字经济的构成包括两大部分：一是数字产业化，也称为数字经济基础部分，即信息产业，具体业态包括基础电信业、电子信息制造业、软件和信息技术服务业、互联网行业等；二是产业数字化，也称为数字经济融合部分，包括传统产业由于应用数字技术所带来的生产数量和生产效率提升，其新增产出构成数字经济的重要组成部分。"十三五"期间，我国数字经济实现了跨越式发展。一方面，数字产业化加快，在线教育、远程医疗等新业态新模式蓬勃成长，激活了消费需求，也扩大了就业；另一方面，产业数字化提速，工业互联网、大数据、人工智能等数字技术与制造业深度融合，助推传统产业焕发新活力。数字经济能有效地帮助供给侧和需求侧精准、智能地匹配，推进供给侧结构性改革。数字经济将有效解决信息不对称，从而帮助解决生产效率低下和生产相对过剩等依靠传统手段难以解决的问题。数字经济和实体经济融合发展，有效帮助畅通从生产到销售的全流程渠道，从而提升效率。数字经济能有效地帮助政府精准、智能地服务民众和治理社会，促进国家治理体系和治理能力现代化。我国在世界上领先的大数据积累能力将有效助力技术革新和经济转型，帮助中国在国际竞争中占据有利位置，助力我国经济迈向全球价值链中高端。根据中国信息通信研究院发布的《中国数字经济发展白皮书（2020年）》，2019年我国数字经济总量超过35万亿元，占GDP比重的36.2%，对GDP的贡献率为67.7%。产业数字化增加值约为28.8万亿元，占GDP比重为29.0%。其中，服务业、工业、农业数字经济渗透率分别为37.8%、19.5%和8.2%。

在全球经济增长乏力背景下，数字经济成为撬动经济增长的新杠杆，成为各国提振经济的重要方向，数字技术在国家治理中的广泛运用也成为重要趋势。根据中国信息通信研究院发布的《全球数字经济新图景（2020年）——大变局下的可持续发展新动能》，2019年，报告测算的47个经济体数字经济规模达到31.8万亿美元，同比名义增长5.4%，高于同期全球GDP名义增速3.1个百分点。从数字经济规模看，美国走在世界前列，2019年达13.1万亿美元；中国居第二，规模为5.2万亿美元；德国、日本、英国居第三至第五位。排名前五的国家数字经济规模占47个经济体数字经济总量的78.1%。2019年，全球服务业、工业、农业数字经济渗透率分别为39.4%、23.5%、7.5%。发展数字经济是各国推动经济尽快复苏的关键举措，已成为世界经济增长潜力所在。

展望"十四五"乃至更长时期，无论是推动产业结构优化升级、加快新旧动能转换，还是提高人民生活品质，都要求我们加快发展数字经济，推进数字产业化和产业数字化，推动数字经济与实体经济深度融合，打造具有国际竞争力的数字产业集群。数字经济契合创新、协调、绿色、开放、共享的新发展理念，正在成为我国重大战略发展方向并逐渐发展壮大。数字技术支撑的新产品、新服务、新业态、新商业模式成为经济增长的主要贡献力量。

通过激发内需市场动力助推形成新发展格局。第一，发展数字经济有利于打通消费堵点。以传统电商平台为载体的数字消费衍生了大量消费信息，利用数字技术抓取、挖掘和分析这些消费信息，可以更精准、快捷地提供符合消费者需求的产品。以需求为导向的数字经济迅猛发展，能够激活内需市场扩张能力。借助通信工具与消费者进行充分的信息交互，形成如直播带货等创新场景消费模式，可以激发新的消费潜能。第二，发展数字经济有利于提高生产效率、提升消费层次。数字经济对社会经济活动各个领域的渗透，不仅能提高生产效率，而且能扩大就业规模、提高就业质量，进而促进收入分配结构调整，增加居民有效需求，进一步缩小城乡居民收入差距，提升消费层次，推动消费结构升级、市场规模扩大。第三，发展数字经济有利于优化国内市场环境。数字经济与传统经济融合，将使市场环境更加公开透明，促进要素在产业间、城乡间加速流动，畅通国民经济循环。

通过增强国内产业支撑助推形成新发展格局。先进技术的快速扩散、集成应用有利于提升自主创新能力，通过数字产业化和产业数字化创新发展为新发展格局构筑产业支撑。第一，数字技术作为一种重要的通用和赋能技术，能够帮助传统产业跨界融合、重构组织模式，进而降低成本，提高效率并拓展创新路径。第二，依托虚拟网络，可以进一步拓展市场空间，拓宽中小企业嵌入产业集群的渠道，促进各地区合理分工，专注于发展具有比较优势的产业，增强竞争力，延伸国内产业链，畅通国内产业循环。第三，数字经济产生的网络连接效应，有利于国内企业深度融入国际经济大循环，进而为国内经济大循环提供动力。高技术水平的国际经济大循环带来的技术溢出效应和示范效应，有助于促进国内产业转型升级、增强国际竞争力。

通过强化对外贸易纽带助推形成新发展格局。数字经济中各技术模块的融合、集成应用有利于优化贸易各环节及其运行过程，促进实现内需和外需、供给和需求联动发展，降低贸易成本，提高贸易效率，为国内、国际双循环相互促进奠定良好基础。比如，通过对贸易数据的实时抓取与深度挖掘，可以降低信息搜集费用、时间及风险，有利于克服贸易信息壁垒；数字技术与物流服务融合，实现货物仓储、分拣运输智能化，可以降低运输空载率以及运输成本。又如，通过实时分析贸易数据实现决策处理自动化，可以提高出口企业运行效率；推动公共服务信息化进程，可以缩短贸易时间，提高贸易效率。再如，发展数字经济不仅可以促进国内供给能力提升，而且可以通过数字经济平台扩大进口规模，强化对外贸易纽带，推动国际经济大循环。进口规模扩大，又可以促进国内消费升级，进而加速产品更新迭代、促进国内产业升级，为出口贸易创造条件，推动国内国际双循环相互促进。

（资料来源：

1. 赵春明，班元浩. 发展数字经济 推动形成新发展格局. 人民日报，2020-12-01.
2. 韩鑫. 让数字经济释放更大潜力. 人民日报，2020-12-16.
3. 陈赟. 促进我国数字经济健康快速发展. 中国发展观察，2020（23）.）

问题与讨论：

1. 什么是数字经济？
2. 如何理解数字经济是拉动经济增长的新引擎？

案例2　经济增长与中国巨变

中国桥、中国路、中国港、中国车、中国楼……一个个奇迹般的工程，编织起人民走向美好生活的希望版图，托举起中华民族伟大复兴的中国梦。

嫦娥探月、神舟飞天、墨子"传信"、高铁奔驰、北斗组网、超算"发威"、大飞机首飞、港珠澳大桥全线贯通……中国"赶上世界"的强国梦实现了历史性跨越。

改革开放以来，中国经济增长速度举世瞩目。国内生产总值从 1978 年的 3 679 亿元增加到 2019 年的 994 927 亿元，年均增长 9.16%，占世界经济的比重从 1978 年的 1.8% 提高到 2019 年的 16.3%，对世界经济增长贡献率在 2019 年达 30% 左右，成为持续推动世界经济增长的主要动力源，人均 GDP 从 1978 年的 156 美元增加到 2019 年的 10 260 美元。中国从一个人口众多、人均收入很低的发展中国家，发展成为全球第二大经济体，人均 GDP 突破 1 万美元的中等偏上收入国家，国家综合经济实力和社会财富不断增加，人民生活水平稳步提升，中国人民有了更多的获得感、安全感、幸福感与自豪感。现在的中国比历史上任何时期都更接近中华民族伟大复兴的目标。

问题与讨论：

1. 登录国家统计局网站，查询我国改革开放以来 GDP 增长率的变化情况，谈谈我国改革开放以来的经济增长状况及其影响因素，你对我国未来的经济增长有信心吗？
2. 我国持续 40 多年的经济增长给你的家乡和家庭带来了哪些变化？

训练题

一、概念匹配题

1. 经济周期（　　）
2. 经济增长（　　）
3. 经济发展（　　）
4. 经济下行（　　）

A. 一个比较复杂的质的概念，除包含经济增长外，还包含经济结构的变化、社会结构的变化、环境的治理和改善、收入分配的变化等，是反映一个经济社会总体发展水平的综合性概念

B. 是一个量的概念，指实际国内生产总值（或人均国内生产总值）的持续增加，经济增长的程度用实际国内生产总值的增长率来衡量

C. 指总体经济活动的经济扩张和收缩交替反复出现的过程

D. 指衡量经济增长的各项指标都在不断地降低，如 GDP、PPI、CPI 等，也就是经济从一个增长趋势变成一个下降趋势

二、判断题

1. 经济增长可以沿着一条笔直的道路实现。（　　）
2. 货币学派将经济周期归于货币和信贷的扩张和收缩。（　　）
3. 人们可以准确地预测经济周期。（　　）
4. 加速原理说明国民收入变动对投资变动的影响。（　　）
5. 哈罗德模型认为经济增长率实际取决于消费率的高低。（　　）

三、单项选择题

1. 经济周期的四个阶段依次是（　　）。
   A. 顶峰、谷底、衰退、扩张　　B. 谷底、扩张、顶峰、衰退
   C. 顶峰、扩张、衰退、谷底　　D. 衰退、扩张、谷底、顶峰
2. 朱格拉周期是（　　）。
   A. 长周期　　B. 中周期　　C. 短周期　　D. 超短周期

3. 50～60年一次的周期是（   ）。
   A. 朱格拉周期　　　　　　　　　　B. 基钦周期
   C. 康德拉季耶夫周期　　　　　　　D. 库兹涅茨周期
4. 认为经济周期源于人们对经济前景乐观和悲观预期的交替属于（   ）。
   A. 货币学派　　B. 政治学派　　C. 创新周期理论　　D. 心理周期理论
5. 用乘数－加速原理解释经济周期波动的理论属于（   ）。
   A. 外因论　　　B. 内因论　　　C. 附属理论　　　　D. 派生理论
6. 加速原理实现的条件是（   ）。
   A. 经济增长的时候　　　　　　　　B. 消费持续增长的时候
   C. 设备得到充分利用　　　　　　　D. 无条件
7. 乘数和加速数相互作用的模型说明了（   ）。
   A. 经济波动源自经济内部　　　　　B. 经济波动是一种自然现象
   C. 经济波动没有界限　　　　　　　D. 经济波动是由社会性质决定的
8. 经济增长的基本标志是（   ）。
   A. 人们名义收入增加　　　　　　　B. 人们可支配的时间增加
   C. 人们可以消费的商品档次提高　　D. 商品和服务总量的增加
9. 经济增长除了依赖于人力资源、自然资源、资本形成三个传统因素外，还取决于（   ）。
   A. 增加投资　　　　　　　　　　　B. 空间探索
   C. 技术变革和创新　　　　　　　　D. 政府支出
10. 哈罗德模型认为经济长期稳定增长的条件是实际增长率、有保证的增长率、自然增长率（   ）。
    A. 相等　　　　B. 不等　　　　C. 偏离　　　　　　D. 波动
11. 如果实现了哈罗德的自然增长率，将（   ）。
    A. 使社会资源得到充分利用　　　　B. 实现均衡增长
    C. 实现充分就业条件下的均衡增长　D. 经济持续高速增长
12. 根据哈罗德模型，当资本产量比为4、储蓄率为20%时，经济增长率为（   ）。
    A. 5%　　　　　B. 20%　　　　C. 60%　　　　　　D. 80%

四、多项选择题

1. 下列因素中可以衡量经济周期波动的有（   ）。
   A. 国民生产总值　B. 就业率　　C. 工业生产指数　　D. 失业率
2. 乘数原理与加速原理的联系在于（   ）。
   A. 二者都说明了投资和国民收入变化相互关系
   B. 二者都说明了投资产生的过程
   C. 二者都说明了经济周期波动的过程
   D. 二者都说明了经济周期波动的限度
3. 根据乘数加速理论，政府对经济进行调节，可以采用的措施有（   ）。
   A. 宏观调控　　　　　　　　　　　B. 影响边际消费倾向
   C. 调节投资　　　　　　　　　　　D. 影响加速数

4. 有关经济增长的特征，下列叙述正确的有（   ）。
   A. 世界贫富差距拉大   B. 经济结构伴随着经济增长不断调整
   C. 技术进步推动生产力不断提高 D. 社会意识形态也不断转变
5. 经济增长的源泉有（   ）。
   A. 劳动   B. 资本   C. 技术进步   D. 土地
6. 哈罗德模型的基本假设包含（   ）。
   A. 全社会只生产一种产品   B. 收入是储蓄的唯一决定因素
   C. 生产过程中只投入劳动力和资本 D. 存在技术进步
7. 要加快经济增长，政府可以（   ）。
   A. 加大教育投资   B. 鼓励资本形成
   C. 增加基础设施投资   D. 降低利率

五、计算题

1. 如果要使一国的产出增长率 g 从 5% 提高到 7%，在资本－产出比率 c 等于 4 的前提下，根据哈罗德增长模型，储蓄率应相应有何变化？

2. 设资本增长率为 5%，劳动增长率为 2%，资本产出弹性为 0.4，劳动产出弹性为 0.6。求经济增长率、人均产出增长率。如果实际经济增长率为 6%，求各种投入对经济增长的贡献。

第九单元

"一只看得见的手"
如何调控宏观经济

▶ **知识目标**
- 宏观经济政策的目标；
- 财政政策的内容和运用原则；
- 货币政策的内容和运用原则。

▶ **能力目标**
- 会分析不同宏观经济背景下财政政策的调控方法；
- 会分析不同宏观经济背景下货币政策的调控方法；
- 会分析不同宏观经济背景下财政政策与货币政策的搭配方法。

▶ **案例导入**

2019年1月9日，中国人民银行行长易纲在"贯彻落实中央经济工作会议精神"接受采访时答记者问。

记者：中央经济工作会议提出，必须精准把握宏观调控的度。会议明确，稳健的货币政策要松紧适度。央行如何把握货币政策的"度"？

易纲：稳健货币政策松紧适度的"度"，主要体现为总量要合理，结构要优化，为供给侧结构性改革和高质量发展营造适宜的货币金融环境。

一方面，要精准把握流动性的总量，既避免信用过快收缩冲击实体经济，也要避免"大水漫灌"影响结构性去杠杆。比如，2019年1月4日宣布的降准政策分两次实施，和春节前现金投放的节奏相适应，并非大水漫灌。M2和社会融资规模增速也应保持与名义GDP增速大体匹配；同时，还要保持宏观杠杆率基本稳定。

另一方面，要精准把握流动性的投向，发挥结构性货币政策精准滴灌的作用，在总量适度的同时，把功夫下在增强微观市场主体活力上。比如，中央经济工作会议期间，人民银行宣布创设定向中期借贷便利（TMLF），根据金融机构对小微企业、民营企业贷款增长情况，向其提供长期稳定资金来源。

学完本单元你会理解易纲回答的内涵并进行具体分析。

项目一　宏观经济政策目标

任务一　了解"一只看得见的手"要达到怎样的调节目标

如果把市场及其价格对经济活动的调节看成是"一只看不见的手",那么,政府对经济的宏观调控就是"一只看得见的手",通过这只看得见的手的调节要达到四个目标:充分就业、物价稳定、长期经济增长和国际收支平衡。

宏观经济政策的目标,就是指一国政府在对宏观经济进行调节与控制时所要求取得的经济与社会效益。在上述四个政策目标中,充分就业并不是人人有工作,通常是指在社会可接受的范围内存在的失业率基础上的总就业水平;物价稳定是指在社会所能接受的通货膨胀率基础上的、政府所需维持的一种低而稳定的通货膨胀率;长期经济增长是指政府所要求达到的、既能满足社会发展的需要同时又使人口增长和技术进步所能达到的适度的长期经济增长率;国际收支平衡是指既无赤字又无盈余的国际收支,因为无论是国际收支赤字还是国际收支盈余,对国内经济发展都有不利的影响。

由于在现实经济中,一国政府常常不是将一个而是将几个目标同时作为经济政策实施的目标,而这些政策目标之间常常存在着矛盾,因而政府就必须根据具体情况和具体要求不断地协调政策。这四个政策目标之间的矛盾表现在以下四个方面。

（1）充分就业与物价稳定的矛盾。为实现充分就业,就需运用扩张性财政政策和货币政策,而这些政策又会由于财政赤字的增加和货币供给量的增加而引起通货膨胀。

（2）充分就业与经济增长的矛盾。经济增长与充分就业虽有一致的方面,即经济增长会提供更多的就业机会,但也有矛盾的一面,即随着经济增长中的技术进步,会引起资本对劳动的替代,相对地缩小对劳动的需求,使部分工人特别是文化技术水平低的工人失业。

（3）国际收支平衡与充分就业的矛盾。充分就业的实现会引起国民收入的增加,而在边际进口倾向既定的情况下,这又会引起进口的增加,从而使国际收支状况恶化。

（4）物价稳定与经济增长的矛盾。在经济增长的过程中常会伴随通货膨胀,而过高的通货膨胀又会阻碍经济的进一步增长。

上述矛盾就要求政策的制定者要么先确定重点政策目标,依主次顺序决定先采用什么政策,再采用什么政策;要么设法对这些政策目标进行协调。

◇ 同步检测（判断题）

1. 政府对经济的宏观调控要达到四个目标:充分就业、物价稳定、长期经济增长和国际收支平衡。　　　　　　　　　　　　　　　　　　　　　　　　　　　　（　　）
2. 在四个宏观经济政策的目标中充分就业与经济增长是完全一致的。　（　　）
3. 经济增长有利于物价稳定。因此,物价稳定与经济增长是相一致的。　（　　）

任务二 认识"一只看得见的手"所使用的政策工具

"一只看得见的手"所使用的政策工具就是宏观经济政策工具,是用来达到政策目标的手段。一般来说,政策工具是多种多样的,不同的政策工具都有自己的作用,但也往往可以达到相同的政策目标。在宏观经济政策工具中,常用的有需求管理、供给管理等。

一、需求管理

需求管理是通过调节总需求来达到一定政策目标的宏观经济政策工具。这是由凯恩斯首先提出的。凯恩斯主义者认为,决定就业与物价水平的关键是总需求,因此,宏观经济政策应该是对总需求进行调节与控制。需求管理的基本原则是:当总需求小于总供给时,经济中存在失业,所以应该刺激总需求;当总需求大于总供给时,经济中存在通货膨胀,这时应抑制总需求。通过对总需求的调节,使总需求等于总供给,从而实现充分就业和物价稳定。需求管理的政策工具主要是财政政策与货币政策。

二、供给管理

供给管理是需求管理的对称。它是通过控制总供给来稳定经济的宏观政策。供给就是生产,在短期内影响供给的主要是生产成本,特别是工资成本;长期内影响供给的主要是生产能力,即经济潜力的增长。

供给管理的政策主要包括以下三个方面。

第一,收入政策。通过控制工资与物价,抑制成本推进的通货膨胀。

第二,人力政策。通过改善劳动市场的结构,建立更多的职业介绍机构,加强劳动市场的信息交流,或鼓励劳动力的流动,来降低自然失业率。

第三,经济增长政策。通过增加生产要素的数量,提高生产要素的效率来提高经济的生产潜力,促进经济增长。

一般认为,只有把需求管理与供给管理结合起来才能达到稳定经济的目的。本单元介绍的是需求管理的政策工具,即财政政策与货币政策。

◇ **同步检测(判断题)**

1. 在宏观经济中需求管理就是对总需求进行调节与控制。　　　　　　　　　　(　　)
2. 在宏观经济中供给管理通过控制总供给来稳定经济。　　　　　　　　　　　(　　)

项目二 如何使用财政政策

财政政策是政府根据所确定的宏观经济目标,通过财政收入和财政支出的变动调节总需求,影响宏观经济运行状况的经济政策。财政政策的基本手段就是政府对支出和税收的调节,实施的基本原则是"逆经济风向行事"。即:在经济萧条时,实行扩张性的财政政策增加总需求;在经济繁荣时,采取紧缩性的财政政策减少总需求,以缓解通货膨胀的压力。财政政策是西方国家最主要、最常用的宏观经济政策之一，对促进经济正常运行、实现特定目标发挥了重要作用。

任务一　认识财政政策的内容和运用原理

一、财政政策的内容与运用

财政政策（fiscal policy）包括财政支出政策和财政收入政策两部分。财政支出政策包括一个国家各级政府的全部支出。根据支出的性质，可以将其分为三大类：第一类是政府公共工程的支出，表现为政府对道路、水利设施、医院、学校等设施的建设；第二类是政府购买，表现为政府对商品和劳务的需求，如政府对国防物资、办公用品的购买，对各类人员的雇佣；第三类是政府的转移性支出，包括了失业救济金、养老金、退休金等各种社会福利保障支出以及政府对居民的其他各类补贴，这一类支出的共同特征是，政府在进行这些支出的同时，并未获得相应的产品和劳务。

无论是哪一类支出，都会对社会总需求产生影响。在经济萧条时，政府可以增加财政支出，向企业进行大规模的采购，以刺激民间投资的增加；也可以兴建更多的公共工程，在创造出更多的就业机会和社会需求的同时，也为经济发展奠定基础；此外，政府还可以增加转移支付，增加对居民的各种补贴，使他们有更大的能力进行消费，从而带动消费需求。总之，增加政府支出，可以增加总需求，这样有助于经济克服萧条，向充分就业方向发展。与此相反，当经济过度繁荣时，政府通过减少财政支出，来抑制总需求，以减少通货膨胀的压力，使经济正常发展。

财政收入政策就是税收政策。税收是国家财政收入的重要来源之一，也是政府调节总需求的重要手段。在税收中包括所得税（如个人所得税、公司所得税）、流转税（如增值税、消费税、关税等）。其中最重要的是个人所得税与公司所得税。在经济萧条时期，由于总需求不足，为了刺激总需求，政府往往采取减税的措施，使企业与个人可支配收入增加，这样居民更有能力进行消费，企业更有能力进行投资，社会的消费需求和投资需求增加，总需求也就随之增加。而在经济繁荣时期，政府采取增加税收的办法，来限制企业的投资与居民的消费，从而减少社会总需求，抑制经济过热，使经济回复到比较正常的状态。在现实中，政府的支出政策与收入政策往往会相互配合，同时发生变化，以使财政政策达到更为理想的效果。在经济萧条时，政府在增加支出的同时还会采取减税的措施；而在经济繁荣时，政府在减少支出时会增加税收，以进一步抑制社会总需求，最大限度地缓解通货膨胀的压力。

二、财政赤字和盈余

根据前面的分析，政府在经济繁荣时要采取紧缩性的政策，一方面减少支出；另一方面又增税，增加财政收入，使财政收入大于财政支出，这样便出现了财政盈余。政府对财政盈余的处理一般有以下三种做法：一是用作政府支出；二是用作国债回购；三是作为贷款贷放出去。但上述三种做法，都会进一步增加社会总需求，加深通货膨胀的压力。因此，各国政府一般都选择冻结盈余的方法，在出现财政赤字时用来弥补赤字。

在多数情况下，令各国政府头痛的不是盈余的处理，而是财政赤字的解决。在经济萧条时期，政府为了刺激总需求，往往扩大支出和减税，这样就使财政支出大于收入，出现财政赤字。如何解决财政赤字？如果要通过增税或减少支出来降低或消除赤字，其结果会使社会总需求进一步下降，加剧经济萧条。因此，通过发行公债筹措资金，弥补赤字，成为各国通行的做法。

◇ 同步检测（判断题）

1. 财政政策实施的基本原则是"逆经济风向行事"。　　　　　　　　　　（　　）
2. 财政收入政策就是税收政策。　　　　　　　　　　　　　　　　　　（　　）
3. 财政支出包括政府公共工程的支出、政府购买和政府的转移性支出。　（　　）

任务二　了解财政政策为什么具有内在稳定器的作用

财政政策由于其本身的特点，具有自动调节经济，使经济稳定的机制，因此被称为内在稳定器。具有内在稳定器作用的财政政策，主要是个人所得税、公司所得税以及各种转移支付。

一、个人所得税的征收

在经济萧条时期，政府应该实行减税政策。实际上，由于经济萧条，个人收入减少了，个人所得税的征收额也就会自动减少。而在通货膨胀时期，政府应采取增税政策。实际上，由于经济繁荣，个人收入增加，个人所得税的征收额也就会自动增加。

二、公司所得税的征收

与个人所得税征收有自动调节的作用一样，在经济萧条时期，由于公司利润减少，公司所得税的征收额会自动减少；在通货膨胀时期，由于经济繁荣，利润增加，公司所得税的征收额会自动增加。总之，公司所得税征收额的自动减少或增加，符合宏观财政政策的减税或增税的要求。

三、失业救济金的发放

这是政府转移支付的一个项目。在经济萧条时期，政府应采取增加转移支付的政策。实际上，由于经济萧条，企业倒闭，工人失业增多，失业救济金就会自动增加，从而符合政府增加转移支付的要求。在通货膨胀时期，政府应采取减少转移支付的政策。实际上，由于经济繁荣，就业增加，失业减少，随之失业救济金就会自动减少，从而符合政府减少转移支付的要求。

四、各种福利费的支出

这主要是指政府对居民的各种补贴，如医疗卫生补助、教育补助、住房补助等。这些费用与经济形势有密切关系。在经济萧条时期，由于人们收入减少，生活困难加重，政府在这些方面的福利费用就会增加，这也就自动符合了政府应扩大支出的要求。相反，在经济繁荣时期，就业增加，人们生活有所改善，政府在这方面的支出就会自动减少，因此符合政府此时应减少支出的要求。

五、农产品维持价格

很多国家政府为了维护农场主利益，实行农产品的维持价格政策。当农产品价格低于维持价格时，政府就按维持价格进行收购。因此，这等于是对农场主进行农业亏损补贴。在农业危机时期，农产品严重过剩，农产品价格下降，政府的维持价格支出就会增加，因而自动符合了此时政府应增加购买支出，以扩大需求的意图。反之，在经济繁荣时期，由于价格上涨，政府的维持价格支出会自动减少，因而自动符合了此时政府应减少购买支出，以抑制总需求的目的。

这些内在稳定器自动发挥作用，调节经济，无须政府作出任何决策，它们成为经济生活中的第一道防线，有助于减轻萧条或膨胀的程度，但不能改变萧条或膨胀的总趋势。它们对财政政策起到自动配合的作用，但不能代替财政政策，因此，仍需要政府根据经济发展的具体状况，运用财政政策来调节经济。

◇ 同步检测（判断题）

1. 内在稳定器自动发挥作用有助于减轻萧条或膨胀的程度。　　　　　　　　（　　）
2. 财政政策的内在稳定器作用是指财政政策自动调节经济，使经济稳定的机制。

　　　　　　　　　　　　　　　　　　　　　　　　　　　　　　　　　（　　）

任务三　了解财政政策有何局限性

财政政策具有直接调节总需求的特点，但其本身也有局限性。因此，在制定和执行财政政策时，要注意以下四个方面。

第一，运用财政政策时，政府应根据经济发展的不同情况，分别采取扩张性的财政政策和紧缩性的财政政策。

第二，财政政策效应的滞后性。财政政策的决策实施与政策实施后真正发挥作用存在着时滞问题。这不仅影响到政策效力的发挥，而且还可能导致政策实施结果与政策目标相背。例如，在经济萧条时期，政府为了反萧条增加财政支出而修建一些大型工程，在工程修建过程中，经济本身已进入高涨时期，实施结果反而加剧了通货膨胀的压力。

第三，关于财政政策的挤出效应。挤出效应是指增加一定数量的公共投资就会减少同等数量的民间投资，从而总投资不变。有两种情况：一是在一定时期内，社会资源是既定的，政府支出的扩大，往往会与私人企业争夺资源，所以在政府扩大支出的同时，抑制了私人企业的投资需求，使政府财政支出的扩张作用被部分或全部抵消；二是在有效需求不足的情况下，不存在公共投资对私人投资的挤出效应。因为，这时有效需求不足，商业银行的贷款贷不出去，如果这时政府增加开支，就可以弥补私人投资的不足，最后达到总需求的增加。这就是凯恩斯主义的财政支出政策。

第四，政府投资的效率一般不高。因此，长时间实行扩张性的财政政策，会造成全社会投资效率下降。

◇ **同步检测（判断题）**

1. 财政政策的决策实施与真正发挥作用存在着时滞，这就是挤出效应。（   ）
2. 财政政策的滞后性就是指增加一定数量的公共投资就会减少同等数量的民间投资，从而总投资不变。（   ）

项目三　货币政策及其运用

货币政策（monetary policy）是政府根据宏观经济调控目标，通过中央银行对货币供给和信用规模管理来调节信贷供给和利息率水平，以影响和调节宏观经济运行状况的经济政策。

任务一　认识货币与金融制度

一、货币的种类

货币是充当商品交换的媒介物。从20世纪30年代以来，各国都是以作为货币符号的纸币在市场上流通。货币的供应一般分为狭义货币和广义货币，其中狭义货币用M1表示，包括流通中的现金和活期存款。广义货币用M2和M3表示，M2包括M1以及定期存款，M3包括M2以及有价证券等。广义货币与狭义货币的根本区别在于能否直接作为交换的媒介或支付手段在市场上流通。这样，货币的构成为：

$$M1 = 现金 + 活期存款$$
$$M2 = M1 + 银行定期存款$$
$$M3 = M2 + 有价证券$$

二、金融制度

银行是经营管理货币的企业。市场经济国家的银行制度是以中央银行为核心，由中央银行与商业银行共同构成的银行体系。此外，还有一些投资信托银行、储蓄银行等金融中介机构，而影响货币供应量的主要是中央银行和商业银行。

（一）中央银行

中央银行（central bank）在一国银行体系中担负着特殊的职能，它是一国金融中心机构。中央银行的职能主要有以下三个方面。

第一，它是发行银行，代表国家发行纸币，并根据市场需求调节货币供应量。

第二，它是银行的银行，执行票据清算的职能，接受商业银行的存款并向商业银行发放贷款，还通过这些业务对商业银行进行监督、管理，调节货币流通。

第三，它是国家的银行，接受国库存款，代理国库收付款，代理国家发行公债，并对国家提供贷款。

此外，中央银行还实行法定准备金制度。按照各国的法律规定，商业银行在吸收的存款中，必须留出一定比例的金额作为准备金存入中央银行，以便中央银行随时动用，保证国内任何地区的银行偿付其债务,而不致停止现金支付。这种由法律规定的提留的准备金所占存款的比例,称为法定准备金率。中央银行可以通过调整法定准备金率,来控制商业银行的活动。

(二) 商业银行

商业银行(commercial bank)与其他企业一样,经营的目的是获得利润。不同的是,商业银行经营的是与货币有关的业务。

商业银行的基本职能如下。

(1) 负债业务,主要指吸收存款业务。

(2) 资产业务,主要是发放贷款和投资业务。发放贷款的形式有三种:一是商业性的信用贷款,用于企业的生产性贷款;二是票据贴现和抵押贷款;三是消费信贷,用于消费者购买耐用消费品的贷款。投资业务主要是指商业银行购买有价证券以及进行的其他投资活动。

(3) 中间业务,主要是商业银行为客户办理现款汇兑、票据承兑、票据代收以及代客买卖等中间业务,从中收取手续费。

现代商业银行与传统银行的本质区别在于现代商业银行具有货币创造的功能。它可以通过这种功能使银行存款与贷款成倍地扩大与缩小,从而影响流通中的货币量,影响经济发展。那么这种货币创造功能是如何实现的呢?

现假定银行的法定准备金率是20%,又假定A银行吸收存款1 000万元,按规定留存的准备金为200万元,可以贷放的款额为800万元。甲企业得到这笔贷款后,把它作为活期存款存入B银行。B银行得到800万元存款后,也按20%的法定准备金率,留下160万元作为准备金,剩下的640万元又可以贷放给乙企业,以此类推,各个银行得到的存款总和为:

$$1\,000 + 800 + 640 + 512 + \cdots = 5\,000（万元）$$

现假设最初存款额为R,法定准备金率为g,各个银行存款额之和为K,则:

$$K = R/g$$

如果最初存款额R为1,则上式可以改写为:$K = 1/g$

这是货币乘数的一般公式。式中K表示存款总额为最初存款的若干倍数,其倍数大小与法定准备金率成反比。

根据上例,在银行最初存款额为1 000万元的情况下,因法定准备金率为20%,则各银行的贷款额之和为:

$$800 + 640 + 512 + \cdots = 4\,000（万元）$$

设最初贷款额为R',法定准备金率为g,各银行的贷款额之和为K',则:

$$K' = R'/g$$

如果最初贷款额R'已定,假设为1,则上式可以改写为:$K' = 1/g$,存款倍数中的g与贷款倍数公式中的g相同(例中为20%),因此,存款倍数K与贷款倍数K'必然相等。也就是说,在一定的法定准备金率下,某家银行在得到一笔存款后,由于各银行之间的连锁反应,会使银行存款总额与贷款总额按同一倍数增长。这就是货币乘数的作用。在上例中,货币乘数K为:$K = 1/g = 1/20\% = 5$。这就是说,存款总额为最初存款额1 000万元的5倍,即 5 000 万元；同时贷款总额为最初贷款总额 800 万元的 5 倍，即 4 000 万元。

因此，所谓货币乘数的作用，是指一定的存款额能因各银行的连锁反应，而使银行存款总额与贷款总额按同一倍数增长。其倍数大小与法定准备金率成反比。法定准备金率越高，倍数越小；法定准备金率越低，倍数越大。

正由于现代商业银行具有货币创造的功能，所以，即使在中央银行货币发行量没有增加的情况下，也会使流通中的货币量增多。

◇ 同步检测（判断题）

1. 中央银行也要对工商企业贷款。　　　　　　　　　　　　　　　　（　　）
2. 商业银行的资产业务主要是发放贷款和投资业务。　　　　　　　（　　）
3. 法定准备金率越高，货币倍数越小；法定准备金率越低，货币倍数越大。（　　）

任务二　掌握货币政策的内容和运用原理

在经济学中，中央银行能够运用的政策手段最基本的有三个：公开市场业务，调整再贴现率，调整法定准备金率。

一、公开市场业务

公开市场业务（open market operation）就是指中央银行在金融市场上买进或卖出政府债券（其中主要是国库券、联邦政府债券、联邦机构债券和银行承兑汇票），以调节货币供应量，进而影响总需求的一种政策手段。公开市场业务是中央银行稳定经济的最常用的政策手段。

在经济萧条时期，有效需求不足，中央银行在公开市场上买进政府债券，从而把货币投入市场。由于货币供应量的增加，引起利息率下降，从而刺激投资需求，增加总需求。在通货膨胀时期，需求过度，中央银行便卖出政府债券，使货币回笼。由于货币供应量的减少，从而利息率上升，投资减少，总需求减少。

公开市场业务是通过金融市场来调节一国的利息率水平，执行起来灵活有效，因此，它成为政府最重要的货币政策工具。

二、调整再贴现率

一般来说，中央银行也给商业银行贷款，以增加商业银行的准备金，但商业银行必须用商业票据或政府债券作担保。因而现在通常把中央银行给商业银行的贷款称为再贴现，将中央银行对商业银行的贷款利率称为再贴现率。

在经济萧条时期，社会总需求不足，中央银行就降低再贴现率，刺激商业银行向中央银行增加再贴现金额，以增加资金，从而增加向企业的放款规模。同时，商业银行的放款利率会随着中央银行再贴现率的降低而降低，这就刺激企业增加借款，扩大投资，最后达到增加总需求的目的。在通货膨胀时期，中央银行会提高再贴现率，并最终达到减少总需求的目的。运用调整中央银行的贴现率来调节货币供应量，是宏观货币政策中常用的一种方法。但由于金融市场情况复杂，瞬息万变，因此贴现率的调整具有复杂性。

三、调整法定准备金率

各国中央银行为了维护金融系统的正常运行，都会要求商业银行在手中留有一定比率的现金，以应付随时可能发生的客户提款要求，其持有现金的比率就是法定准备金率。当准备金率发生变动时，商业银行的信贷规模就会相应调整，从而社会的货币供应量会发生变化，引起利息率变化，并最终影响社会经济的运行。

在经济萧条时期，由于总需求不足，中央银行会降低法定准备金率，使商业银行持有的现金增加，可以对外扩大放贷规模，增加货币供应量，使市场利率下降，从而达到刺激投资、增加总需求的目的。在经济繁荣时期，由于总需求过度，中央银行会提高法定准备金率，从而达到抑制总需求、避免经济出现过度膨胀的目的。

改变法定准备金率，会对一个国家所有的商业银行产生影响。其政策效果极为明显。然而频繁改变法定准备金率，会对各家商业银行的日常经营产生相当大的冲击，导致一些银行的财务困难，不利于金融系统平稳运行。因此，这一政策被称为"猛烈而不常用的武器"，各国政府只在比较特殊的情况下才动用这一手段。

上述三种货币政策工具既可以单独运用，也可以配合使用。通常的情况是，中央银行通过公开市场业务和再贴现率政策的配合，来调控宏观经济，只是在特殊情况下才运用法定准备金率政策。

宏观货币政策除了以上三种主要工具外，还有以下几项辅助性工具。

（1）道义上的劝告。即中央银行对商业银行的贷款、投资业务进行指导，要求商业银行采取与其一致的做法。这种劝告没有法律上的约束力，但也能起到一定的作用。

（2）垫头规定。即规定购买有价证券必须付出的现金比例。这一比例越高，所需要的现款就越多，就会压低证券价格，提高利息率，从而促使投资减少，社会总需求减少。政府用调节有价证券法定保证金的限额来调节需求。

（3）规定利息率上限。即规定商业银行和其他储蓄机构对定期存款与储蓄存款的利息率上限，以此来调节投资，调节总需求。

（4）规定消费信贷的条件。这一条件越宽，越有利于扩大消费需求，增加总需求；反之，则不利于总需求。因此，政府可以通过对消费信贷条件的调节，来加强对总需求的管理。

◇ 同步检测（判断题）

1. 中央银行在公开市场上买进政府债券会增加货币供给。   （   ）
2. 当社会公众从央行购买证券时货币供给增加。   （   ）
3. 经济萧条时，央行应该提高再贴现率。   （   ）
4. 经济过热时，央行应该降低法定准备金率。   （   ）

任务三　了解货币政策有何局限性

货币政策一直作为西方国家宏观经济政策的重要手段而被广泛使用，但货币政策本身也有一些局限性。因此，在制定与实施货币政策时，需要注意以下问题。

一、货币政策制定与执行的时机

货币政策与财政政策一样,实施的基本原则也是"逆经济风向行事",因此,要取得良好的调节效果,就必须对经济运行的状况及总体发展趋势作出正确的判断。由于在现实经济生活中宏观经济指标错综复杂,一方面加大了政府判断经济形势的难度,另一方面也使人们很难选择在最合适的时机执行特定的货币政策,从而往往使货币政策的调节效果不够理想。

二、货币政策的作用有限

虽然货币政策在各国被普遍使用,但在现实中,由于各种因素的干扰,政策实施的效果往往难以达到预期目标。例如,人们对未来经济形势的预期有可能使货币政策难以获得理想的效果。在经济繁荣时,即使货币当局通过紧缩信用的方式提高了市场利率,但出于对未来经济形势乐观的估计,厂商很有可能认为投资仍将取得可观的收益率,足以弥补提高了的投资成本。因此,即使利息率提高,也不一定能在短期内将社会总需求降到合理的水平。而在萧条时期,即使中央银行扩大货币供给量,降低了利息率,但如果厂商认为经济前景不明朗,投资风险过大,或是商业银行认为企业经营环境恶劣,经营失败的危险极大,则对外贷款的规模也不会有明显的扩大。

◇ 同步检测(判断题)
1. 货币政策的效果主要取决于对宏观经济趋势的判断和政策实施的时机。( )
2. 人们对经济的预期会影响到货币政策的效果。( )

项目四　两种政策的搭配使用

搭配使用就是相机抉择,是指政府在运用宏观经济政策来调节经济时,可以根据市场情况或各项调节措施的特点,机动地决定和选择当前究竟应采取哪一种或哪几种政策措施。为了提高宏观经济政策的调节效果,就要对财政政策和货币政策的特点有所了解。

任务一　财政政策与货币政策的不同特点

一、二者的强度不同

财政政策通过财政收入与财政支出直接影响社会总需求,而货币政策需要通过影响货币供给、影响利息率来影响总需求。一般认为,财政政策的效果比货币政策更为猛烈。从两种政策的调节手段来看,增加政府支出与调整法定准备金率作用都比较猛烈;而税收政策与公开市场业务的作用则比较缓慢。

二、二者政策效应的时延和影响范围不同

货币政策可以由中央银行来决定,作用快一些;财政政策从提案到政策讨论通过,要经过一段相当长的时间。而且从政策的影响范围来看也不同,如财政支出政策的影响面要大一

些，而公开市场业务的影响范围则相对要小一些。

三、二者政策在实施中遇到的阻力不同

一般来说，扩张性政策会使人们的收入增加，失业减少，因此在实施中不会遇到明显的阻力，只有在政府推行紧缩性政策时，才会遇到来自各方面的阻力。如增税或减少政府支出，会遇到来自居民和企业的极大阻力。与财政政策相比，由于紧缩性货币政策直接作用于货币供给量，不会使人们的利益直接受到损害，人们对政策发生作用的机制又不是特别清楚，因此，在推行紧缩性货币政策时，政府遇到的阻力要小得多。

◇ 同步检测（判断题）

1. 一般情况下，财政政策的内部时滞较短，而货币政策内部时滞较长。（ ）
2. 扩张性政策比紧缩性政策会遇到来自各方面更多的阻力。（ ）

任务二 财政政策与货币政策如何配合使用

通过上面的分析，可以了解到财政政策与货币政策的特点，这就决定了它们在宏观经济管理中，要面对不同的经济形势，存在不同的政策组合或配合的问题。这种组合或配合，构成了财政政策与货币政策之间关系的基本内容。

财政政策与货币政策的组合或配合，人们通常以松紧搭配来概括，基本的搭配有"双紧""双松""一松一紧"。但这几种搭配也并不全面。政府在进行调节时，根据国民经济中可能出现的总供给与总需求的态势，兼顾当前利益和长远利益，进行不同的政策组合和搭配。因此，究竟应采取哪一项政策，或者如何对不同的政策手段进行搭配使用，并没有一个固定不变的模式，政府应根据不同的情况，灵活决定。比较常见的有以下几种情况。

1. 扩张性的财政政策与货币政策

如果经济处于严重萧条状况，减少失业，增加收入是政府的当务之急。此时可以同时采用扩张性的财政政策与货币政策，一方面增加政府支出、减少税收，另一方面增加货币供给量，这样有助于增加收入，减少失业。

扩张性财政政策会使政府增加支出，在使收入增加的同时也使市场利率产生了上升的趋势，而这将形成挤出效应，影响扩张性财政政策的效果。如果此时同时实施扩张性的货币政策，货币供给量的增加使市场利率下降，这样在一定程度上消除了政府支出增加对利息率的影响，保证了社会上的私人投资能维持在较高的水平上，从而有效刺激了收入的增加和失业的减少。

2. 紧缩性的财政政策与货币政策

如果经济中发生了严重的通货膨胀，则抑制通货膨胀成为政府的首要目标。此时政府通常会采取紧缩性的财政政策与货币政策相配合的做法，在减少政府支出与增税的同时减少货币供给量。这样，一方面会减少总需求，另一方面又在很大程度上避免了因此而引起的利息率下降，从而达到尽快消除通货膨胀的目的。

上述两种政策的配合在短期内可以取得一定的效果，但长期实行，会对经济长期、平稳的发展不利。因为，扩张性财政政策的实施会使生产能力进一步扩大，从而会加深经济萧条中更为严重的生产能力过剩，加剧供求之间的矛盾。此外，扩张性货币政策带来的货币供给

量的增加,常常会造成通货膨胀,这对经济长期、持续的增长也极为不利。

而在经济过度繁荣时,中央银行通过出售国债、回笼货币,虽然有助于降低通货膨胀,但却增加了财政的利息负担,从而引发了中央银行与财政部的矛盾,中央银行的政策措施往往会因为照顾财政的"利益"而受到一定的影响。针对上述情况,各国在政策实施中,将扩张性的财政政策与紧缩性的货币政策相配合,或者是扩张性的货币政策与紧缩性的财政政策结合,这样一方面刺激社会总需求,另一方面则有助于抑制通货膨胀。在选择具体的政策措施时,首先要对经济运行状况进行测定,再根据萧条与通货膨胀的不同程度,对各项具体措施进行适当的搭配。

3. 财政政策与货币政策的搭配类型及其适用的宏观经济环境(表9-1)

表9-1 财政政策与货币政策的搭配类型及其适用的宏观经济环境

政策类型		财政政策		
		宽松	中性	紧缩
货币政策	宽松	社会总需求严重不足,商品价值实现普遍困难,生产能力和资源得不到充分利用,失业严重	社会总需求不足,供给过剩,企业投资不足,主要的经济比例结构没有大的问题	社会总需求大体平衡,但公共消费偏旺而投资不足,生产能力及资源方面有增产潜力
	中性	社会总需求略显不足,供给过剩,经济结构有问题,主要是公共消费不足,公共事业及基础设施落后(投资不足)	社会总供给与总需求基本平衡,社会经济的比例结构也基本合理,社会经济的发展健康,速度适中	社会总需求大于社会总供给,经济的比例结构没有大问题,财政支出规模过大,非生产性积累与消费偏高
	紧缩	社会总供给与总需求大体平衡(包括平衡关系偏紧),而公共事业、基础设施落后,生产力布局不合理	社会总需求过大,有效供给不足,经济效益较差,已出现通货膨胀,但财政在保障社会公共需求上正常	社会总需求大大超过社会总供给,发生了严重的通货膨胀

◇ **同步检测(判断题)**

1. 如果经济处于严重萧条状况应采取采用"双松"政策搭配,即扩张性的财政政策和扩张性货币政策。( )

2. 如果经济中发生了严重的通货膨胀应采取"双紧"政策搭配,即紧缩性的财政政策和紧缩性货币政策。( )

▶ **案例分析训练**

2020年5月22日,李克强总理在政府工作报告中指出:"加大减税降费力度,强化阶段性政策,与制度性安排相结合,放水养鱼,助力市场主体纾困发展。今年继续执行下调增值税税率和企业养老保险费率等制度,新增减税降费约5 000亿元。前期出台六月前到期的减税降费政策,包括免征中小微企业养老、失业和工伤保险单位缴费,减免小规模纳税人增值税,免征公共交通运输、餐饮住宿、旅游娱乐、文化体育等服务增值税,减免民航发展基金、港口建设费，执行期限全部延长到今年年底。小微企业、个体工商户所得税缴纳一律延缓到明年。预计全年为企业新增减负超过2.5万亿元。要坚决把减税降费政策落到企业，留得青山，赢得未来。"

问题与讨论：

财政政策与货币政策是哪一种搭配类型？

采用这一类型是基于对宏观经济趋势怎样的判断？目的为何？

训练题

一、概念匹配题

1. 宏观经济政策目标（   ）
2. 需求管理（   ）
3. 供给管理（   ）
4. 财政政策（   ）
5. 挤出效应（   ）
6. 货币政策（   ）
7. 狭义货币（M1）（   ）
8. 广义货币（M2）（   ）
9. 广义货币（M3）（   ）
10. 法定准备金率（   ）
11. 公开市场业务（   ）
12. 再贴现（   ）
13. 再贴现率（   ）

A. 通过控制总供给来稳定经济的宏观政策

B. 流通中的现金、活期存款和定期存款

C. 政府根据所确定的宏观经济目标，通过财政收入和财政支出的变动调节总需求，影响宏观经济运行状况的经济政策

D. 中央银行给商业银行的贷款

E. 通过中央银行对货币供给和信用规模管理来调节信贷供给和利息率水平，以影响和调节宏观经济运行状况的经济政策

F. 由法律规定的提留的准备金所占存款的比率

G. 一国政府在对宏观经济进行调节与控制时所要求取得的经济与社会效益

H. 流通中的现金、活期存款、定期存款和有价证券等

I. 中央银行对商业银行的贷款利率

J. 通过调节总需求来达到一定政策目标的宏观经济政策工具

K. 流通中的现金和活期存款

L. 增加一定数量的公共投资就会减少同等数量的民间投资，从而总投资不变

M. 中央银行在金融市场上买进或卖出政府债券（其中主要是国库券、联邦政府债券、联邦机构债券和银行承兑汇票），以调节货币供应量，进而影响总需求的一种政策手段

二、判断题

1. 政府宏观经济政策的目标是实现经济组织利润的最大化。（ ）
2. 政府常用的宏观经济政策工具有需求管理和供给管理。（ ）
3. 货币政策能自动调节经济，具有内在稳定器的作用。（ ）
4. 经济萧条时，应采取紧缩性的财政政策减少总需求，以促进经济的繁荣。（ ）
5. 货币乘数的大小与法定准备金率成反比。（ ）
6. 货币政策手段主要包括公开市场业务、调整再贴现率、调整公司所得税税率。（ ）
7. 如果中央银行希望降低利率，则它可采取在公开市场上出售政府债券的办法。（ ）
8. 自动稳定器不能完全抵消经济的不稳定。（ ）
9. 政府参与调控的人力政策是指通过改善劳动市场的结构，建立更多职业介绍机构，这是调节总需求的一种手段。（ ）
10. 经济繁荣时期，如果出现财政盈余，政府一般会采取冻结盈余的方法。（ ）
11. 经济萧条时期，政府往往会采取提高税收的方式增加财政收入。（ ）
12. 广义货币与狭义货币的根本区别在于能否作为直接交换的媒介或支付手段在市场上流通。（ ）
13. 由于货币是中央银行发行的，因此中央银行如果不发行货币，流通中的货币总量就会一直不变。（ ）

三、单项选择题

1. 政府的财政收入政策通过哪一个因素对国民收入产生影响？（ ）
   A. 政府转移支付   B. 政府税收   C. 消费支出   D. 出口
2. 扩张性财政政策对经济的影响是（ ）。
   A. 缓和了经济萧条但增加了政府债务
   B. 缓和了经济萧条也减轻了政府债务
   C. 加剧了通货膨胀但减轻了政府债务
   D. 缓和了通货膨胀但增加了政府债务
3. 市场利率提高，银行的准备金会（ ）。
   A. 增加   B. 减少   C. 不变   D. 以上几种情况都可能
4. 中央银行在公开市场上卖出政府债券的目的是（ ）。
   A. 回收资金帮助政府弥补财政赤字
   B. 减少商业银行在中央银行的存款
   C. 减少流通中的基础货币以紧缩货币供给
   D. 通过买卖债券获取差价利益
5. 在以下几种货币政策工具中，最主要的是（ ）。
   A. 公开市场业务   B. 法定准备金率
   C. 再贴现率   D. 道义劝告
6. 通常紧缩货币的政策是（ ）。
   A. 提高贴现率   B. 增加货币供给
   C. 降低法定准备金率   D. 中央银行增加购买政府债券

7. 在经济衰退时，如果政府不加干预，结果会（　　）。
   A. 税收减少，政府支出减少　　　　B. 税收减少，政府支出增加
   C. 税收增加，政府支出减少　　　　D. 税收增加，政府支出增加
8. 如果政府支出的增加与政府转移支付的减少相同时，收入水平会（　　）。
   A. 不变　　　　B. 增加　　　　C. 减少　　　　D. 不相关
9. 关于政府宏观调控的目标，以下说法正确的是（　　）。
   A. 充分就业就是指每个人都有工作，理论上讲，充分就业就等同于失业率为零
   B. 由于精力有限，同一时期政府干预一个目标，其他目标不必理会
   C. 经济增长通常会伴随通货膨胀，因此出现通货膨胀说明经济处于增长时期，无须政府干预
   D. 无论是国际收支赤字还是国际收支盈余，对国内经济发展都有不利影响
10. 在经济萧条时期，各国政府通常首选（　　）的方法来降低或消除财政赤字。
    A. 加大对医疗、学校等公共工程建设
    B. 减少养老金、退休金等社会福利保障支出
    C. 提高所得税、流转税等税种的税率
    D. 发行公债筹措资金
11. 关于货币政策的运用，下列说法中错误的是（　　）。
    A. 公开市场业务是通过金融市场来调节一国的利率水平，执行起来灵活有效
    B. 调整法定准备金率会直接影响商业银行的信贷规模，因此成为政府最重要的货币政策工具
    C. 社会总需求不足时，央行应降低再贴现率，刺激商业银行向中央银行贷款
    D. 调整法定准备金率的手段只有在特殊情况下才会动用

四、多项选择题

1. 如果实施扩张性的货币政策，中央银行可采取的措施有（　　）。
   A. 买进国债　　　　　　　　　　B. 提高法定准备金率
   C. 降低再贴现率　　　　　　　　D. 提高再贴现率
2. 下列叙述正确的有（　　）。
   A. 不论挤出效应为多少，财政支出政策的效力都大于财政收入政策
   B. 只要挤出效应小于100%，政府支出的增加就能刺激国民收入的增加
   C. 挤出效应的大小与货币需求的利率弹性呈反方向变动
   D. 挤出效应的大小与投资需求的利率弹性呈同方向变动
3. 许多经济学家认为，有时减税不能有效地增加经济活动，以下选项中哪些是支持这一观点的理由？（　　）
   A. 人们会关心未来的前景，因此会将原来用于支付税收的钱用于储蓄
   B. 人们不相信减税是永久的，所以对永久性收入几乎没有影响，从而对当前消费也几乎没有影响
   C. 假如经济处于衰退中，人们将受到信贷限制，所以减税很快会转变为额外的消费
   D. 政府不得不通过借贷来为减税筹资，这将挤占私人投资
4. 货币政策的基本手段包括（　　）。

A. 公开市场业务 　　　　　　　　B. 调整再贴现率
C. 调整法定准备金率 　　　　　　D. 规定消费信贷的条件

5. 以下属于需求管理政策工具的有（　　）。
A. 收入政策　　　B. 财政政策　　　C. 经济增长政策　　D. 货币政策

6. 经济繁荣时期，政府可以通过（　　）手段来抑制通货膨胀。
A. 增加向企业购买国防物资及办公用品的数量
B. 增加向民众发放社保福利及其他各类补贴的数额
C. 减少向企业购买国防物资及办公用品的数量
D. 减少向民众发放社保福利及其他各类补贴的数额

7. 以下属于中央银行职能的有（　　）。
A. 发行纸币　　　B. 票据清算　　　C. 吸收公众存款　　D. 代理国库

8. 如果经济处于严重萧条时期，那么政府应当（　　）。
A. 增加政府支出 　　　　　　　　B. 增加货币供给量
C. 减少税收 　　　　　　　　　　D. 减少货币供给量

参 考 文 献

[1] 王秋石. 微观经济学. 4版. 北京：高等教育出版社，2011.
[2] 卫志民. 微观经济学. 北京：高等教育出版社，2011.
[3] 张满银. 宏观经济学：原理、案例与应用. 北京：机械工业出版社，2011.
[4] 温美珍. 图解经济学. 天津：天津教育出版社，2007.
[5] 牛国良. 西方经济学. 北京：高等教育出版社，2012.
[6] 牛国良. 微观经济学原理. 北京：清华大学出版社，2009.
[7] 缪代文. 微观经济学与宏观经济学. 6版. 北京：高等教育出版社，2017.
[8] 陈福明. 经济学基础. 3版. 北京：高等教育出版社，2018.